新城形勝圖

徐瑞 摄

《宿城古黄河》编纂委员会

宿城 古黄河

宿迁市宿城区政协 编

中国文史出版社

序

　　《管子》云："水者，何也？万物之本原也，诸生之宗室也。"水是包括人类在内的万千生物赖以生存的物质基础，更是人类文明的源泉，人类的繁衍生息须臾离不开水，人类对文化的创造同样离不开水的滋润和哺育。回顾中华文化的发展史，我们会发现水与中华文化的孕育和发展的关系如此地密切，水文化的光芒几乎在中华大地的每一个角落闪耀。

　　人们早已习惯把黄河称为中华民族的母亲河、中华文明的摇篮。在全国众多的与黄河息息相关的城市中，宿城与古黄河的关系似乎有点特别。一方面，宿城饱受黄河之患，良田被毁，城池屡迁，老百姓颠沛流离；另一方面，宿城也接受着黄河的恩惠，一次又一次地重建家园。就在这利患之间，就在这水与水、水与人的激荡、纠葛、融合之中，宿城发展并逐步形成了独具特色的城市文明。这种独特的城市文明，到了处于伟大新时代的今天，到了生态文明建设日益重要的今天，显得更加的璀璨夺目！

　　如果没有时代发展的突变，古黄河利患交迭的"死循环"还会继续下去。彻底终结这个"死循环"，让古黄河流域真正迎来繁荣发展，是因为新中国的成立，是因为伟大的中国共产党的领导。这一点，是有目共睹，毋庸置疑的。

　　为深入挖掘、梳理古黄河与宿城的城市发展、文化形成的关系，更好地讲好黄河故事，继《宿城老街巷》之后，我们组织有关专家编写了这本《宿城古黄河》。经过认真的讨论、研究，我们着力通过本书阐明以下四个问题：

　　第一个问题，古黄河的前身古泗水是宿城的母亲河。不少人认为黄河是宿城乃至宿迁的母亲河，其实，早在"黄河夺泗"之前，泗水就已经在宿迁的大地上流淌，给这座城市带来了福泽和繁荣。"汴水流，泗水流，流到瓜州古渡头。吴山点点愁。思悠悠，恨悠悠，恨到归时方始休。月明人倚楼。"作为大禹治九水之一的泗水，承载着远古的沧桑和艰辛，到白居易写出这首《长相思》的时候，泗水已成为江淮与中原地区的交通命脉，在南北文化交流和经济发展中举足轻重。黄河故道宿迁段的前身，正是这让诗人"思悠悠，恨悠悠"的泗水。泗水穿行而过的宿迁，舳舻相接，饭稻羹鱼，一片繁华富庶景象，故而在唐代，宿迁被列为上等县。所以，仅就存在的时间早晚而言，泗水无疑是宿城乃至宿迁的母亲河。

　　第二个问题，"黄河夺泗"是宿城城市形成的决定性原因。黄河为害，自古而然，其中直接危害到宿迁且对宿迁城市产生深刻影响的是公元1128年，南宋杜充决开黄河以阻挡金兵，自此，黄河进入了长达近七百年的"夺泗入淮"历史，宿迁因此从鱼米之乡变成了洪水走廊，这里的政治、经济、文化也随之发生了翻天覆地的变化。"黄河夺泗"导致了宿迁地面增高、山体变矮、河道淤塞、湖泊紊乱、土壤贫瘠、城镇沉陷等一系列的变化，由于"时时受黄水威胁"（《宿迁市志》），宿迁城不得不一次又一次迁址。

　　第三个问题，宿城古黄河文化是古泗水、古黄河、中运河激荡融合的水文化。水文化，是指人类在生存生活过程中与水发生关系所生成的各种文化现象的总和，是民族文化以水为载体的文化集合体（靳怀堾《中华水文化通论》）。我们在本书中探讨的宿城古黄河文化是广义的水文化，也是符合历史的客观的水文化。"黄河夺泗"之前，宿迁的水文化自然属于泗水文化；"黄河夺泗"之后，尽管城池被逼迁，良田被淹没，人民经常性地流离失所，但是已经形成的宿迁地区的泗水文化却不可能消失。从物质层面讲，黄河取代了泗水；从精神层面上讲，则是两条河流的文化在宿城交融。后来因治黄水而开通的中运河，理所当然属于运河文化的范畴，但这里的运河文化同时又是在泗水文化和黄河文化交融的基础上形成的。至此，三种水文化在宿城的土地上浑然一体，不可分割。

第四个问题，古黄河是宿城乃至宿迁的文化标识、精神胎记。一方水土养一方人，一方水土孕育一方文化。水在人类的起源、进化和文化创造中扮演着极为重要的角色，不同国家、地区和民族所彰显的不同文化特质，无不打着水的深刻烙印。马克思说："人创造环境，同样环境也创造人。"人类对水环境的干预与水对一个地区的影响一起，形成了推动城市历史进程的合力。古黄河承载着宿迁的乡土印记和文明进程，宿城有史以来的城市繁荣、衰落和再繁荣，乡村的富庶、贫瘠和振兴，以及这片土地上的政治经济、文学艺术、历史人物、民风民俗，乃至大街小巷、市井烟火、喜怒哀愁，无不有着古黄河的印记，古黄河从进入宿迁开始，就已成为宿城乃至宿迁的重要基因了。

需要特别说明的是，今地级宿迁市范围内的古黄河有中心城区内和泗阳辖区内两段，本书所述的主要是宿城辖区内的古黄河，亦即1996年地级宿迁市成立之前的宿迁古黄河。宿迁县和县级宿迁市涵盖了建市后的宿城、宿豫两个区（建市之初，宿豫为县），后经数次区划调整，古黄河流经原宿迁县的区域现基本都在宿城区的辖区内。另外，从史籍和民间约定俗成的称谓来看，历史上的所谓"宿城"乃是宿迁县城的简称。由于宿城是宿迁的核心区域，"宿城"这个说法，在许多场合是作为"宿迁"的代称存在的。因此，本书论及宿城辖区内的古黄河时，我们基本上称之为"宿城古黄河"。由于行文的需要，涉及有关宿迁古籍和诗文中的古黄河时，我们以"宿迁古黄河"称之，本书中共有 4 处；涉及地级宿迁市对古黄河的整体规划时，则理所当然地称之为"宿迁古黄河"，本书中有 1 处。

　　认识古黄河，不仅是宿城人与生俱来的内在需要，更是新时代"生态优先、绿色发展"的迫切要求。习近平总书记多次强调："绿水青山就是金山银山。"省委对宿迁提出了建设"江苏生态大公园"的工作要求。作为地级宿迁市的座下区、中心城市主城区，建设"江苏生态大公园核心景区"，宿城区重任在肩。2020 年以来，针对我区作为农业大区和西片区农业产业化水平偏低的实际，围绕"四个宿城"建设目标，结合古黄河生态富民廊道建设和推进，国家农业公园规划建设工作正式拉开帷幕。尤其是今年以来，为全力打造"四化"同步集成改革示范区重要载体平台，西片区全域创建国家农业公园建设工作步伐明显加快。在这种背景下，编纂《宿城古黄河》一书，是顺时应势的文化担当，我们期待本书的出版，能为西片区全域创建国家农业公园提供强有力的文化支撑，亦期能为全区经济社会高质量发展增添文化内涵。

朱振方

2021 年 12 月

目　录

序 ·· 1

第一章　泗水西来　宿城古黄河的前身溯源 ·············· 1

　第一节　古泗水流域文化概观 ································· 3

　　泗水之源 ·· 4

　　泗水之流 ·· 6

　　泗水之光 ·· 7

　　泗水之变 ·· 10

　第二节　睢泗交汇所构成的区域文化 ······················ 12

　　与泗水相聚宿城 ··· 13

　　因睢水名下相 ··· 14

　　因睢水曾设小河口镇 ······································ 15

　　埠子湖和埠子镇 ··· 17

第三节　宿城古代文明的滥觞 …………………………… 20

　　漕运之始 …………………………………………… 21

　　宿豫古城和泗水运道 ……………………………… 23

　　下相古城 …………………………………………… 28

　　泗州城和泗州戏 …………………………………… 31

第四节　古泗水沿岸其他古城池和聚落 ………………… 36

　　泗水之滨 …………………………………………… 36

　　区域变迁 …………………………………………… 38

　　泗水故事 …………………………………………… 40

　　汉唐及宋代宿迁的地方官 ………………………… 42

第二章　黄河夺泗　宿城古黄河的文化初融 ……………… 47

第一节　"黄河夺泗"与古代宿迁城市形成之关系 ……… 49

第二节　"黄河夺泗"与宿迁境内湖泊变迁之关系 ……… 57

第三节　"黄河夺泗"与宿迁先民开业肇基之关系 ……… 77

　　宿迁先民逐水而居 ………………………………… 77

　　黄河故道边的村落和集市 ………………………… 79

　　黄河故道边的重要历史人物 ……………………… 92

第三章　安澜之梦　宿城古黄河的利患之争 ……………… 97

第一节　古黄河决口带给宿城的灾难 …………………… 99

　　生态环境的变化 ………………………………… 100

　　城镇的沦陷 ……………………………………… 103

土贫民更困 ·· 106

第二节 明清宿迁河政体系 ······················ 108

明代宿迁的河防体系 ································ 108

清朝河道管理体系与宿迁 ························ 112

河道官员与宿迁 ······································ 119

第三节 历史文献和诗文中的宿迁古黄河 ········ 125

涉及宿迁的河工专著 ······························ 126

诗词歌咏中的宿迁黄河 ···························· 129

第四章 千艘乘风 宿城古黄河的文化再融 ········ 145

第一节 "以黄代运" 时期的宿迁黄河 ········ 147

黄运一体 ··· 147

治河 保漕 护陵 ··································· 151

第二节 "避黄行运" 时期的利患交迭 ········ 155

保黄与避黄的治河之争 ···························· 155

直河口与迦运河 ······································ 158

通济新河 ··· 162

第三节 三河激荡交融后的运河文化 ·············· 165

首开皂河 ··· 165

靳辅与中运河风波 ··································· 167

中运河工程在宿迁民间的利患之争 ············ 172

黄运两河对于宿迁发展的积极影响 ············ 178

第五章　洙泗有邻　宿城古黄河的文脉辉光 …………………… 183

　第一节　宿迁孔庙的前世今生 ………………………… 185

　　明清宿迁学宫 …………………………… 186

　　祭祀内容 ……………………………… 189

　第二节　凌云会馆和钟吾书院 ………………………… 192

　　宿迁书院的变迁 …………………………… 192

　　宿迁社学、义学的分布 …………………… 196

　第三节　宿迁古代科举及人才考略 ………………… 200

　　科举考试 ………………………………… 200

　　明代宿迁科举人才 ………………………… 202

　　清代科举人才 …………………………… 205

　　宿迁武科 ………………………………… 207

　　科考正途之后的宦迹 ……………………… 210

　第四节　宿城近现代教育发展概观 ………………… 214

　　近代历史上的宿城教育 …………………… 214

　　新中国成立初期的宿城教育 ……………… 216

　　曲折发展的宿城教育 ……………………… 218

第六章　无边光景　宿城古黄河的物质文化 ……………… 221

　第一节　英雄家乡存禹迹 ……………………………… 223

　　归仁提 …………………………………… 223

　　遥缕长堤 ………………………………… 224

骆马湖"水柜" ············· 225

支河口竹络坝 ············· 226

第二节 南船北马留宸翰 229

清皇室南巡大量预备工作从宿迁做起 ········· 229

清皇室南巡与黄河河防 ········· 233

皂河龙王庙行宫与乾隆南巡 ········· 236

南巡回銮 ········· 238

从水路到旱路的回銮路线 ········· 239

第三节 水神庙宇胜迹多 241

金龙四大王庙 ········· 241

城西大王庙 ········· 243

安澜龙王庙 ········· 246

其他水神庙宇 ········· 247

第四节 古黄河畔是酒都 248

悠远酒香源流长 ········· 248

琼浆美酒佳酿多 ········· 253

饮酒习俗乡风浓 ········· 256

第五节 四野绿云笼稼穑 259

土产方物 ········· 259

耕作制度 ········· 261

户口赋役 ········· 263

第七章　万紫千红　宿城古黄河的精神文化 …………………… 265

第一节　古黄河塑造出的城市文化 ………………… 267

城池：喻公马陵筑新城 ………………… 267

城墙：东西南北多变迁 ………………… 268

交往：使者眼中宿迁城 ………………… 270

公园：城市走进近代化 ………………… 273

第二节　宿城古黄河的民俗文化 ………………… 276

南北汇通的饮食文化 ………………… 276

泥土味、人情味的歌谣 ………………… 278

游　戏 ………………… 281

质朴有味的乡土生活 ………………… 283

第三节　宿城古黄河的文学艺术 ………………… 285

诗文揽胜 ………………… 286

书画撷英 ………………… 296

戏曲风采 ………………… 301

第四节　宿城古黄河的红色文化 ………………… 303

血与火铸就的红色记忆 ………………… 303

光耀古黄河的红色精神 ………………… 309

气壮山河的革命英雄 ………………… 313

丰富厚重的红色遗址 ………………… 316

第八章 盛世寻芳 宿城古黄河的时代交响…………………… 321

第一节 "淮北江南"耀神州 …………………………………… 323

"导沂整沭"开先河 ………………………………………… 323

密织河网"旱改水" ………………………………………… 325

"淮北大寨"美名扬 ………………………………………… 328

第二节 古黄河畔春潮涌 ……………………………………… 331

"联产承包"焕发生机 ……………………………………… 331

"耿车模式"书写传奇 ……………………………………… 332

小康之路越走越宽 ………………………………………… 336

第三节 组织"黄河大合唱" …………………………………… 338

农田水利谱新曲 …………………………………………… 338

农业开发唱新歌 …………………………………………… 339

生态公园流新韵 …………………………………………… 340

第四节 万众一心绘新图 ……………………………………… 343

昔日"龙须沟",今日"幸福河" …………………………… 344

创建国家农业公园,建设生态富民廊道 ………………… 346

参考文献 ……………………………………………………… 356

后 记 ………………………………………………………… 360

第一章

泗水西来

宿城古黄河的前身溯源

　　河流是大地的动脉，世世代代地滋润着大地、哺育着人民，成为人类文明发展的摇篮。大到每一个人类的文明，小到一个小小的村庄，都会有一条像母亲一样的河流，以其至柔而又至刚的力量，在很大程度上决定了一个区域的发展，并赋予了每一个人自童年以来最深刻的记忆和最美的梦。

　　在宿城大地上，最古老的河流是自西而来的泗水。泗水数千年来川流不息，静静流淌，从未枯涸。它质朴大方，沉静内敛，从未放纵自己，像慈母一样始终如一地呵护着这片古老而有生机的土地。然而，天有不测风云，人有旦夕祸福，一次黄河决堤，浊水横流，冲垮了无数个村庄，冲垮了无数个城镇，荡平了无数条河流，淤废了无数个湖泊。泗水的命运就此而终结，代之而来的是黄河。黄河时而放荡不羁，时而安流运畅，不仅续写着泗水的历史，也续写着宿城的历史。

第一节
古泗水流域文化概观

胜日寻芳泗水滨，无边光景一时新。

等闲识得东风面，万紫千红总是春。

宋代大儒朱熹这首诗中的"泗水"是一条古老的河流，泗水流域曾是中华上古文明的重要发祥地之一。数千年来，泗水以其博大的胸怀，奔腾不息的气势，纳贤聚圣，孕育和造就了多如繁星的圣贤与英雄。从伏羲时代中华文明的起始，到后来的东夷文化、齐鲁文化、儒家文化，这些灿烂文明为中国传统文化的构建作出了独特的贡献，也因此铸就了泗水在中华文明史上的不朽与辉煌。

泗水，又名泗河，发源于山东陪尾，汇诸泉而成河，北出陪尾后，纳洙水、漷水、沂水、荷水、睢水等南下至淮阴北杨庄入淮。入淮口称"泗口""清口"或"清河口"。泗水全长约500公里，纵贯南北，将黄河、淮河、长江连为一体。泗水是安流之河、济运之河，也被称为淮泗地区的母亲河，东夷人在此刀耕火种，开疆建邑，创造了辉煌灿烂的文化。泗水还是孔子、墨子等先贤圣哲的主要活动区域，是儒家文化的发源地。

泗水之源

关于泗水的源头，自古以来众说纷纭。《山海经·海内东经》载："泗水出鲁东北"，《水经》说"泗水出鲁卞县北山"，这些早期文献记载的"鲁东北""鲁卞县北山"等只是交代了泗水源头的大概方位，准确地说只是泗水的发源地，二者虽有相同之处，但并非一意。源，是始发之水，发源地是源所处的地址。源的范围一般较小，或崖下，或谷端，或穴中，而发源地的范围则可大可小。成书稍晚一点的文献对其记载则越来越靠近源头，如西晋张华《博物志》言"泗出陪尾"，圈定了泗水源头就在陪尾山。郦道元有鉴于此，于是有探源之行。他从雷泽湖辗转西北十许里，于"冈之西"目睹了"石穴吐水，五泉俱导，泉穴各径尺余"的场景，便言这是"泗水之源也"。

从郦道元"五泉俱导"的记载来看，泗水最初并非是一般意义上的"四泉汇流故称泗河"。"泗"只是采其声而不用其意，并不含数字"四"的意义。从其名称的演变来看也是如此，泗水历史上曾经使用过诸多不同的名字：

桑　水　因泗水上游两岸曾为产桑区而得名。王献唐先生在《炎黄氏族文化考》中说："曲阜一带既有穷桑，即为桑区。其附近水流，以穷桑之故，亦取桑名，号为桑水。"桑、泗同纽音近，日久讹变，桑水音转为今之泗水。

若　水　《史记·五帝本纪》云："昌意降居若水。"《吕氏春秋》："帝颛顼生自若水，实处空桑，乃登为帝。"若水实即桑水。桑字与若字，古文字形十分相近，秦汉以前便出现混淆不分的情况，许多古籍中将桑木误为若木，如《离骚》："折若木以拂日兮。"《淮南子·地形训》："若木在建木西。"同样原因，桑水也被误为若水。

江　水　因泗字与江字形近而讹为江水。《帝王世纪》："少昊帝是为玄嚣，降居江水，有圣德，邑于穷桑，以登帝位，都曲阜。"因穷桑在泗水之阳，与泗水同处一地，故少昊帝所降居的江水当为泗水无疑。

食　水　因与泗水发音相近而得名。《山海经·东山经》云："空桑之山，北临食水。"王子襄《泗志钩沉》说空桑在泗水之南，"循（泗）水南而东，数十里皆空桑地。"则空桑北临之食水当即为泗水无疑。泗、食叠韵，且声母发音部位相同，二字发音相近。泗水流域方言至今多无翘舌音，普通话中的声母 zh、ch、sh 读为 z、c、s，食与泗音不分，古文以泗水为食水或与此有关。

洍　水　因与泗形似音近而得名。洍，音 si，与泗同音。《说文》："洍，水也。《诗》曰江有洍。"洍从水声，泗从水四声，古文 、四形近，泗水遂讹为洍水。王子襄《泗志钩沉》云："洍……与泗古皆通用"，故洍水即泗水也。

泜　水　因泜、泗音近而得名。《大戴礼》言"青阳降居泜水"，青阳即为少昊帝。《帝王世纪》又言青阳"降居江水，邑于穷桑"，则泜水即为江水，与穷桑同处一地，其为泗水无疑。

清　水　古代泗水中下游河段又有清水、清河、南清河之称，《水经注疏·睢水》言"（睢水）东南流入于泗，谓之睢口。会贞按：《宋书·沈攸之传》称睢口，《魏书·孔伯恭传》又称睢清河口，盖清水入泗，泗水亦得清水之名，故睢水会泗水谓之睢清河口也。"东晋时，约 300 里的桓公沟开凿后，直接沟通了济水（清水）与泗水，泗水在任城县以下的河段便有了清水的别名。

在被认为是泗水之源的地方"泉多如林"，故有"泉林"之称。康熙四十二年（1703）版《治河全书》卷七载《泗水县泉图》："泉林寺诸泉若林。"光绪《泗水县志》所载明代朱克生《憩泉林》诗前序："泗滨称泉薮，其有名者凡七十二泉，而最著者曰泉林，即禹贡所称陪尾山者。"其后在介绍泗水县泉源的文字中，几乎都有"名泉七十二，大泉数十，小泉多如牛毛"这样一句话。

泗水县究竟有多少山泉？《治河全书·卷七》之《泗水县泉图》所开列的全县有名称的泉源共八十一泉，其中，陪尾山麓泉林诸泉二十四泉、潘坡诸泉十二泉、县内他处四十五泉。泗水旅游网所载最新的《泉乡泗水名泉录》记载，泗水县境内有名称的泉源有一百三十三个，其中泉林诸泉有名称的有四十二泉。这一数字比历史记载中的泉源数字要大得多。

　　这些山泉中哪些与泗水有关呢？目前多数学者认为，珍珠、趵突、黑虎、淘米、雪花等五泉为泗水之源。《治河全书·泗水县泉图》云："泉林寺诸泉若林，距县东五十里，西珍珠、趵突、东黑虎、淘米四泉，俱出石缝中，合流为泗源。珍珠泉，北流五步入趵突泉。趵突泉，一步入黑虎泉；黑虎泉，一步入淘米泉；淘米泉，一步会雪花泉；雪花泉，出河中。以上五泉俱在寺龙王庙西。"可见，康熙年间就已经明确了五泉"合流为泗源"，即汇为一池，流为一川，成为泗源。

泗水之流

　　古代将黄河、长江、淮河、济水四条独立入海的河流称为"四渎"，将这四条河的八条主要支流渭水、洛水、汉水、泗水、沂水、颍水、汝水、沔水称为"八流"。泗水是古代的"八流"之一，大体可以分为三个部分：上游部分从今天的山东泗水县至济宁市，中游从今天的济宁市至徐州市，徐州以下至淮河交汇处为泗水下游。关于泗水的径流，先后有《水经》《水经注》《水经注疏》等著作的记载，但由于区划调整、地名变更等因素，尤其是下游受黄河占夺的影响，它所流经的地域概念已经模糊不清。笔者以《水经》和《水经注》为蓝本，对泗水全程流向进行剖析：古泗水干流明晰，其源出泗水县后，主要流经今山东、安徽和江苏三省，经曲阜、兖州、邹城、任城、鱼台、微山、沛县、徐州、下邳、宿迁等地，最后至今淮阴泗口（唐、宋时为宿迁地）汇淮河而入海。泗口又名清口、清泗口，总长400余公里，流域面积近8万平方公里，即今天整个淮北地区和"沂沭泗"流域。也有专家学者认为："古泗水本是一条独流入海的大川。"其依据为《山海经·海内东经》所载："泗水出鲁东北，而南，西南过湖陵西，而东南注东海。"中国历史地理学家谭其骧则在其《汉书地理志选释》中提出，东汉前，泗水入淮口在睢陵故城（今约在泗洪县东南），即《汉书·地理志》之"济阴郡乘氏县"云："泗水东南至睢陵入淮。"约在东汉后期，泗水入淮口才开始发生变化，到三国时期初年"泗口"迁至淮阴对岸。当然，还有"泗水至下相入淮"之说，但由于时间久远，已不可考。从总体上可以看出，泗水在古时尾闾有过多次东移的变迁。

在唐、宋乃至金朝时期，泗口、淮阳、角城等泗水尾闾地区均为宿迁地。唐杜佑《通典》载："泗口，……即今临淮郡（即泗州）宿迁县界；角城，安帝义熙中置，亦在宿迁县界。"《元和郡县志》记泗州宿迁县："淮水入县境南，与楚州山阳县分中流为界。"从文中还可以看出，古泗水在历史上其下游流域曾几乎全在宿迁境内，其在宿迁古老的大地上蜿蜒流经 160 余公里，河长超过泗水总河长的三分之一，几乎贯穿古宿迁全境，直至古淮水。泗水清水盈盈，绵延悠长，滋养两岸，孕育文明，对宿迁有着十分重要和深远的影响。

泗水之光

古泗水流域是上古文明"东夷文化"的重要发祥地。古代传说中的诸多首领人物如伏羲、神农、黄帝、少昊、虞舜、大禹等无不与泗水有关。孔子、孟子、颜子、曾子、墨子等众多的先贤圣哲都生长和活动在泗水流域。春秋时期，孔子在"洙泗之间"讲学授徒（洙，即洙水，古水名，源出今蒙阴县东北，古时至下县与泗水合流，故道久湮，非今洙水），后人遂以"洙泗"代指孔子和儒家学说。北魏地理学家郦道元誉泗水为"海岱名川"。在历代诗词大家中，除了脍炙人口的白居易《长相思》、朱熹《春日》，骆宾王、李白、杜甫、温庭筠、苏轼、苏辙、梅尧臣、贺铸、杨万里、龚自珍等都留下了许多佳作，千百年来广为传诵。

泗水是中国东部交通大动脉。作为"禹治九水"之一的古泗水，早在两千多年前的《禹贡》就有过"浮于淮、泗达于河，沿于江海，达于淮泗"的记载。《泗水县志》："泗水西流，会于洙泗，达于济汶，历代漕运，无不赖之。"春秋时期，吴王夫差在扬州开凿邗沟，以通江淮。公元前484年，吴王夫差又于今山东定陶东北开深沟引菏泽水东南流，入于泗水。菏水开凿成功之后，使原来互不相通的江、淮、河、济四渎得以贯通，成为中原地区东西往来的主要航道。泗水在战国的"鸿沟系统"运河中也具有举足轻重的作用。《史记·河渠书》言："自是之后，荥阳下引河东南为鸿沟，以通宋、郑、陈、蔡、曹、卫，与济、汝、淮、泗会。"东汉时期的王景治河，使河汴分流，又沟通了汴水和泗水，使黄河河道进入了一个相对稳定的阶段，邹逸麟先生在《东汉以后黄河下游出现长期安流局面问题的再认识》一文介绍，之后的800年时间里，"前150年平均37.5年发生一次河患，中间368年平均61年一次，后300年平均18年一次，与以前的西汉和以后的五代、北宋相比，无疑是一个稳定的时期。"河患既少，泗水河道所受到的影响也就更少。直到明清大运河开通前，南北航行水运和国家漕运通道基本都是依托古泗水中下游河道为基干的，古代人文地理专著《禹贡》记载："……扬州贡道，沿于江海，达于淮泗……；……扬徐二州贡道浮于淮泗。"《宿迁县志》中也有这样的记载："扬徐二州贡道浮于淮泗，则自邳宿而西，漕运之始也。"贡道，是指上古时代天子运送贡品的航道，即后来的运河航道。综上所述，邗沟、淮河及徐淮地区的泗水，才是中国大运河漕运的最初起源，才是运河文化的最初发源地。

泗水是东夷文化的重点区域。在东夷人生息繁衍的以沂蒙山地区为中心的鲁中南和苏北地区，考古界相继发现了东夷人创造的北辛文化、大汶口文化、龙山文化、岳石文化，直至进入阶级社会后的青铜文化。这些形成完整序列，自成体系的考古发现，被史学界通称为东夷文化。

按《说文》："夷，东方之人也，从大、从弓。""从大"表明夷有大的意思，"从弓"说明东夷人使用大型弓箭。可见"夷"字最早表露出东夷人高大、剽悍的体格和得力的弓箭，具有勇敢善战的集群性格。从中原人的立场看夷人居住在太阳升起的东方，故在"夷"字前面加一个方位词"东"，称为"东夷"。

大量历史遗迹证明，泗河流域是东夷部族生活的重要地区。近代学者王献唐说："泗水两岸，自唐虞以来，其经济文化就领先于其他各族。"考古发掘表明，泗河流域的演马坡遗址、寺台遗址、星村遗址均为大汶口文化；尹家城遗址、天齐庙遗址皆系典型的龙山文化。尹家城遗址出土的黑陶蛋壳杯、白陶鬶等是龙山文化的精品之作。这是仅就古泗水上游而言的，其下游更优越于上游。在古代，泗水包括其支流沭水、沂水等水系的上游均属山区季节性河流，由于源短坡陡，尤其在汛期洪水集中时，短时间峰高流急，经常造成上游地区山洪泛滥，因此常被上游流域称为"害河"。而洪水进入下游流域后，由于地势相对平坦，行洪较为缓慢，且历时较长，加之水质清澈，因此不但利于引渠灌溉，而且也有利于行船水运，这就为古泗水下游流域的人类繁衍生息和生产开发提供了优越的自然条件。仅从作为人类社会活动和经济发展"活化石"的地名来看，泗水下游就先后有泗阳县、泗水国、泗州、泗洪县、泗县以及泗口等许多与泗水有关的古今地名。经查近年来考古资料，在泗水及其支流沂水、沭水等流域也发现大量大汶口和龙山文化遗址，并相继在古黄河三角洲广阔的地域内发现同一类型的遗迹200多处，在江苏、安徽、河南等省也相继发现了大汶口文化遗址，均以大汶口文化遗迹命名，可见大汶口文化分布范围广阔，影响深远。在这些新发现的遗址当中，经过发掘的也有50多处，在江苏北部地区的泗水流域则有更多发现。

　　说到东夷文化，不得不提到东夷部族首领少昊，他是我国上古时期北方三大部落首领之一，与兴起于西方姜水之滨的炎帝、兴起于北方的黄帝并列。少昊氏源于一个崇尚凤鸟的古老氏族。少昊部落十分发达强盛，农业、手工业水平相当高。活动范围也不断扩大，仅在山东一带就建立了近百个小王国，直至春秋战国还残存不少，他们与中原部落的融合较晚。宿迁属"少昊之墟"。马陵山区是少昊部落的最早根据地，东夷部落进贡夏、商天子的羽毛就产于马陵以东的羽山。

泗水之变

　　泗水是受到黄河侵扰最为严重的河道之一，最早见于记载的是汉武帝元光三年（前132），"河决于瓠子，东南注巨野，通于淮泗"（《汉书·沟洫志》）。从两汉到北宋初年，后晋开运元年（944）、宋真宗咸平三年（1000）、宋真宗天禧三年（1019）、宋神宗熙宁十年（1077），黄河四次决口，虽然都被迅速堵上，但也多是走泗河故道。南宋建炎二年（1128）杜充决河，黄河从此开始了长期夺泗入淮时期。泗水河道所受影响也更甚于前代。从建炎二年一直到元代贾鲁治河，黄河水在淮北平原上的河道并不固定，有时夺颍、涡直接入淮，有时夺汴入泗入淮。在这个时期内，泗水河道所受影响还是比较小的。元至元二十七年（1290），黄河在开封北面的仪塘湾决口，汴、蔡河流相继淤塞，江淮漕路断绝，加上开封以西的京、索、郑诸水不能宣泄，为害甚大。为了开通漕路并宣泄沥涝，工部尚书贾鲁主持疏通汴河、蔡河，挽黄河向东南流，从今兰考县东流出，经曹县南、商丘北、砀山西、萧县北，至徐州入泗，由泗入淮。贾鲁河开通之后，黄河河道固定在徐州夺泗入淮，黄河水所含泥沙不是平均分布在淮北平原上，而是全部淤积在泗水河道。首先是徐州段沙淤严重，漕运陷入前所未有的危机。《明史·河渠志》载："自淮以上，河流不迅，泥水愈淤。于是邳州浅，房村决，吕、梁二洪平，茶城倒流，皆坐此也。"

明万历三十二年（1604），为避黄而开泇行运，原来入泗河的支流被切断，隔绝于泇运以北，泗河水势大为削弱，但入黄门路尚通。到了清康熙年间，关闭了原泗河入黄的徐州镇口闸，堵绝了泗河入黄出路。从此泗河开始以南四湖为归宿，而南四湖以南段全部被黄河取代。自古以来流经三省入淮的泗河分为三段，第一段是山东境内的泗河，即泗水县至南四湖，此段泗水基本保持原状；第二段即南四湖，又名微山湖，是南阳、独山、昭阳、微山四个相连湖泊的总称。它位于鲁西南黄河冲积平原和鲁中南山丘西麓两斜面相交的低洼处，湖泊呈带状，是淮河流域的三大淡水湖之一；第三段即徐州经宿迁至淮安段，1855 年黄河北徙后，此段成为黄河故道。

第二节
睢泗交汇所构成的区域文化

　　文化有很强的地域色彩和地域差异，地域文化的形成离不开自然环境和人文环境。因此，近现代著名学者、画家黄宾虹敏锐地发现："古今沿革，有时代性；山川雄厚，有民族性。"从逻辑关系上看，水环境对地域文化的塑造是基础性的、前提性的。

　　睢水是黄淮之间且与黄水和淮水并向流淌的一条较大水系，数千年的流淌文化养育了两岸人类，孕育了两岸文化，矗立于两岸的众多历史重镇都得益于睢水的浇灌。在宿迁城的南部，包括洋河、埠子、洋北，归仁等地，历史上河流交错，湖泊众多，形成特定的水镇文化，如白洋河镇、埠子镇、小河口镇等。这些历史重镇的形成都与流淌千载的古睢水有关。（按：古籍中"濉水""睢水"混用情况比较普遍。为阅读方便，本书中皆从"睢水"）

与泗水相聚宿城

《史记·项羽本纪》载："汉卒皆南走山，楚又追击，至灵璧东睢水上。汉军却，为楚所挤，多杀，汉卒十余万人皆入睢水，睢水为之不流。"说的是公元前205年，齐国宗族田荣自立齐王反抗项羽，项羽率军击齐。刘邦趁机率56万大军日夜兼程攻入彭城。项羽接报后，亲率3万骑兵夜袭彭城，刘邦败逃至灵璧东睢水，项羽追至后双方展开了一场遭遇战。汉军大败，死伤十余万于睢水。这里所说的睢水指的就是发源于河南终结于宿迁的一条古老水系。《水经注》："睢水出陈留县西莨荡渠。"陈留县即现河南省开封县陈留镇，莨荡渠即战国至秦汉之际的鸿沟。其故道自今河南荥阳北引黄河水东流，经中牟、开封北，南流经通许东、太康西，至淮阳南入颍河，战国以来为中原水路交通干线。魏、晋后自开封以下改称蔡水（蔡河），开封以上改称汴水。

从上述文献记载看，睢水是一条三省通衢的古老河流，源头在河南省陈留县西莨荡渠东的鸿沟，向东流经河南的杞县、睢县北、宁陵县、商丘南、夏邑县、永城县，安徽的濉溪县、宿县、灵璧县，江苏的睢宁县，至宿迁南注入古代泗水，其间有多条支流汇入，上游与涡河相通，中游与溪河和西流河相连。与宿迁比邻的睢宁县乃因睢水而得名，安徽省的濉溪县亦因睢、溪二水在此交汇而得名，淮北人称其为母亲河。历史上有众多文人歌咏睢水，唐初有名的诤臣王珪在《咏淮阴侯》中有"斩龙堰睢水，擒豹熸夏阳"的诗句。白居易父亲白季庚在做彭城县县令时，为躲避战乱，将家室安在了宿州的符离集，其间白居易常携"符离五子"泛舟睢水，留下了"睢水清怜红鲤肥，相扶醉踏落花归"的诗句。北宋理学先驱、思想家、教育家石介有"瞻彼睢水，其流汤汤。有城有民，在睢之阳"的诗句。

因睢水名下相

宿迁早在春秋战国时分属钟吾和厹犹二国。公元前 221 年，秦置下相县，隶属于泗水郡。西汉时留置，属东海郡。高祖十二年（前 195）十月，封楚丞相冷耳为下相侯，以下相城为侯国都城。公元 550 年，下相县被北齐废除，此后历代均未复置。

为何取名"下相"？首先看看下相城所处的位置，《水经注·泗水篇》载："泗水东南经下相县故城东，王莽之从德也。泗水又东南，得睢水口。"睢水口，简称睢口，《水经注》又言："睢出陈留县，西莨荡渠，东流至下相县，故城南又东南入泗谓之睢口。"从历史文献的记载看，古人通常都把水的重要节点或重要部位称为"口"，如把泗水的入淮口称为"泗口""清口""清河口"，把黄河和运河的节点称为"皂河口""支河口"等，宿迁的小河口当然也是如此。睢水与泗水相比是条小河，与后来的滔滔黄水相比那更是小巫见大巫，因此睢河便有小河之称，小河入泗口自然就称为小河口。《徐州府志》："睢水在（宿迁）县南十里，俗名小河，自睢宁县流入境，至此合于黄河，谓之小河口。"经考证，现宿迁城南约 4 公里的双河居委会历史上曾设小河口镇。从文献的记载判断下相城的位置，当在小河口的不远处。

2005 年，原古城村，现宿迁国际义乌商贸城因工程建设，需要对其进行建设前的考古勘探，勘探结果确认这里就是历史上的下相城。通过此次勘探与试掘，确定在宿迁西南部存在一个文化堆积较厚，内涵较丰富的古代城址。文化层中出土陶片的年代多为战国到汉代，根据这些陶片及城墙我们可以推测，这个古代城址应该即是文献中记载的秦汉时期的下相县治所在。

按下相城所在位置，城东流淌的是古泗水，城南流淌的是古睢水，二水交会点古称小河口。下相城就建在小河口以北约 1 公里的睢水北岸。睢水全长约 500 公里，其中，相县（古沛国治所，现淮北市相城区）至宿迁段别名相水，因相县位于相水的上游，宿迁位于相水的下游，故有上相和下相之称。城依相水而建，又建在相水下游之下相，故取名下相县。唐代司马贞在《史记索引》中引用东汉学者应劭的话说："沛国有相县，其水下流，又因置县，故名下相也。"

因睢水曾设小河口镇

在逐水而居、赖水而生的古代，睢水无疑是一条重要的水系。古人通常都把水的重要节点或重要部位称为"口"，如把泗水的入淮口称为"泗口""清口""清河口"，把黄河和运河的节点称为"皂河口""支河口"等，宿迁的小河口当然也是如此。前文已经说过，宿迁有两条重要水系，一条是泗水，南宋时被黄水夺占变为黄河，另一条就是濉水，此水原名濉水，明时便有"小河"之称，《同治宿迁县志》卷之十《河防志》载"弘治二年五月，河决埽头五所入沁分为五道，其东流者泛滥归德以至于宿，又分溢小黄河下徐州，命户部侍郎白昂治之。昂浚古汴河以达于泗，又浚古濉河自归德至宿迁合泗入淮，于是有浚符离桥之役。是时，宿迁河流始有南北两派：北为运河又名泗河，南为小河又名白河。"自此濉河便有小河之称，小河入泗口自然就称为小河口。《徐州府志》："睢水在（宿迁）县南十里，俗名小河，自睢宁县流入境，至此合于黄河，谓之小河口"。

小河口是睢、泗二水的交会处，而睢泗二水又是两条古老的运道。盛唐时期，泗水航道上往来如梭的商船最远可以到达凉州。到了宋代，因东汴河的开挖，泗水正式变为漕运主航道。南宋黄河"夺泗入淮"，泗水河床被黄水占夺，原泗水运道又开启了"以黄济运"的历史。

睢水同样如此，康熙《宿迁县志》载："其水易浅狭，故名小河，昔为商贾往来之地，顺治十五年河决沙淤，遂为平陆。"作为两条运河交会之地的小河口自然就成为交通之枢纽。泗水的商船可能会在这里转入睢河，睢河的商船可能会在这里转入泗水，加之宿迁自古就是重要的产粮区，农民生产的粮食要从这里运往全国各地，同时生活在这里的人也需要外来物资的补给，物资集散地自然形成。明万历《宿迁县志》载："小河口镇在孝义乡去治西。"这个记载如此简单，仅仅交代了小河口镇的方位，至于小河口的其他相关信息都略而不提，小河口镇何时兴起也就成为一个谜。

　　一个市镇的兴起必然受到社会发展诸多因素的影响，首先是区域环境的影响。宿迁早在秦代所置的下相县，其治所就在北距小河口约1公里的睢水北岸。就其方位看，下相城之所以建在这里，与依赖于小河口的区位是分不开的，因此这一时期的小河口显然只能作为下相城的出入港口，发展一定受到下相城的制约，这是小河口长达700余年的缓慢发展阶段。公元550年，下相县撤销，下相城自此处于无政府状态，在城市无人管理，治安混乱，经济萧条状态下，加之洪水的威胁，必然出现商业外移，人口外流的现象。一部分可能流向远在60里外的宿豫城，但更多的可能会流向1公里外的小河口，小河口因此得到了快速发展。发展至唐代，小河口大概已经具备了市镇的规模，但并不是真正意义上的小河口镇。镇作为行政区划的概念源于晋及十六国时。当时我国北方地区对某些驻戍军队的关塞要地或州县称之为镇，后历北魏、北齐、北周、隋、唐一直到五代十国时期，尤其是唐末五代时期，各地先后设立了许多军镇或称方镇，如山东地区当时即有平卢、天平、泰宁等军镇或称节镇，其实质皆为割据一方的军政实体。但这一时期，也有一些主要作为社会经济实体的乡村聚落、关津交通枢纽等市镇发展起来，今山东地区的长清镇、蓬莱镇、定陶镇等都是这一时期自然形成的市镇。入宋以后，宋政府厘革前代弊政，其措施之一便是罢免带有割据性质的镇使、镇将等，前代以来的军镇体制遂完全解体废除。不过，对于一些已经具备市镇规模的地方，仍保留镇的建置。据《宋会要辑稿》载：并设"诸镇监官，掌警逻盗窃及烟火之禁，兼征税，榷酤则掌其出纳会计"。据高承《事物纪原》载，宋时还出台了设立市镇的标准，即"民聚不成县而有课税者，则为镇，或以官监之。"这一制度实质上反映了当时新的市镇得以设立的三个基本条件：首先，置镇之地须有一定的人口规模即"民聚"；其次，置镇之地已经是一个区域的政治、经济、文化中心，但还不能设县即"不成县"；第三，置镇之地必须有一定的工商业基础，有税源，即"有课税"。当时在这一制度出台的背景下，兴起了一大批被政府认可的市镇，小河口镇即为其一。小河口镇正式置立后，小河口便由原来单一的商品贸易变为一个地区的政治经济和文化中心。政府的介入，使这里的政治环境、治安环境、经营环境、市场秩序得到了较大的改善，人口得以迅速集聚，市场要素进一步完善，市镇规模进一步扩大，小河口镇一跃而为商业重镇。（按：古籍中"宿预""宿豫"混用情况比较普遍。为方便阅读，本书中皆从"宿豫"）

埠子湖和埠子镇

　　埠子镇历史上是宿迁四大镇之一。早在明朝的时候，这里是烟波浩渺的埠子湖，湖中有一矗立的山梁之地，渔民多在此停泊，故名埠子。明万历《宿迁县志》载"埠子湖去治西四十里多出鱼虾商贾市利之所"即指此处。

　　埠子当时属孝义乡，即现在的龙河镇，它所在的位置是马陵山和重岗山的过渡地带，地势低洼，易于积水，但只要没有大的洪水，这里依然是宜耕宜种的富饶之地。全国第三次不可移动文物普查资料显示，现在的埠子镇所在地称"东高山"和"西高山"。在东高山中部东坡发现大面积汉墓群，总面积达到 380 万平方米。2014 年 5 月，埠子镇政府在距东高山南约 1500 米处筑路时发现多座墓葬，宿迁市博物馆对其中的一座砖室墓进行了考古清理，由于该墓在历史上被盗扰多次，仅出土部分陶器碎片。该墓的发掘进一步证明东高山墓葬群的规模可能更大。一个小小的山包有如此多的墓葬，直接反映出这里早在汉代一定分布着较多的聚落，是人类活动较为集中，经济较为繁荣的地区。

低洼地区是洪水最眷顾的地方，自第一次黄河决堤流经这里后，这里便开始积水，形成了自然的湖泊。湖泊东南有两大重点部位是当朝最关注的地方，那就是泗州城和明祖陵。从城可迁"而临淮祖陵形胜不可徙"的记载看，在当政者眼中，保护祖陵胜于保护泗州城。在明祖陵屡屡告急的情况下，总河潘季驯经过细致的调查，发现对泗州城和明祖陵造成威胁的主要原因是：睢宁孟山以东睢河故道被泥沙淤堵，黄河徐州段决堤之水在睢河受堵后，经埠子和现在的罗圩以及归仁后"直射泗州明祖陵"。于是决定筑堤保陵，这就是万历七年修筑"全长7680余丈"的归仁堤，又名"太皇堤"。

归仁堤的构筑，不仅保住了明祖陵不受洪水的直接冲击，也保住了泗州城，但归仁堤以上却成为一片汪洋。于是，埠子湖由一个不起眼的小湖变为一个与多条水系相通的大湖，湖面包括现在的罗圩乡、龙河镇、归仁镇的一部分，北接睢水和泗水交汇处的小河口，东与白洋河相连，成为一个远近闻名的大湖泊。

归仁堤筑成后，自北而来的洪水在这里被截断，明祖陵和泗州城的确得到了保护，但是由于洪泽湖不断淤积抬高，水位不断上升，加之洪泽湖东大堤高家堰的修筑，洪泽湖西大堤险情常发。万历八年，水漫西堤，明祖陵和泗州城灾情严重，"祖陵下马桥水深八尺，旧陵嘴水深丈余，淹枯松柏600余株"。清顺治十六年黄河大水，归仁堤决口，这次决口结束了归仁堤截流保陵的历史。从此，埠子湖的水从这里一股劲地流入洪泽湖。湖水渐渐退去，埠子湖渐渐消失。《民国宿迁县志·卷三·山川志》载："埠子湖在县西南40里，明末淤废。"原来形似丘陵的埠子变为一望无际的平陆。因此，可以说泗州城、归仁堤、埠子湖和大明王朝的命运是捆绑在一起的。

归仁堤建造之前，湖中有一处小岛，现在称"东高山"和"西高山"。这里最初是渔民泊船、晾晒渔网的地方，后来变为渔村。因远近居民鱼贩多来此购鱼虾，渐成渔市。渔民生活用品和修补船网的材料也有人运来销售，进而形成集市。归仁堤建成后，洪水在埠子一带滞留，形成较大的埠子湖。水域不断扩大，东与白洋河相连，白洋河是小河口的支流，而小河口又与泗水相连。明代的白洋河是一条比较繁忙的河道，水系沟通后，埠子就不再是一个孤岛，过往船只往来于白洋河和埠子之间，埠子逐渐成为通商码头，远近客商多在此汇集。这里又由单纯的水产交易场所发展为物资集散地，形成了埠子集。

明末清初，埠子湖消失以后，原住渔民多居此未动，有改业经商的，有从事开荒种地的，集市日益发展壮大。至清代中晚期，埠子镇成为方圆百余里之内最大的商埠。据《埠子镇情》介绍：民国18年前，埠子镇有大商店、大作坊30余家。除钮大兴、万昌隆两大布庄，朱震泰、朱隆泰两大烟店属本地商人经营之外，其余各大商号都是外省、外县富商经营的，其中以周公兴五洋杂货店为全镇商号之首。周公兴经营洋油、洋布、洋火、洋烟、洋纱，谓之"五洋"，资本雄厚，货源充足，销路畅阔，货源来自上海、镇江、南京、苏州各地商行，单凭盖有"周公兴"店戳的一纸货单，便可发货，可见其信誉之盛。每次进货，都是大船数条停泊船行，搬运货车达数十辆，往返奔忙，络绎不绝，沿途设有茶水膳食站，供车夫打尖。从这些记载来看，当时的埠子镇已是闻名遐迩的大镇了。

第三节
宿城古代文明的滥觞

　　人得水而活，城得水而灵。河流滔滔不息，载浮载沉，一路滋润，一路孕育，人类的文明总是与一条、两条乃至数条河流结伴而行。可以说，以河流形式存在的水，不但是生命之源，而且也是文明之母。

　　在"黄河夺泗"以前，泗水在宿迁境内的主要支流有沂水、沭水、睢水、汴河等，此外还有皂河、墨河、白洋河等一些区域性的河流。诸水都以泗河为干流，注入淮河，后世通称为沂沭泗水系。

　　作为天然河流的沂沭泗水系，早在上古时代就是传说中大禹王治水的主要区域之一。鲧因治水失败被杀死后，大舜指派他的儿子禹来治水。《史记·夏记》载："禹乃遂与益、后稷奉帝命，命诸侯百姓，兴人徒以傅土，行山表水，定高山大川。"经认真勘察，他们认为水患根在沭水，如果想要这一带洪灾消弭，必须凿开马陵山引沭水东而西，建禹王台逼沭水东而西复北而南，汇入淮河入海。《辞源》2291页载："禹王台在山东省郯城县东北，相传大禹治水凿通马陵山通沭水而西筑台于此，以镇水势。"《水经注》载："禹凿马陵，以通沭水，沭水既疏，水患根平。"《宿迁县志》记载："沭河自县北郯城红花埠东入县境，南过刘马庄、唐店、邵店、口头诸集，至新安集东入沭阳县境。"《郯城县志》记载："今按沭水在郯城境内者，其北马陵山因势为山阻，大禹凿山二十丈，穿峡而过，遂循山西皆南行，西岸原有石坝，名禹王台，抵御泛滥。"《钦定南巡盛典·卷五十一》载："山东郯城县城北禹王台，传为大禹遗迹，既凿马陵山以导沭水，复筑台以遏其冲。俾由江南沭阳、海州注海，不使防合防沂诸水入骆马湖以为民患。故俗谚有'沂沭不相见，见面成一片'之语。"

漕运之始

泗水源远流长，其水路通航历史可追溯到春秋时期以前。《夏书·禹贡》记载："扬徐二州贡道浮于淮泗，则自邳宿而西，漕运之始也。"大禹平定天下，划分天下九州，各州都必须向夏朝进贡当地特产土宜，缴纳税赋粮饷，这就是我国最早实行的贡赋制度。扬州和徐州的贡赋运输的路线就沿着淮河、泗河北上。《禹贡·山川地理图》亦记载："扬之贡可沿江海以达淮、泗，而徐贡兼有淮、泗，亦可达济。"故而当时的邳州和宿迁境内的泗水运道被古人视为远古时期朝贡的贡道，此即为后世漕运制度的发轫。

春秋战国时期，各诸侯国还将泗水作为运兵通道。

春秋末年，吴王夫差战胜越国后，意图继续北伐齐国和晋国，称霸中原，便开凿了第一条人工河流——邗沟，作为南接长江、北入淮河的运河，继而又开凿了沟通济水与泗水之间的运河——菏水。《徐州府志》记载："（吴军）自桃源（今泗阳）入宿迁，溯泗水西北行，过沛而西入菏水，涉鱼台界，此三代以前之运道也。"吴王夫差进军齐国的路线就是从长江经邗沟、淮水，进入宿迁古境的泗水、沂水，经菏水而到达齐国。吴王和晋定公举行黄池之会，也是从泗水、菏水到达黄池。战国时期，魏国效法吴王开挖人工运河——鸿沟，北接黄河，南通泗水、淮河，《史记》载："荥阳下引河东南为鸿沟，以通宋、郑、陈、蔡、曹、卫，与济、汝、淮、泗会。"魏惠王此举使黄河、泗水、淮河得以沟通，进一步强化了宿迁境内古泗水的水运交通能力。此后至秦朝末年，项羽率领义军循泗水、睢水北上灭秦。三国征战，曹操兴建睢阳渠，沟通睢、泗，"每东南有事，泛舟南下，达于江淮。"

因为泗水有着四通八达的充沛运力，从而形成了很多具有运河航道功能的支流，如通往山东的迦河、皂河等河道都是泗水的分支航道。这其中，尤以皂河的航运历史最为久远，作为诸侯国开挖的运河，皂河是境内有史可查最早的漕运通道。

皂河发源于山东郯城东北帅军台附近的墨泉，因为泉水发黑而得名。《郯城县志》记载："墨河即皂河，在县东，旧通舟楫于宿迁，古郯子运道也。源出墨泉，在旧城东北一里许，色如墨，故名。"郯城的前身为郯国，是古郯子的封国，郯子是上古时代少昊氏的后裔，被周武王封于郯地，为鲁国附庸。《论语》中有孔子拜见郯子的记载，至今其境内还有孔子问官于郯子后登山望海的望海楼，可见郯国历史之悠久。作为郯子运道的皂河，其古老的文化渊源绝不亚于扬州的古邗沟，因其河流直通泗水航道，历代郯子都组织人力治理疏浚，将其开凿成为一条便利通航的重要水路。史志记载，其航道由郯城北沙河绕至城东，经龙门、曹张、蒲寨、杨家集等地向南进入江苏徐州市新沂（古为宿迁属地）境内，和港头河、堰头河一起进入骆马湖。古皂河在山东境内流长64里，在江苏境内流长90余里，在今宿迁市湖滨新区皂河镇南端龙王庙行宫西侧进入古泗水航道。据《郯城县志》记载，为了通航，郯子还在皂河流经的郯城西南15里寨子社设立船闸，"寨子闸，在县西南十五里寨子社，郯子建闸于此，通皂河之水于宿迁，以运粮储"，并在城南大埠岭设有黄练池，保障皂河通航用水。后世皂河虽由于骆马湖淤积洪水而"通塞间半"，但郯城人民利用其通航和水利的热情始终不减。在清代顺治年间以后，郯城县令张应瑞、张荫圻等都对皂河航道加以疏浚。乾隆十三年，知县王植在漕运总督高斌的支持下，获得朝廷拨款白银 14582 两，疏浚皂河河道 11798 丈，按里程计算，实则已通至江苏境内的骆马湖中。

综上所述，发源于郯城墨泉的古皂河，实为苏北和鲁南地区有史可考的第一条人工运河的航道。从时间段来看，其作为人工运道的初始时间，和扬州市被称为"千里运河第一锹"的邗沟基本上属于同一时期，甚至更早。只不过由于郯子国地处偏僻，国小民穷，很少有人注意其国史记载，因此，古皂河作为上古运河隐而不彰。到了南宋以后，由于宋金战争期间诸河设施败坏，泗水、沂水和上游山区洪水淤积，渐而于此处形成一个巨型湖泊，皂河河道逐渐淹没在湖水中，更是使古皂河隐身于历史幕后。直至清代早期，河道总督靳辅重新疏浚古皂河，才使之成为京杭大运河的其中一段。

宿豫古城和泗水运道

秦汉以后，泗水逐渐成为国家漕运的重要干线。据《汉书》载，汉武帝至汉宣帝年间，每年漕运关东谷物 400 万石到关中，其中相当一部分经过汴渠，然后由泗水运道运至关中。至两晋时期，因泗水运道之便，朝廷在此地兴建邸阁（国家军事储备粮基地），并由此而孕育出宿迁城的前身——宿豫古城。

中国古代著名的地理专著《水经注》记载："泗水又东南，得睢水口，泗水又经宿豫城之西，又经其城南，故下邳之宿留县也。王莽更名之曰康义矣。晋元皇之为安东也，督运军储而为邸阁。魏太和中，南徐州治，后省为戍。梁将张惠绍北入，水军所次，凭固斯城，更增修郭堑，其四面引水环之，今城在泗水之中也。又东南入于淮。泗水又东径陵栅南。《西征记》曰：'旧陵县之治也'。"文中记载的泗水河道从睢水口（即后世所称的小河口）向东南流，经过宿豫城的西边，又经过宿豫城的南面，显而易见，泗水是在宿豫城的城外拐了一个大弯，可见宿豫城为泗水河湾里的一座城池。梁将张惠绍为了巩固城池的天险，又增修城郭和壕堑，并引泗水将宿豫城四面环绕。故而在郦道元写作《水经注》的时候，所看到的宿豫城正处于泗水之中。

有些学者认为宿豫城和另外的陵栅城为同一座城池，但从《水经注》记载的宿豫城和陵栅城的顺序上来看，这两者并非同一座城。《宿迁县志》根据《水经注》的记载认为："宿豫旧城在县东南，当睢口入泗之口，西南皆临泗水。按黄河夺泗入淮，在宿境皆泗水故道，陵县治所即今下古城，则宿豫城当在今下古城西北古黄河湾处。"按照这个说法，宿豫古城应该位于洋北镇到洋河新区的黄河故道河湾处以北，此处可见黄河原来的南北流向，到这里却变成东西流向，在这片河湾里，囊括了非常广阔的一大片土地，这里的地理条件和地形地貌上，都完全符合《水经注》中对于宿豫古城的记载。这条河道从南向北，流过洋北镇的大陆庄、赵圩、吴庄、陈庄、卓码等自然村落，转而向东流去。

有关宿豫古城的兴起缘由自古说法众多，有"宋人迁宿"说，有"晋代邸阁"说，还有因古厹犹国而设县之说。

第一种"宋人迁宿"的说法认为，所谓宿豫城，是春秋时期宋国的附属国"宿国"迁徙而来。对这种说法，境内文史研究界争论较大，如宿迁文史专家刘云鹤先生就曾撰文论述："宋人迁宿"指的是安徽宿州，而非宿迁（宿豫）。

第二种说法认为，宿豫古城源自东晋的晋元帝司马睿（原为琅琊王）设在此处的邸阁。所谓邸阁，就是军粮储备基地。宋代程大昌著《演繁露》中注解："为邸为阁，贮粮也。"《通典》云："魏于水运处立邸阁八所，俗名为仓也。"实际上，兴建邸阁并非始自东晋时期，在西晋咸宁二年，晋武帝将原东海王司马睿改封琅琊王，司马睿即在此设立镇戍，以南军镇之。因

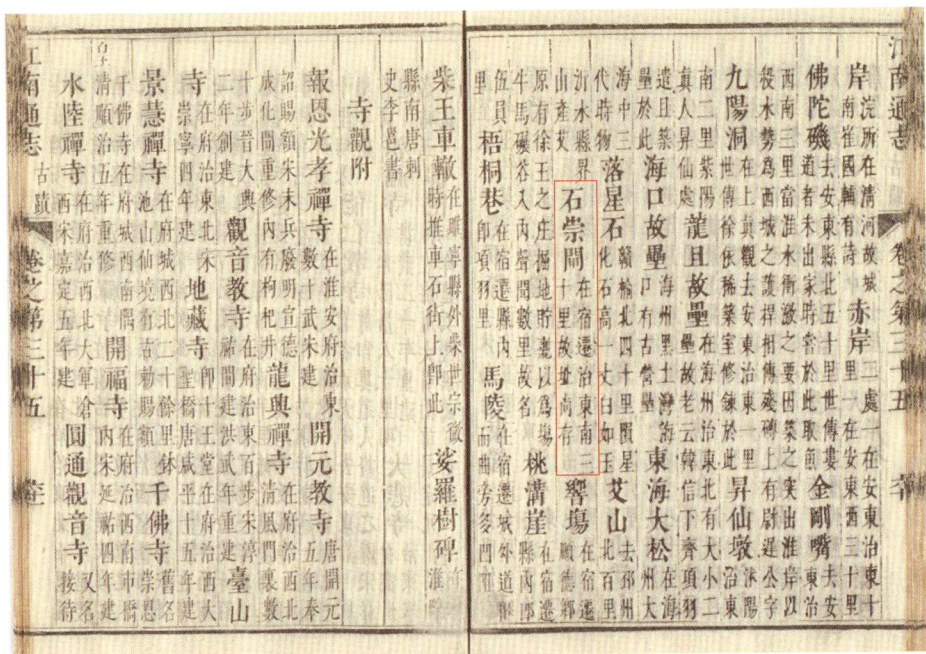

康熙《江南通志》中关于"石崇闸"的记载

此处泗水环绕，交通运输非常方便，故而在其即帝位于江东以后，就在此兴建了国家军粮仓储基地。史料载邸阁占地面积 20 多平方公里，当时北至琅琊、南至淮水、东至沿海、西至南阳，方圆数百里驻军所需军粮都靠此处供应。

在此附近还有很多历史遗迹与此相关，根据史书记载，邸阁的东南下古城为西晋石崇镇守下邳时所筑，也是为了兴建军储粮仓。同时，石崇还开凿了一条沟通泗水和粮仓之间的水道，称之为饷道，后世被本地百姓称为崇河。饷道和后来的漕河功能相近，都是专供国家物资的航运路线。崇河上的石崇闸为宿迁自古以来的名胜古迹，国家一统志中亦有记载。县志载此闸故址直到清代还保存完好。明代《淮安府志》记载："石崇闸，在治东南三十里，故址尚在，俗传有'日浇千顷不求天'之句。"从府志记载的民间谚语可以看出，这个水闸对于当地农业灌溉所起的作用十分巨大。1987 年 5 月，原宿迁县文史办研究人员郑克明曾赴实地做田野考察，并写作了《漫话石崇闸》一文，文章得出结论是，石崇闸旧址在丁嘴镇东南陈家沟附近的崇河上。

北魏太和年间，以此地城高水深，易守难攻，即在此设立南徐州，并将宿豫城设戍，因此有宿豫镇之说（当时的镇，为军事重镇之意）。至梁朝，守将张惠绍又在此地修筑城池以御敌。

直到南宋时期，邸阁和宿豫城才被黄河彻底冲毁，变成了一个巨大的湖泊，因为这个湖泊的原址是原先的军粮仓库，所以得名为仓基湖。康熙年间张忭《宿迁县志》中记载："仓基湖先年水数丈，一碧千顷。"仓基湖湖面辽阔，分为南北两个湖区，南湖在泗阳仓集镇以北，北湖在宿豫侍岭镇以南，同治《宿迁县志》载："仓基湖在县东南三十里，周四十五里，相传石崇建仓之所，有闸曰石崇闸，其水导流为崇河。"此湖风景秀丽，莲藕茂盛，历来传为宿迁八景之一的"仓基莲唱"即在此地。明代诗人咏叹仓基湖道："石崇去已久，遗址种六郎。隔花采莲女，叠叠歌声扬。谁家少年子，跃马驰康庄。相看低头采，彼此空断肠。"宿迁诗人何九州看到仓基湖里的采莲女，以石崇的爱妾绿珠殉情而死的典故赋诗曰："石家在何处？孤霞映水明，湖边采莲女，学唱绿珠声。"

第三种说法认为宿豫城来源于厹犹城。《汉书·地理志》曰："临淮有厹犹县也。"《元和志》："宿迁，汉为厹犹。"《大明一统志》记曰："宿迁县，汉置厹犹县，晋省。"《大清一统志》记载："宿迁县，汉置厹犹县，属临淮郡，后汉省。"《宿迁县志》记载："厹犹城，在县境，古国，汉县，后汉省。"这些记载全都认为汉代在此地设立了厹犹县，而汉代设县大多因为这个地方原有的古国之名，因而可知此地在春秋时期属于厹犹国。厹犹古国之名同样说法众多，厹犹，又写做仇犹、咎由、仇由、仇犹、仇繇甚至夙犹等十多种写法。著名古文字学家、历史学家丁山在《甲骨文所见氏族及其制度》中说："厹犹二字，甲骨文中就已见记载。"他认为厹犹有可能是九州之说的来源。而九州又是华夏的代称，因此，厹犹，这个上古年代的小国，不断引起史学界的极大关注。清代《宿迁县志》的考证厹犹二字的由来认为：仇、酋、叴、厹四字通用，犹、由、繇三字通用，而仇、厹二字是"夙"字之伪，夙犹本来是古语，其音转为宿留，再转为宿预或宿豫。《水经注》记载宿豫城故名为"宿留"，宿留这个地名，不太为古今学者所注意，但泗水上游的沛县微山湖中的留城却因张良被封"留侯"而千古有名。《水经注》成书于晋代，书中称其为"故下邳宿留县"，说明这个宿留城的地名和沛县留城应该处于同一时期，即是秦汉之际的地名。有学者认为，春秋时期邳城分为上邳和下邳，上邳即沛县，下邳即邳州，而这两个地方分别都有叫作留城的地名，其中亦应有其渊源。这个地名的出现，也给《宿迁县志》中对于厹犹的古音训诂为夙犹、宿留以至宿豫提供了一定的论据。

宿豫古城长期处于泗水环抱之中，其交通运输能力为统治者所看重，在此处设立了国家军事粮储基地，使泗水具备了早期漕运航道的功能，从而更加强化了此地的战略和交通地位。同治《宿迁县志》："两汉转粟山东，控引淮湖，下相、厹犹上下百里，经行若否，记载不详。晋元帝置邸阁于宿豫，魏高间留成淮南，谓修渠、通漕需经角城，则自宿豫而下。斯皆挽输军食，非承平挽漕之恒制也。"此文中认为宿豫至角城之间的泗水运道属于修渠和通漕的国家行为，但又认为运输军粮并不能完全等同于后世正常的国家漕运。即便如此，泗水在此时已经被国家政权作为运河使用，则为古人所共识，同治《徐州府志》就十分明确地提出："由淮入泗，由泗入汴者，此五代末之运道也。"

下相古城

睢水对于宿迁而言，还有更为深远的意义。根据有关学者考证，在远古时代，由于相水和睢水相汇，故而睢水也称相水。应诏《水经》："下相水出沛国，相县故此加下也，然则下相又是睢水之别名也，东南流之于泗，谓之睢口。"由此可知，宿迁古代著名的古城池，西楚霸王项羽的出生地下相城，就因为地处在相水的下游而得名。《史记》及《括地志》记载下相县为秦朝设立，属东海郡；《汉书·地理志》载下相县属临淮郡；境内部分学者则认为下相县隶属于泗水郡，且为泗水郡的治所，西汉改为沛郡的治所，东汉改为沛国的治所。

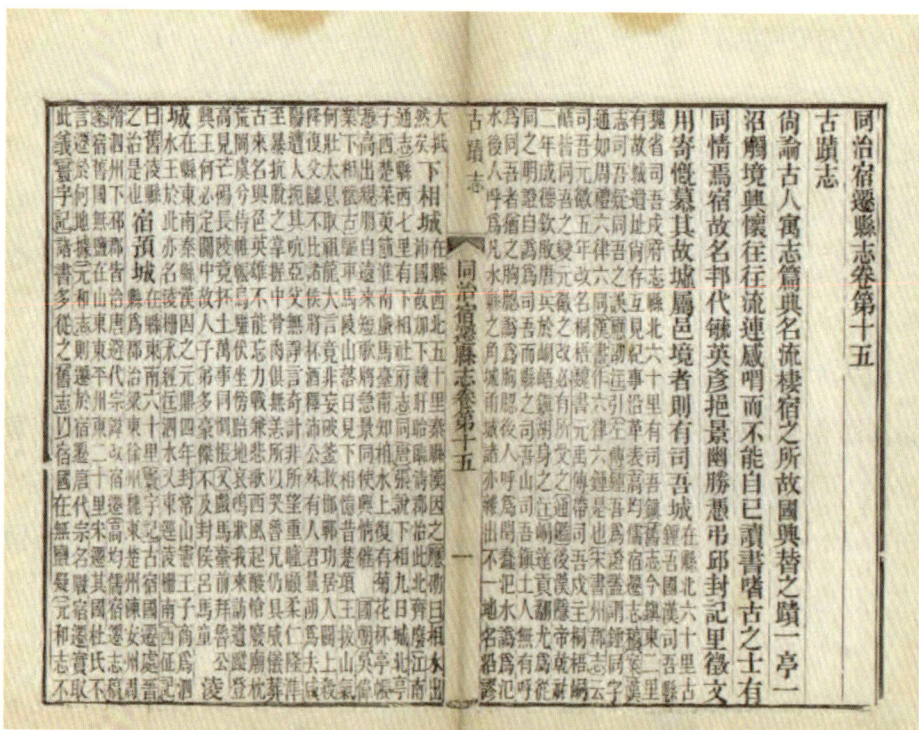

《宿迁县志》中关于宿豫古城和下相城的记载

有关下相城的具体位置，历史上也说法不一。有相距宿迁县城西北 70 里、50 里、7 里、3 里等诸多说法。境内大多数学者认为，下相城具体坐标在今宿迁城西南义乌商贸城附近，其地俗称上古城，属宿迁经济开发区城中居委会六组。《江南通志》："县西七里有下相社"。明万历《宿迁县志》认为，下相城"在运河西三里，相传为项羽所筑"。今宿城区古城街道东倚古黄河堤，此处为古下相城遗址，故名古城。

2005 年初，宿迁市政府规划在下相古城遗址建造宿迁义乌国际商贸城。为探明和保护下相古城遗址，宿迁市政府文物管理部门邀请南京博物院主持，中国社会科学院郫城钻探队具体施工，对下相古城遗址进行了考古勘探。这次勘探的范围：北起青岛路，南至厦门路，东起富康大道，西至发展大道。此次勘探与试掘，确定了在宿迁西南部存在一个文化层堆积较厚，内涵丰富的古代城址。文化层中出土的陶片的年代多为战国到汉代，根据这些陶片及城墙可以推测这个古代城址即是文献中记载的秦汉时期的下相县治所在。本次勘探发现，下相古城遗址的文化层多在 7 米以下，7 米以上是黄河泛滥形成的黄泛土层，生土从东南至西北逐渐抬高，地势为西北高、东南低，与整个宿迁的地势走向相一致，与文献中关于宿迁历史上水患频仍的记载相呼应。本次勘探还发现了秦汉时期下相城及相关遗址，确定了古代文献记载的下相城的地望，发现了城墙、城壕、角楼、灰坑、古井等，第一次揭开了下相城的神秘面纱。在同一年，南京博物院考古研究所的专家又在富豪花园工地、通成山庄、天星花园继续对下相城进行考古勘探。首次发现青砖和骨片，找到了西、北两城墙的位置，初步确定下相城为边长约 450 米的方城，城内有古代建筑遗存。

如果从古代设立城池的地理条件上来看，古城位于泗水河畔，南临小河入泗的小河口，正好处于泗水与小河（相水）相交的河湾，交通条件极为优越。据考，下相县与宿豫县并置的历史长达 145 年。其间，下相县于南朝宋时废，北魏复置，至北齐再废，其地统归宿豫县所辖。北齐后下相县彻底废除，自此无复，其城至宋金战争时期因兵燹摧毁殆尽。

除了项羽之外，宿迁历史上还有一个重要的文化事项与下相城有关，那就是著名的东汉太尉陈球墓碑。宋代初年的千卷巨著《太平御览》中记载："下相城西北，有汉太尉陈球墓。墓前一碑，记弟子卢植、郑玄、管宁、华歆等六十人，其一碑陈登立，碑文并蔡邕所作。"《水经注》载："下相西北有汉太尉陈球墓，墓前有三碑，是弟子管宁、华歆等造。"现代《江苏金石志》中描述此碑云："汉故陈公之碑，右陈球碑篆额二行，黑字圭首甚大，一晕覆之，其右复有二晕。文在穿下，凡十九行。后有裂者，石又下断，所存者行二十四字。碑阴穿晕皆同。纵横亦有裂文。前两行书二人之事，余存二十行，行二人。"

不同时期的《宿迁县志》和《徐州府志》，大都全文照录了陈球墓前三碑的碑文。第一块石碑《汉故太尉陈公碑铭》，此碑文中记载太尉陈球先后辅佐东汉末年五位皇帝的功业。碑为陈球的侄子陈登所立，碑文并书丹者为东汉著名大学者蔡邕。第二块墓碑为《故太尉陈公碑》（亦有此碑为前碑之阴的说法），主要是陈球的门生故吏等立碑人名录，其中大多为管宁、华歆、卢植、郑玄、陈登等东汉末年的著名人物。第三块墓碑名为《故太尉陈公后碑》。南宋时期，著名的金石学家洪适为陈球墓碑作跋语，而著名女词人李清照也对陈球墓碑的书法和篆刻都有着很高的评价，将其收入她和丈夫赵明诚合著的《金石录》中，其对三碑书法优劣的评价，描述石碑缺字、裂纹，历历如数。可见此碑在南宋时期还存于世间，但在南宋以后便逐渐消失踪影。此碑湮没后，作为史上著名的文化胜迹，其具体位置一直存在争议，部分史学家认为，此碑原址应该在邳州境内，如《邳州志·古迹》中就认为：《水经注》说陈球墓碑在下相城西北，但《元和志》记载下相城在宿迁县西北 70 里，而陈球墓碑又在下相城西北，故而按照方位推测，此碑应当在邳州境内。大部分学者都认为《元和志》中记载的"下相城在宿迁城西北七十里"有误，下相城实则在现在宿城西南义乌商贸城附近的上古城。所以，同治《宿迁县志》加以论述道："古下相西北在今为骆马湖，骆马湖西北则为邳界，北宋时骆马湖划归宿迁。"从这些史籍记载的时间段和推测的方位来看，陈球墓碑原址大约位于如今的骆马湖中。骆马湖区域在北宋以后即隶属于宿迁，在黄河夺泗以前并非是常年蓄水的湖泊。由于地势低洼，南宋初年以后，泗水河道被黄河占据，常常发生洪水漫溢，逐年冲刷，遂成为大小湖泊连片之处，而陈球墓碑也随之被洪水冲淤湮没。

泗州城和泗州戏

泗水文化影响巨大而又深远，安徽省有泗县，山东省有泗水县，现在宿迁市所辖有泗洪县、泗阳县，这些地名都和泗水息息相关。

在古代以泗水为名的行政区域中，还有一个比这些县级区域更高一层的行政设置，那就是著名的泗州。今人熟知的泗州古城早在400年前被洪水淹没在洪泽湖中，被现代文化学者称为"东方的庞贝古城"。很多人并不知道，最早的泗州原来就设在宿迁境内。

宿迁历史上曾有很多次高于州县的行政设置，历代《宿迁县志》均有记载：春秋战国时期，宿迁大地上便有钟吾、厹犹两个诸侯子国。秦汉时期，这里钟吾县和下相县并立。东晋义熙元年（405）开始设立宿豫郡，七年，改隶东徐州，而东徐州治所设在宿豫。北魏皇兴元年（467），重设宿豫郡，四年后设立东徐州，治所设在宿豫。南齐永元元年（499），改东徐州为北徐州，治所仍然在宿豫。直到梁天监八年（509），重新设立东徐州，治所还在宿豫。

北魏孝昌二年（526），设立东楚州，治所在宿豫。东楚州领宿豫、高平、淮阳、晋宁、安远、临沭 6 郡，共有 20 个属县，其中宿豫郡领县四，高平领县四，淮阳领县四，晋宁领县四，安远领县二，临沭领县二。北魏孝昌三年（527），又设立盱眙郡，治所在区域内下相城。

陈太建七年（577），宿豫地入陈，陈改梁东徐州为安州，州城在宿豫。

隋朝开皇九年（589），废除宿豫郡，设宿豫县，隶于泗州，其州城在宿豫。隋大业三年（607），改泗州为下邳郡，郡治所在宿豫。

唐代武德四年（621），复改下邳郡为泗州，泗州治所仍在宿豫。直到开元二十三年（735），因黄水泛滥，宿豫县城被冲毁，县城迁至今天的宿迁城南郊，泗州迁移治所于临淮县。

有关泗州的官方记载，唐代国家地理志书《元和郡县图志》中说得较为全面：

> 泗州，临淮上。开元户三万三百五十，乡六十。元和户四千一十五，乡五十。《禹贡》徐州之域。春秋时属鲁，又为徐子之国，后为楚所灭。秦为泗水郡地，汉兴，改泗水为沛郡。武帝分置临淮郡，后汉下邳太守理此。自晋迄后魏，并为宿豫县。后魏于此置东徐州，周宣帝大象二年改为泗州，隋大业三年改为下邳，武德四年复为泗州。开元二十三年，自宿迁县移于今理。
>
> 州境：东西三百八十五里，南北三百七十九里。
>
> 八到：西北至上都一千三百二十里，西北至东都一千四百七十里，东南陆行至扬州二百七十三里，东水路至楚州二百二十里，西南至濠州二百一十里，西北至甬桥四百二十里。
>
> 贡、赋：开元贡：麻，细赀布。赋：绢，布。
>
> 管县五：临淮、宿迁、徐城、涟水、下邳。

　　该书对于泗州的历史沿革、行政隶属、人口规模、辖区都记载得很详细，还记载了本地的风物特产，麻和细织布匹在开元年间就作为进贡到宫中的贡品，而丝绸纺织的绢，和普通布匹则可以充当田赋。

　　泗州城在历史上人文荟萃，市井繁华，然屡屡败于洪灾，其州城屡设屡废，因而对于其行政设置和城市规模、经济文化诸多方面的历史考证众说纷纭。明史专家陈琳认为，历史上一共出现过4个泗州城，而第一个泗州城就在宿迁市的宿豫古城，自北周而起，历160余年，才因泗水洪灾而迁至临淮县（今盱眙县淮河镇）。从唐开元年间至清代初年，历945年，因黄河洪灾该城冲毁，遂迁到盱眙城内，又一次县城和州城共治，历97年。第四处即在今天的安徽泗县，原称虹县，近140年。

　　从北周设立泗州开始，至唐代开元二十三年，泗州一直和宿豫县同城共治。这期间，也是隋唐大运河开创并臻于完善的关键时期。此时的大运河虽不经过境内，但由于社会稳定，经济发达，地域间贸易往来和文化交流十分活跃，故而泗水航道并未弱化，沿泗水西去或南下，可以达到更加广泛的区域。唐代诗人薛能的诗句"绕郭烟波浮泗水，满船丝竹载凉州"，生动描绘了泗水航道上往来如梭的繁忙景象，亦可证明当时的泗水航道四通八达，商船从泗州出发，可以到达凉州那样偏远的地方。

　　在泗水流域的乡野民间，自古流传着各种民间文化，如民间歌舞，民间戏曲和民间故事等。这些民间文化无不被打上鲜明的泗水烙印，其中最有代表性的当属这一区域的地方戏——泗州戏。

　　泗州戏又称柳琴戏，是江苏省地方戏剧种之一，据称其历史起源已有200余年，剧种名称因其主要伴奏乐器柳叶琴而得名。民间称其唱腔为"拉魂腔"，"拉魂腔"其名极言柳琴戏曲调婉转悠扬，能把听戏之人的魂给勾走，在本地有"不听拉魂腔，吃饭都不香"之说。"拉魂腔"以其粗犷、朴实的表演风格及动人心弦的唱腔，以强烈的地方特色和艺术感染力，得到泗水流域广大民众的热爱。

泗州戏的唱腔起源有三种说法：第一种说法是起源于苏北的太平歌和猎户腔，其代表人物是邱老、葛老和张老（一说杨老）。第二种说法是起源于流行在山东和苏北的周姑子、柳子戏及民间小调，周姑子所唱的曲调为周姑子调或称姑娘腔。第三种说法是源于清乾隆、嘉庆年间泗水流域的花鼓戏、锣鼓冲子、四句腔和民间小调。

从地方戏发展的艺术规律来看，任何区域的地方戏都是以该地区方言而孕育出的戏曲唱腔和念白。泗州戏同样如此，泗州戏流布区域也恰好说明了这一点，今宿城、宿豫、泗阳、泗洪等地都处于淮河以北，属于黄淮地区，方言基本相同，所以泗州戏能够在这一区域流布开来。山东、安徽等地流传泗州戏的区域也大都处于泗水流域，在这个流域中，人们所使用的方言只是有着口音上的微小差异。

泗州戏形成过程中经历了"唱门头""二小、三小戏""当场变"至"七忙八不忙，九人看戏房"等表演形式。在清代中期形成了职业化表演的剧种，出现了比较多的长年演出的职业艺人，包括女艺人，如现知最早的山东第一个拉魂腔女艺人马老妈妈。清咸丰四年（1854）又出现了香莲、香菊等女艺人，清同治二年（1863）江苏拉魂腔班社中出现了女艺人"烂山芋"，之后，又有"金不换""一千两"等女艺人，主要在淮北一带演出。最早在宿迁一带形成表演团体的，有流动在皂河一带的刘家班、骆马湖区的宋家班和城区的尹家班。尹家班可以自编唱段、剧本，在宿迁城颇受欢迎，其主要演员有尹作春、尹桂霞、李春生等。刘家班主要在皂河镇南端的龙王庙戏楼上演，主要演员有十多名。

1945年10月，宿北县（宿迁、新沂一带）人民政府曾将流动在解放区的近百名艺人集中训练三个月。集训结束前由宿北县抗日民主政府蔡贡庭县长宣布，组成新庆、同庆、永庆和大庆四个拉魂腔戏班。四个拉魂腔戏班先后排演了自己创作的《血海深仇》《打鬼子》《改造二流子》等剧目，在当时引起强烈反响。新中国成立后，拉魂腔戏迅速发展，走向全盛时期。在政府有关部门领导下，各地拉魂腔班社废除了班主制，改建组成了一批较大规模的剧团。徐州、宿迁以及山东等地区的拉魂腔戏改称柳琴戏，安徽等地改称泗州戏。

2004 年以来，宿迁市有关部门为了保护柳琴戏（泗州戏）这一文化遗产，组建了龙王庙行宫柳琴戏剧团，排演部分传统的古装和时装戏，在全国重点文物保护单位"龙王庙行宫"古戏台定点演出，使这一民间艺术得以传承。2008 年成立"宿迁市龙王庙行宫柳琴剧团"，先后排演了 50 余部各种剧目。2015 年，大型柳琴戏《古城拉魂》参加江苏省第二届文华奖戏剧展演，2017 年获江苏省第十届精神文明建设"五个一工程奖"，同年 9 月荣获第三届江苏省文华奖。

第四节
古泗水沿岸其他古城池和聚落

　　日月经天，江河行地。河流是人类繁衍生息的温床。"逝者如斯夫，不舍昼夜"，当水聚成河流，流经高原，萦绕山脉，冲刷丘陵，穿越平原，河流不舍昼夜的流淌过程，也是对万物尤其是人类滋养哺育的过程，同时又是造地的过程——因河流经过而形成的冲积平原给人类制造出生存的环境和舞台。正是河流让人类可以依傍着她进行采集、渔猎，进而在河畔台地上聚族而居，从事农业、畜牧业和手工业。随着社会文明的进步，人们又在聚落的基础上构筑城池，创造出更加美好的生活。

泗水之滨

　　在历史的长河中，泗水两岸曾出现过许多城池和聚落，泗水流经的宿迁，也以不同的身份点燃了一个又一个城市的文明。这些古城池和聚落，或先或后，或同时，为宿迁积淀下了丰厚的文化土壤，共同托起了宿迁的文脉。

　　犹国国都　西周时期，宿豫古城的前身。

司吾城　春秋时期，钟吾国辖境，在宿迁县北境。

凌　县　秦朝在泗水北岸设立。

泗水国　汉代以凌县设立。《水经注》云："泗水东经凌栅南，即旧凌县治也。"

高平侯国　《徐州府志》："高平侯国，在宿迁县。"《汉书·恩泽侯表》："齐平戴侯王逢时，皇太后弟河平二年封。"

樊阶城　两晋以后设立，在宿城西北境。《江苏通志》："樊阶城，在宿迁县西北，亦作樊谐。"《通鉴》云："宋泰始元年，沈攸之退保樊阶城是也。"境内学者考证认为，樊阶城具体方位约在今天蔡集镇区西南，该地前临睢水故道，北倚古黄河，和史籍有关记载相符。

焦　墟　《徐州府志》："宋泰始三年，沈攸之援下邳，屯军焦墟曲。去下邳五十余里，以今境证之，疑在宿迁境。"《邳州志》亦称其地名为"焦墟曲"，所谓"曲"，相当于后世的河湾，据此推测，焦墟曲应在皂河境内临近古泗水的河湾之处。

新　城　《睢宁县志·古迹志》："新城，在县东北四十里，为宋韩侂胄所筑。"该志记载的新城位于睢宁县城东北 40 里，按照方位和里程应在今天宿城区王官集境内（王官集镇在 1950 年以前隶属于睢宁县）。宋金战争时期，王官集镇今境隶属金国范围。韩侂胄是南宋著名的主战派领袖，曾指挥宋军进攻金兵，并于开禧二年（1206）夺取了泗州，新城即为宋军修筑的军事城池。

九　城　在王官集境内。据《徐州府志》载，九城分为前九城和后九城，亦称东西九城。《睢宁县志》的舆地图画有两处颇具规模的城池图形。清代《睢宁县志》将其列入《古迹》一章，并云："九城，在县治东北三十五里。"在此县志的《乡隅》一章还有九城设集和筑造圩寨的记录，可见九城在古代是有一处很大规模的古城。据说在新中国成立后兴修水利的时候，九城村附近还在河道中挖出过旗杆和古建筑的围墙等。

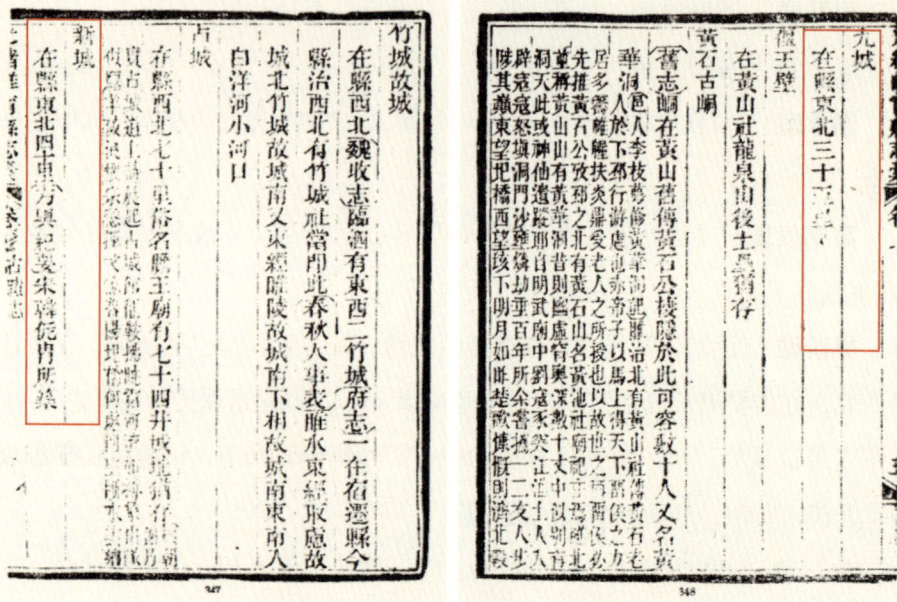

清代《睢宁县志》中关于"九城"和"新城"的记载

区域变迁

唐代以前的地理专著中，对于州县一级记载大多简略，只有疆域和隶属等项目。到唐代的国家地理专著《元和郡县图志》，开始偏重于州县地情记载，其中对于宿迁县记载，是今天我们可以看到的比较全面的早期史料。

> 宿迁县，上。南至州二百一十里。春秋时宋人迁宿之地，至汉为厹犹县，属临淮郡。晋立宿（豫）〔预〕县，隋开皇三年属泗州，宝应元年以犯代宗庙讳，改为宿迁县。
>
> 淮水，入县境南，与楚州山阳县分中流为界。
>
> 旧州城，梁将张惠绍北伐军所次，凭固斯城，堑其罗城，引

水环之，今城在泗水之中。

下相故城，在县西北七十里。秦故县也，项羽即下相人也。

应劭曰："相水出沛国，故曰下相。"

鲁肃庙，在县东南一里。肃，临淮人，后人为之立庙。

从这个记载中可以看出，当时的宿迁被定为上等县。文中提到的旧州城，便是隋唐时期的泗州州治，后来较为出名的鲁肃庙也在宿迁境内。

唐宋时期的宿迁县，淮水在宿迁南境，也是宿迁和楚州山阳县界河，故而宿迁自古有"淮上名城"之称。徐州以下的泗水两岸基本上为宿迁辖境，至淮河以南地隶淮安。自古兵家常以淮水为长江的屏障，泗水又是淮水的防线。宋金战争时期，海陵王完颜亮进攻淮南，南宋四名臣之一胡铨曾向朝廷进言："泗上，今日之藩篱咽喉也，彼得泗，则两淮决不可保，两淮不保，则大江决不可守，大江不守，则江浙决不可安既而和议复定。"惜乎南宋赢弱，将淮河以北尽送金人之手。

从唐代到宋金战争期间，宿迁县的属地囊括了今天的泗阳县、睢宁县以及新沂市大部分区域，甚至包括今天泗洪县和淮安市的淮阴区等地。太平兴国七年，宿迁从武宁军划归淮阳军，此时宿迁所管辖的范围，南至今天的淮安市市区，北抵郯城，东至海州，西面包括睢宁部分区域。

有几处区域需要单独提出以明确：

桃园（桃源）　桃园县（即今泗阳县）本属宿迁之桃园镇，元初置县，后"园"讹为"源"。《江南通志》："泗州又有淮滨县，兴定二年四月以宿迁之桃园置，元光二年四月废。"《金史》："泗州有淮滨县，宣宗兴定二年以宿迁之桃园镇置，旋于元光二年废为镇。元至元十四年复置曰桃园县，其后乃讹曰桃源。"

下古城（凌城）　张忖《宿迁县志》："凌城，在县治东南五十里，汉置晋省。俗呼下古城。今为桃宿交界处。"

洋河镇　《元史·志》:"白洋河治西六十里,上通汴河,下达黄河,人烟聚集成镇,东属桃源,西属宿迁。"

睢宁县　清·顾祖禹《读史方舆纪要·卷二十二·邳州》:"睢宁县……本宿迁县地。金兴定三年,以宿迁县之古城置睢宁县,属泗州。元改属邳州。"此处明确记载睢宁本宿迁县地,以宿迁县古城置睢宁县。可见,在宋金战争之后到元代,睢宁和泗阳一样,都是以宿迁的属地设立县城。

泗口、角城、淮阳城、崔镇、桃园、鱼沟　在唐、宋、金三代六百余年的历史时期,这些区域都隶属于宿迁县辖区。唐《通典·州郡一》:"泗口……即今临淮郡宿迁县界。角城,安帝义熙中置,亦在宿迁县界。"《舆地广记》称淮阳军宿迁县下有泗口,与《旧唐书·地理志》"贞观元年(627),省淮阳县入宿豫"的记载相一致。在设立清河县以前,清河县主体以及泗口、角城、淮阳城和崔镇、桃园、鱼沟等地都是宿迁县(宿豫县)的辖区。(详见杜涛《淮阴清河地名考辨》)

需要说明的是,在不同的历史时期,因为行政区域的演变,本文中所涉猎到的古代城池和聚落的具体位置今天已经不在宿迁市的境内。宿城区作为原宿迁县历史文化的承继者,追溯和探讨其历史渊源和文化内涵,应该亦是题中应有之义。

泗水故事

泗水流域在历史上发生过许多历史事件,如著名的秦始皇"泗水捞鼎"的故事就发生在徐州城附近的泗水河畔。传说禹王受命于尧,治理天下河流山川,使万流归海,百姓安居,便划定天下九州,会盟天下诸侯,收九州之金铸造九鼎,此后,这九鼎便成为统治天下的象征。但不知何故,至春秋时期周显王四十二年，九鼎沉没在泗水之中。

　　秦始皇统一天下以后，曾听说九鼎又在彭城附近的泗水中出现过，就专程来到徐州，组织力量在百步洪下打捞大鼎。《史记·秦始皇本纪》载："始皇还，过彭城，斋戒祷祠，欲出周鼎泗水，使千人没水求之，弗得，乃西南渡淮水之衡山。"《水经注》记载得更为详细："泗水又南，获水入焉，而南径彭城县故城东。周显王四十二年，九鼎沦没泗渊。秦始皇时，而鼎见于斯水。始皇自以德合三代，大喜，使数千人没水求之，不得，所谓鼎伏也。亦云系而行之未出，龙齿啮断其系，故语曰：称乐大早绝鼎系。当是孟浪之传耳。"徐州博物馆现在保存的一块出土的汉画像石刻中，形象地再现了秦皇捞鼎的场景，图中的大鼎即将出水，却被泗水河中的一条巨龙跃出，咬断打捞的粗绳，大鼎重新回到泗水中。在这个故事中，大鼎被巨龙保护，不让其落入暴君之手，是否是对于泗水流域的另一位即将崛起的皇帝汉高祖刘邦的支持？

　　刘邦担任的第一个职务是泗水亭长。他被项羽封为汉王以后，暗度陈仓，组织了数十万军马反攻项羽的时候，在泗水河边被项羽一支数千精兵杀得四散奔逃，死伤无数。史载："羽乃从萧晨击汉军，而东至彭城，日中，大破汉军，汉军皆走，迫之谷泗水，汉军皆走南山，楚又追击至灵璧东睢水上，多杀汉卒，十余万皆入睢水。"这一仗打得汉军死伤无数，战死将士的尸体堵得泗水和睢水皆为之不通（出自《汉书·项籍传》）。

　　历史记载的另外一次"泗水为之不通"，发生在汉朝末年。曹操的父亲和哥哥回家经过下邳（在宿迁西睢宁县古邳镇），被徐州太守陶谦的部下杀害。曹操便率兵攻打徐州。陶谦无奈，四处找人救命。刘备率部下军队和陶谦以及青州刺史田楷兵合一处，齐心抗曹。曹操久攻不下，就拿徐州周边的县城居民出气，进行了灭绝人性的屠城，他将当时下邳附近取虑、睢陵、夏丘和下相几个县扫荡一空，鸡犬无余。史书记载："自是五县城堡，无复行迹。泗水为之不流。自是数县人无行迹。"

　　泗水与宿迁相关的轶事中，最有传奇色彩的是邱䜣泗水斩蛟的故事。这个故事在《韩诗外传》和《吴越春秋》里都有记载，说是吴王派邱䜣到齐国出使，经过淮阳的时候，座下的马渴了，就在这里饮马。不料，水里冲出一条蛟龙，一口将马儿吞到肚子里。邱䜣大怒，随即脱了衣服，手持利剑，一个猛子扎进水里，在水下和蛟龙大战了三天三夜，终于将蛟龙斩杀。邱䜣出水以后，正在穿衣服，谁知那蛟龙是泗水的神灵，邱䜣将他斩杀，惊动了上天，天帝震怒，就派雷神来惩罚邱䜣，雷神打雷闪电，霹雳直冲邱䜣。邱䜣跳将起来，挥舞手中长剑和雷神决战，雷神躲在天上继续用雷电霹雳轰击他。邱䜣乱舞利剑，三番五次躲过疾雷闪电。雷神无可奈何，就从云中现身，直接将雷锤砸向邱䜣头上，邱䜣闪身躲过，但其左眼却被电光击瞎。《水经注》中记载："泗水又东南经淮阳城北。城临泗水，昔邱䜣饮马斩蛟，眇目于此处也。"这个神话故事一直在宿迁民间口口相传，据说宿城西郊月堤湖附近的饮马堤就是邱䜣饮马斩蛟之处。

汉唐及宋代宿迁的地方官

　　由于宿迁历史上政区变化频繁，元代以前的历史资料缺乏细节性记载，虽然在国家历史地理等志书中，对这一地区的行政区划以及各个城池都记录在案，但对于在这些城池和政区中任职官员的记载大都语焉不详。《史记》《汉书·地理志》记载：秦汉之际，境内设有下相县、陵县、厹犹县、司吾县、高平县等政区，而其行政长官却无一记载。记载官员名录较多的，则是汉朝在这一区域设立的泗水国，如泗水太傅宋畴，泗水中尉王扶，泗水内使萧咸，泗水相满黔、甄丰等。

　　南北朝时期，设立宿豫郡和宿豫戍，由刘宋王朝积射将军沈韶驻守，辖宿豫戍将鲁僧遵。至梁朝，在宿豫城设立东徐州，刺史为湛海珍、张皋。陈

朝在宿豫设立安州州治，刺史为徐敬成，监州为陆子才。北魏复设东徐州
（亦称南徐州），刺史为沈陵、孔伯孙、崔鉴、寇祖、郑允伯、王世弼等。北
魏宿豫戍主为严仲贤、成安乐、马成龙等人。与此同时，境内的司吾县城亦
设立戍镇，资料可查的司吾戍主为元禹。北魏时期，境内还设有上党侨县，
县令名韩念祖。北齐在境内设立东楚州，都督徐远兼任刺史，其后有费也利、
进国二人相继任刺史。

　　隋开皇九年（589）在宿豫县城设立泗州，首任泗州刺史为和洪，继任
者有尹文哲、温君悠、司马幼之、崔子博等。唐代泗州刺史有苏晋、崔公礼、
王同仁、张继本、李孟准、郑行伦、张律师、李均等人。但隋唐时期宿豫县
（宿迁县）的县级官员名录却无记载。

　　宋代可以查证的宿迁县官员只有一文一武二人，即北宋元祐年间宿迁知
县陈师锡、南宋绍兴年间宿迁县尉张荣。此二人均为历史名人，张荣更是以
其在宋金战争时期的英雄事迹名震天下。

　　陈师锡（1057—1125），建阳人，字伯修，宋神宗熙宁六年癸酉科进士第
三名，任职监察御史，由于他刚正不阿，敢于直言，为朝中大臣所排挤，外
放至宿迁任知县。苏东坡对其学问和为人十分敬重，认为他学识渊博，行己
洁素，议论刚正，曾经三次上书朝廷，推荐陈师锡来代替自己的职务。后得
以进入朝中做校书郎、朝请大夫，赠谏议大夫，直龙图阁。《宋史本传》中称
他"德行追纵于古人，文章冠绝于当世"。

　　陈师锡不仅诗文俱佳，学问精深，其书法水平也为当时及后世所称道，
存世书法作品《致方迥监郡宣德执事尺牍》被收入《石渠宝笈》和《三希堂
法帖》，现存于台北故宫博物院。

　　张荣，原为山东寿张人，约建炎年间被朝廷委任为宿迁县尉。金人南渡，
宿迁以及淮河以北全部划归金国。张荣誓不降金，率部到县北马陵山一带招
兵买马，抗击金兵，先后在嶂山设立老营，在司吾山建立张荣城，竖起抗金

大旗，和金兵多次交战。据宋史和宿迁县志中《魏胜传》记载，南宋著名抗金将领宿迁魏胜也曾和张荣联合作战。魏胜在成立山东路忠义军以后，派遣他的儿子魏昌联络张荣，县志记载："遣其子昌同司吾山首领张荣，持旗榜，往结山东忠义。"

绍兴元年后，金兵大举围剿淮北抗金力量。张荣率领部下沿泗水、淮河南下，至淮南地区的泰州一带，进入兴化的缩头湖中安营扎寨，并在湖水下面打下数以千计的暗桩，在水中布八卦阵，设计将金兵从溱潼引进缩头湖。由于缩头湖里河港湖汊纵横交错，地形极为复杂，加上湖面芦苇丛生，水中暗桩密布，使得金兵如同进入迷宫，只有被动挨打。此一战，杀死和淹死葫芦巴为首的金兵数千人，活捉挞懒（金文名叫完颜昌）的女婿破辣椒等将领以及金兵 5000 余人，缴获大小船只无数，共绞杀金兵 1 万余人，沉重地打击了金兵的嚣张气焰。金兵大将挞懒最后被杀得只剩下 2000 余人，不得不率领残部退到淮河以北。

经此一战，义士张荣的名号传响大江南北，兴化缩头湖就此改名叫得胜湖。据说，著名的溱潼赛船也就发源于此。张荣也因而被高宗御封为"张敌万"，意思是他可以战胜万名金兵。

这次战役，在《宋史》《金史》《宋会要》《三朝北盟汇编》及《兴化县志》等历史资料中都有详细记载，后人评价张荣此战甚至认为比岳飞的建康之战打得更漂亮。

张荣和宿迁的渊源并没有到此为止，他还是今天宿迁境内张姓当中子孙后裔繁衍最盛的"百忍堂"张氏一族的始祖。

张荣在得胜湖战役以后，继续追击挞懒，在宿迁境内张山、老营、司吾山、骆马湖都建立了和金兵对峙的营垒，而金兵留下的挞懒营和条约城也都有迹可循。而张荣在年老以后，并没有回到山东，而是选择了宿迁作为他的归宿，这是因为张荣的弟弟张兴早已在宿迁落脚。张兴当年跟随哥哥一起来到宿迁，就在张山和司吾山一带定居下来，并把这里作为一个牢固的抗金阵营，扩大军事实力，并致力于发展经济，在海州、宿迁、楚州等地贩卖食盐、粮食。天长日久，在司吾山下形成了一个叫做交易城的贸易基地。于是，张荣和张兴就在宋、金、元三股势力纠葛不清的宿迁开始了张姓家族数百年聚居的又一个传奇，这就是宿迁历史上著名的"十四世同居"百忍堂张家。

清代嘉庆年间《宿迁县志》记载："张荣为十四世同居之始祖，衣食劳逸必均，私蓄偏听必戒，嫁娶有节，祭祀有礼。以致宴饮丧葬靡不定为约束，悉尊家长统率。子孙世守之，至十四世不替云。"至明代，张荣的第九代玄孙张宾还被奉入宿迁乡贤祠祭祀。

台湾《宿迁文献》刊有《宿迁黑墩张氏概述》一文，在论述祖先源流的

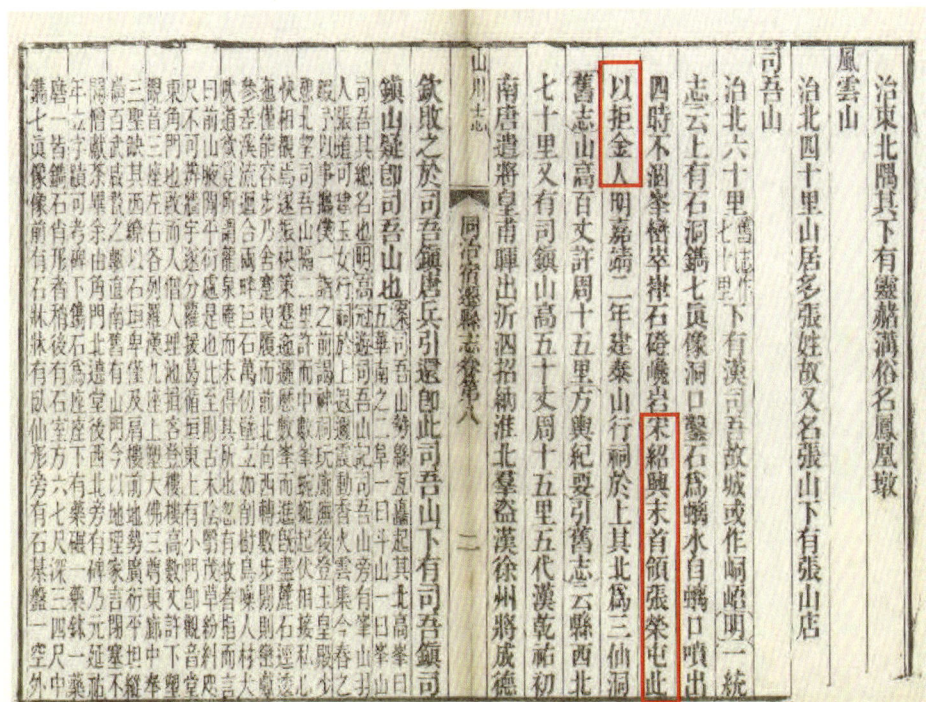

《宿迁县志》中关于张荣抗金的记载

篇章记载道：宿迁张氏，为清河系统，源出山东寿张县张秋镇。缘南宋有该镇张荣者，出任宿迁县尉。金人南侵，据马陵山区城子岗，并与魏胜联合，抗金垂二十余年，曾转战于兴化、六合等地。兴化有湖名率头，因张荣于此击溃金军，改为得胜湖，于今胜湖秋月，仍为兴化八景之一。宋封为武骧右卫指挥使，年老释兵柄，隐居县内黄河西之金牛墩，遂落籍于此，为宿迁有张氏之始。县志误为元人。其子孙秉持百忍遗训，历南宋、元朝、十四世同居。

《宿迁县志·古迹志》记载：张义民墓，在治西二十五里，即十四世同居之始祖荣，俗呼金牛墩。明代天启年间和万历年间的《淮安府志》中的宿迁舆地图上面，也在宿城西边的黄河南岸田野里，明确标注了张义民牌坊。今天宿城区蔡集镇和耿车镇之间的张氏茔地原址附近，当地老百姓都还记得这个墓地名叫张大林。20世纪50年代以前，这里还保留有数道牌坊，有高达十几米的大墓，墓地四周有石人、石马等，可见此处正是张荣的归宿之地。

第二章

黄河夺泗

宿城古黄河的文化初融

　　古人云：“走千走万，不如淮泗两岸。”历史上的淮、泗两岸是名副其实的"饭稻羹鱼"之地，优越的地理环境成为最早的人类发祥地之一，近年来发现发掘的距今 8300 年前的顺山集遗址便是最有力的证据。古代的宿迁人民依傍泗水，利用泗水，治理泗水，保护泗水，亲近泗水，在丰富的社会实践中创造了富有地域特色的泗水文化。同时，泗水文化也滋润着宿迁人的心灵世界，培育了宿迁人"若水向善""乐水进取"的品格和情怀。但是，当北宋王朝结束，中国政局形成南北对峙的局面后，南宋偏安杭州，金兵则扼守黄河以北，公元 1128 年，杜充决河以水代兵，黄河自此进入了长达近 700 年的"夺泗入淮"历史，本为风调雨顺的淮泗之地变为黄水走廊。肆虐的黄河取代了安流运畅的泗水后，致使这里的政治、经济、文化发生了翻天覆地的变化。古黄河替代了古泗水，两种河流的文化从接触到撞击，再到筛选、融合，于是在宿城大地上形成了特色鲜明、张力十足的古黄河文化。

第一节

"黄河夺泗"与古代宿迁城市形成之关系

　　城市的出现，是人类社会发展到一定节段的必然产物，其对产生条件有客方面的要求，首先就是要有充足的水源。春秋时，齐国大政治家管仲曾云："水者何也？万物之本原，诸生之宗室。"在《管子•乘马》中，他明确指出，"凡立国都，非于大山之下，必于广川之上，高毋近旱而水用足，下毋近水而沟防省。因天材，近地利。"就是说，凡营造国都，不在大山之下，也一定要建在大河的近旁。高的地方不可近于干旱地区，以保用水的充足：低的地方不可近于水洼地带，以节省沟堤的修筑。一定要依靠自然资源，凭借地势之利建设城市。管子阐明了建设国都，建设城市的本原则，这也是历史上建设城市经验的总结。只要打开地图，我们就可以看到，古往今来，城市大都在江河之畔，湖泊之侧，或者是地下水资源丰富的方。史料有明确记载的宿迁几座城市也是如此，最早的下相城和后来的宿豫城、宿迁城都是建在逐濉水或泗水之滨的。

　　俗语言"水火无情"，它既可滋养一方百姓，也可为害一方水土，宿迁这些城池由于逐水而建，在濉、泗二水受到黄水侵夺后，宿迁城则由原来的亲水而建变为"避水而迁。"宿迁城与黄河的关系也遂之变为"水逐城迁"之关系。

"黄河水，水阔无边深无底，其来不知几千里。或云昆仑之山出西纪，元气融结自兹始。地维崩兮天柱折，于是横奔逆激日夜流不已。……"（明·贡泰父《黄河行》）黄河为害，自古而然。历史上第一次危害最大、时间最长，也是最著名的一次，就是汉元光三年，即公元前132年的"河决瓠子"。《史记·河渠书》载，这年五月，"河决于瓠子，东南注巨野，通于淮、泗"，致使下游十六郡尽成泽国。当时的丞相田蚡，其封地在黄河北岸，瓠子决口后黄河改向东南流，他的封地可免受水灾，因而极力反对堵塞决口，任凭黄河肆意乱流长达二十三年。

汉元封二年，汉武帝去泰山封禅，亲眼看到黄河水害之甚后，才下决心堵塞决口。这一年，他亲临决口现场督促指挥。瓠子决口经过二十多年的冲刷，变得很大，"广百步，深五丈"，堵塞工程非常艰巨，当地堵决口的物料也十分缺乏。那时东郡（今滑县、濮阳一带）百姓做饭多烧柴草，所以能用来堵决口的柴草已经不多，汉武帝下令尽伐淇园（今淇县）之竹来堵塞，还让自己的随从官员自将军以下统统加入背竹子的行列。为表达自己对河神的虔敬，汉武帝还亲自将白马玉璧沉于河中祭祀河神。经过一番不懈的努力，决口终于被成功堵塞，汉武帝还命人在新修的河堤上建了一座宣房宫以作纪念。

南宋建炎二年（1128），宋王朝为阻止南下之金兵，人为决河，使大河由泗入淮，这是黄河历史上第四次重大改道。从此以后，大河离开了《山经》《禹贡》以来的故道，改为以东南流为常。元代贾鲁治河前，黄河泛流之水在淮北平原上的河道并不固定，有时夺颍、涡直接入淮，有时夺汴、睢入泗入淮。在这个时期内，泗水河道所受影响还是比较小的。贾鲁治河之后，黄河河道固定在徐州夺泗入淮，黄河大水的冲击和泥沙的淤积，彻底改变了淮泗流域的地理地貌，并导致了宿迁城的搬迁。

宿迁城始建于公元 405 年，位于原厹犹县治所（今宿迁市洋河新区郑楼镇古黄河北岸之古城）。2006 年、2017 年文物部门在史料记载的区域内两次勘探均发现夯土城墙，确认这里就是公元 405 年所建的宿豫城。

宿豫城在中国历史上有着举足轻重的地位，南北朝时期为宋、齐、梁、陈的必争之地，在归属发生变化的同时，名称也常有更改，曾名南徐州、东徐州、东楚州、安州等。宿豫郡和泗州郡一度也同处一城，实乃区域性政治、经济和文化中心。这座城历史上经历了多次搬迁，又因其第一次搬迁无明确记载，故有不同时期搬迁之说和搬迁地点不详、搬迁原因不明之说，概括起来主要有：

唐代迁城说。持此说法的主要是 1996 年出版的《宿迁市志》、2014 年出

2017 年考古现场（夯土墙遗迹）

万历四年建宿迁新城形胜图

土城墙夯窝

土城墙剖面

砖土结构城墙局部

外包砖墙剖面图

版的《宿迁市宿豫志》和《宿迁市城市发展源流探究》等。

宋初迁城说。持此说法的主要有清同治《宿迁县志》、2011 年版的《宿城镇志》。

宋熙宁后迁。持此说法的主要是民国版注释本《泗阳县志》。

笔者支持并赞同第二种说法。主要依据是《元和郡县图志》《太平寰宇记》《新唐书》《大清一统志》等史书的相关记载，以及近年来的考古发掘资料。

这是笔者对宿迁第一次迁城的认识，至于迁城的原因，多数学者认为是源于水患，因宿豫城是逐水而建，加之"梁将张惠绍北伐军所次，凭固斯城，堑其罗城，引水环之，今城在泗水之中"，此城遭受洪水威胁是情理之中的事。先是泗州于 735 年迁至临淮，宿豫城则于宋初迁至灵杰山，即今之项王故里处，但迁至此处仍然没有躲过洪水之灾，不得不再次搬迁，也就是宿迁城的第二次搬迁。如果说第一次搬迁是泗水所迫，那么第二次搬迁一定就是黄水所逼。明万历《宿迁县志》载："河岸湮圯，门废城颓。"于是，万历四年（1576）七月，知县喻文伟北迁县治及学宫于马陵山麓（详见本书第七章第一节）。

2006 年 10 月，宿迁市文物部门为配合城市基本建设对其进行勘探和发掘，发现东南部城墙一段，残长约 45 米，墙体呈弧形，内芯用土筑，外表用砖砌，学名"外包砖墙"。在对土筑墙的解剖中发现，每个夯土层都有明

水关内部结构

水关出水口

显的夯窝。

同时还发现与县志记载相吻合的城市排水通道——东水关。该水关全长约 15 米，由"八"字形的迎水墙（也称"迎水雁翅"）和"八"字形跌水墙（也称"跌水雁翅"）以及拱形涵洞组成，均为青砖砌筑。迎水墙为城内污水和雨水外排的入水口，阔口内径宽 4.15 米。水关地面采用条石板铺设。雁翅长 2 米，宽 0.75 米，残高 0.8 米。跌水墙在城墙外口，阔口内径宽 1.45 米，雁翅长 0.9 米，宽 1 米，残高 0.7 米。在水关顶部约中间处还发现了一残高约 0.5 米的青砖砌筑下水口，主要将城墙上面的雨水排泄到水关内。中段的拱形涵洞建筑为水关的主体，总长 12.3 米。水关内距入水口约 4 米处安装铁栅栏，其主要作用是防止敌军从水路偷袭和盗贼的出入。还发现出水口向内约 1.2 米深的涵洞顶部比里段涵洞高出约 0.4 米，且洞体有明显的接缝，说明不是同一时间砌筑而成。里段涵洞应为万历四年筑土城时所建，外侧约 1.2 米的涵洞应为后来土城墙外表包砖时所建。从水关内出土的遗物看，其中一部分为明代中晚期至康熙时期青花碗的残片，另外还发现了 3 枚"康熙通宝"钱币。出土实物的下线为康熙时期，由此说明此段城墙应废弃于康熙年之后。

第二节
"黄河夺泗"与宿迁境内湖泊变迁之关系

　　历史上的宿迁河湖密布，在清乾隆帝师徐用锡的诗中，把宿迁比喻为众多河湖中的"浮瓜"。这颗"浮瓜"常年受到河湖的滋润，蕴藏着河湖的精华，其色其香其味必定是上上之品。据明万历《宿迁县志》载，宿迁知名的湖泊就有26个，还有许多名不见经传的湖泽荡地。《读史方舆纪要》称淮安府清河县"湖泽相连，大小川数千计"。《黄河夺泗入淮对苏北的影响》言："一县如此，整个苏北平原湖泽荡地之多，分布之密，可想而知。"

　　《徐州府志》《明万历宿迁县志》记载的湖泊共25个。（见下表）

名　称	位　置	备　注
侍丘湖	治东二里	周回三十余里
上泊水湖	治东三十余里	由武家沟入河
白鹿湖	治西南五十里	由小河入运河（泗水）
落马湖	治西北十里	由陈家沟入运河
潼沟湖	治西北一百里	
雷家湖	治西北六十里	
巴头湖	治西北八十里	
白　湖	治西北九十里	
张皮湖	治北西七十里	
丁家湖	治西北五十里	
黄龙湖	治西五十里	
朱衣湖	治西四十里	
潴沱湖	治西北二里	马陵山西
茅滋湖	治东南二十里	由响水沟流入运河
埠子湖	治西四十里	
仓基湖	治东南三十里	周回四十五里相传晋石崇建仓处粮之处
朱葛湖	治西北八十里	相传诸葛屯兵于此
白莲湖	治西三十里	盛产莲藕
管坊湖	治北四十里	周回三十里
东港头陂	治西北四十里	
西港头陂	治西北三十里	
龙泉沟	司峿山下	东入沭河，西入皂河
陈瑶沟	治西二里	
戴家陂	旧治东四十步	宿豫早春钟吾八景之一
峰山湖	宿迁城西北 40 里	现属宿城区王官集镇

这些湖泊受到黄河的冲击大多已经消失，代之而起的是两大悬湖。

一是骆马湖。嶂山以西本为地壳断裂形成的凹陷区，其间分布着诸多小湖、骆马湖为其中之一。早在明代以前，由于沂水于邳州入泗，这一地区虽较低洼，但仍是良田万顷，堪称富饶。《同治宿迁县志》载，"金将挞懒屯乐马湖"，说明金代仍能屯兵垦殖。元明以后，随着泗水河道漕运环境的不断恶化。为"避黄行运"，山东段开凿了夏镇新河，江苏段开凿了迦运河（又名直河），二河相接，全长约400里。自此，漕道改线由皂河西直河口北上经迦运河、夏镇新河入会通河，避开了徐州段黄河之险。虽然方便了漕运，但由于迦河切断了沂、沭及鲁南、徐邳众多河流的下游出路，迦河以东本为农田的骆马湖盆地遂为众壑所归，很快潴蓄成湖。《邳州志》言骆马湖"广纳群流，北遏鲁河，西引湖水"，"沂、武、燕、艾、不老、房亭交输互灌，并趋腹心，遂为众壑所归"。不久就把原有的诸多小湖连成一体，形成了骆马湖。明朱国盛《南河志·通济河记》载："天启年间，骆马湖夏秋遇潦，湖面横亘二十余里，已汇成汪洋大湖。"

骆马湖最初形成时期处于不可控状态，加之河、湖、运一体，历史上多次发生黄河决堤倒灌骆马湖的现象，水落沙积，使骆马湖湖底不断抬高，迫使对骆马湖实施治理。治理的主要措施就是筑坝筑堤，见于史料记载的代表性工程有：康熙年间，"总河靳辅于拦马河递建六（减水）坝，……相机酌放，以泄骆马湖之涨水。"康熙二十八年（1689），总河王新命主持修建骆马湖口竹络坝和支河口竹络坝，以调节黄、湖、运水量（详见本书第六章第一节）。雍正五年（1727），总河齐苏勒在六塘河头筑五坝，两年后，又因坝挑挖五条引河并建二闸，是谓骆马湖尾闾。

二是洪泽湖。洪泽湖与骆马湖原始地形地貌基本是一致的，其成因也都与黄河冲击有关，但它的形成与一项重大工程有着直接的关系，那就是著名的高家堰。这里本来分布着破釜塘、白水塘、阜陵湖、泥墩湖和万家湖等

骆马湖

洪泽湖

几个小湖荡，范围很小。最早利用这些湖泊引水灌溉的是汉建安年间，广陵太守陈登在破釜塘东筑高家堰，称"汉堰"。三国魏明帝时，邓艾修白水塘，"立三埝，开八水门，置屯四十九所，溉田万二千顷"。其后的南北朝，隋唐至宋都有开发利用。尤其是唐代分别实施两次大的工程。一次是大历三年筑堰蓄水，与汉堰相接，所谓"汉、唐二堰"，即后来高家堰的雏形。第二次是长庆三年，调扬州、青州、徐州民力开徐州泾、青州泾、大府泾、竹子泾、棠犁泾，灌溉范围扩大到东部沿湖地区。南宋时各塘淤废，元代又在湖区立洪泽屯田，始有"洪泽"之名。

　　明时，黄河南泛日剧，就运河而言，由于老的高家堰圮坏，淮水东溃，使山阳、高邮、宝应、黄埔一带借湖济运的运河堤尽数被冲毁，其中冲决最惨的是黄埔和八浅堤，决口水深丈余，历年来一直没有能够堵塞。按《河防一览》卷七《报黄埔筑塞疏》："为照黄埔冲决，为害已极，经营数年，劳费不赀，妨运病民，莫此为甚。"此外，从徐州到清口的 500 里黄河运道，此时由于河水尽数旁决，沙淤河浅，漕运中断。为此潘季驯依次呈奏《两河经略疏》《河工事宜疏》《堪估工程疏》。两河工程经过多方筹备之后，于万历六年九月十五日正式动土兴工。经过一年多的紧张施工，筑起了 3600 余丈的堰体，堵决大小决口超过 1000 丈，堰高一丈五尺，厚五尺，基后十五丈。大堤筑城后，湖水居高临下，使入清口之黄水在清水冲击下沿洪泽湖之下的淮河顺流入海，同时一个地上之悬湖在淮水北岸形成。

从《禹贡》的记载看，宿迁地区的土质属"上中"。这是关于苏北地区最早的土壤情况记载，它表明古时苏北土壤、水文等自然环境都是较好的。纳税仅次于青州，高于雍州、梁州和克州。黄河"夺泗入淮"后，苏北地势较低地区的地表全部被黄河带来的黄沙土所覆盖，宿迁地区被覆盖的面积达百分之六十以上，沙地不保水分，所以苏北有"有雨则涝、无雨则旱"的记载。特别是由于排水不畅，土壤次生盐碱化非常严重。

今人韩松《淡出宿迁记忆的古泗水》一文，写尽了古泗水流域宿迁的沧桑变迁。兹录于此：

淡出宿迁记忆的古泗水

水是生命之源，人类文明总是伴随着水的兴衰变迁而跌宕起伏和源远流长。宿迁自古就是水乡泽国。翻开宿迁的历史，在远古的宿迁大地上，就流淌着淮水、泗水、睢水、汴水、沂水、沭水等众多名川大河，富陵湖、骆马湖、侍丘湖、白鹿湖、埠子湖、仓吉湖等湖泽更是星罗棋布。正是由于水系发达，河湖密集，为原始先民提供了理想的生活环境，也为城市的兴起提供了坚实的基础，人们逐水而居，依水而城，在这片大地上繁衍生息，并创造了灿烂的文明。这其中，流经宿迁大地最为古老、流域最广，对宿迁历史文明发展有着十分重要和深远影响的一条天然河流就是古泗水，即今天故黄河的前身。

古泗源流

　　古泗水，是一条古老、独特、历史厚重的河流，《尚书·禹贡》《山海经》《史记》《水经注》等中均有记载，是古代"四渎八流"中的"八流"之一，也是传说中"禹治九水"之一。她源于今天山东省泗水县（春秋时为鲁国卞县）泉林镇陪尾山，《括地志》载："泗水源出兖州泗水县东陪尾山，其源四道，因以为名。"又因其水质清澈，历史上又有清泗、清水、清河之称。

　　泉林为泗水源头，因名泉荟萃，泉多如林而得名。据《泗水县志》载：泉林的"泉群有名泉七十二，小泉多如牛毛。"因其三面环山等特殊的地质结构，从而造就了泗水源头"五步成溪，百步成河，不以潦而盈，不以旱而涸。穷古至今，滔滔不绝，汇为巨流……"的壮丽奇观。春秋末年，孔子曾在泗水源头，面对滔滔喷涌的泉水发出"逝者如斯夫，不舍昼夜"的千古浩叹。清代乾隆皇帝更是对泉林情有独钟，曾先后九次驻跸泉林行宫，在清乾隆三十六年（1771年）第三次驻跸时写下《泉上六咏·泉源》赞曰："四泉流作泗河源，乳窦灵根今古翻。混混从无舍昼夜，是之取尔子舆言。"描写的就是亿万年奔涌不息的泗水之源。《读史方舆纪要》《山东通志》也都称这里为"山东诸泉之冠"。

　　古泗水干流明晰，其源出泗水县后，主要流经今山东、安徽和江苏三省，经曲阜、兖州、邹城、任城、鱼台、微山、沛县、

泗水源头——泉林

徐州、下邳、宿迁等地，最后至今淮阴"泗口"（唐、宋时为宿迁地，今淮安市淮阴区码头镇，古称"马头镇"。"泗口"又名"清口""清泗口"，"清口"就是因泗水甚清而得名）汇淮入海，总河长 400 余公里，流域面积近 8 万平方公里，即今天整个淮北地区和"沂沭泗"流域。也有专家学者研究后认为："古泗水本是一条独流入海的大川。"其依据《山海经·海内东经》所载："泗水出鲁东北，而南，西南过湖陵西，而东南注东海。"中国历史地理学家谭其骧则在其《汉书地理志选释》中提出，泗水入淮口东汉前在睢陵故城（今约在泗洪县东南），即《汉书·地理志》济阴郡乘氏县云："泗水东南至睢陵入淮"，约在东汉后期，泗水入淮口才开始发生变化，到三国时期初年"泗口"迁至淮阴对岸。当然，还有"泗水至下相入淮"之说，但由于时间久远，已不可考，但总体可以看出，泗水在古时尾闾有过多次东移的变迁。1998 年版《江苏省水利志》泗水条目这样记载："泗水源于山东省沂蒙山区，古为淮河支流。泗水经山东省曲阜、兖州南流至徐州，西会古汴水。至下邳东会沂水，至宿迁西纳睢水，至淮阴杨庄汇入淮河。"

泗水上游虽然属于山区季节性河流，但其源头水量充沛，尤其中下游支流众多，其源出泉林陪尾山后先西南，经兖州后复折东南，沿途汇集了山东东南部以及山东半岛、豫东、皖北、苏北等诸多支流，如下游流经古宿迁的沭水、沂水、汴水、睢水等河流都是其支流，从而形成了浩大的水系。由于水系浩大，在古代曾是淮河最大的一条支流，故常常以"淮泗"连称。

古泗水流域广阔，河道大体可以分为三个部分，上游部分从今天的山东泗水县至济宁市；中游从今天的济宁市至徐州市；徐州以下至淮河交汇处为泗水下游，宿迁当时就位于泗水下游流域地区。

宿迁作为古泗水流域的下游地区，《水经注疏》卷二十五《泗水》篇中这样记载其在宿迁的流向："又东南迳下相县故城东，泗水又东南得睢水口。泗水又迳宿预城之西，又迳其城南。泗水又东迳凌栅南，又东南迳淮阳城北，又东南迳魏阳城北，泗水又东径角城北，而东南流注于淮。"从文中记载可以看出，古泗水过古邳后，在宿迁境内基本保持东南流向，几座古城均依水而建，其先经下相古城东南会睢水，再经宿预、凌栅（凌县故城治）、淮阳（今淮安市西南）、魏阳（泗阳故城治）、角城（今泗阳县李口北）等古城后继续东南由"泗口"入淮。

在唐、宋乃至金朝时期，"泗口"、淮阳、角城等泗水尾闾地

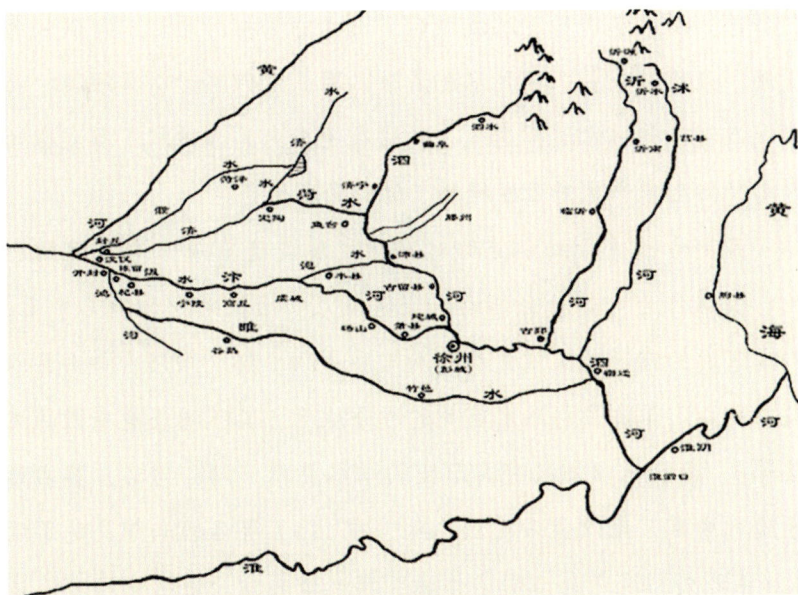

黄河夺泗入淮前流域示意图

区均为宿迁地。唐杜佑《通典》载："泗口，……即今临淮郡（即泗州）宿迁县界；角城，安帝义熙中置，亦在宿迁县界。"《元和郡县志》记泗州宿迁县："淮水入县境南与楚州山阳县分中流为界"。从文中还可以清晰地看出，古泗水在历史上其下游流域曾几乎全在宿迁境内，其在宿迁古老的大地上蜿蜒流经160余公里，河长超过泗水总河长的三分之一，几乎贯穿古宿迁全境，直至古淮水。她清水盈盈，绵延悠长，滋养两岸，孕育文明，对宿迁有着十分重要和深远的影响。

一方面，古泗水为下游流域人类文明发展提供了优越的自然条件。在古代，泗水包括其支流沭水、沂水等水系的上游均属山区季节性河流，由于源短坡陡，尤其在汛期洪水集中时，短时间峰高流急，经常造成上游地区山洪泛滥，因此常被上游流域称为

"害河"。而洪水进入下游流域后，由于地势相对平坦，行洪较为缓慢，且历时较长，加之水质清澈，因此不但利于引渠灌溉，而且也有利于行船水运，这就为包括宿迁在内的古泗水下游流域的人类繁衍生息和生产开发提供了优越的自然条件。

另一方面，古泗水流域对宿迁发展变迁有着十分深远的影响。仅从作为人类社会活动和经济发展"活化石"的地名来看，泗水下游的宿迁地区就先后有泗阳县、泗水国、泗州、泗洪县以及"泗口"等许多与泗水有关的古今地名（其下游还有安徽的泗县等），而徐州以上只有其源头的泗水县以"泗"为名，其名始于隋朝中期，比汉武帝元鼎元年（前116）得名的泗阳县晚了近720年之久，这充分证明了作为下游流域的宿迁地区受泗水流域影响最为深远，且得益于古泗水的润泽也最甚。

因此，在某种程度上可以说，宿迁孕育和兴于水体丰茂的泗水之滨，古泗水曾是宿迁的母亲河，更是宿迁发展变迁的重要见证和源流。

泗水之滨

在中国历史的长河中，黄河流域和长江流域是人类文明的发源地，而古泗水流域作为黄河、淮河以及长江之间一条重要水系，是联系中原与江淮地区的重要交通通道，因此注定她也是人类文明发展中的重要区域。

古泗水流域是上古文明"东夷文化"的重要发祥地，也是中国传统文化的核心——儒家文化的诞生地。古代传说中的诸多首领人物如伏羲、神农、黄帝、少昊、虞舜、大禹等无不与泗水有关，孔子、孟子、颜子、曾子、思子、墨子等众多的先贤圣哲都生长和活动在泗水流域。春秋时期，孔子在"洙泗之间"讲学授徒（洙，即洙水，古水名，源出今蒙阴县东北，古时至卞县与泗水合流，故道久湮，非今洙水），从此后人遂以"洙泗"代指孔子和儒家学说。北魏地理学家郦道元誉泗水为"海岱名川"。唐朝诗人李白足迹遍及泗水两岸，并留有"秋波落泗水，海色明徂徕"的佳句。白居易著名的《长相思》："汴水流，泗水流，流到瓜州古渡头。吴山点点愁。……"也是一首家喻户晓耳熟能详的佳作。宋代理学家朱熹的《春日》："胜日寻芳泗水滨，无边光景一时新。等闲识得东风面，万紫千红总是春。"千百年来更是被广为传诵。

曾为泗水之滨的古宿迁，流出一源，宗出一脉。数千年来，在古泗水的滋养和哺育下，积聚了厚重的历史底蕴，形成了灿烂辉煌的文明。5万年前，宿迁大地上就有古人类逐水而居在此生存繁衍。近年在泗洪县梅花镇发现距今8300年前的顺山集遗址，更是将淮泗流域下游的史前文明至少推进了1500年，被誉为江苏文明之根。据可考文字记载，宿迁始为远古东夷族首领少昊活动地域，同属泗水流域"东夷文化"。在夏商周时期，宿迁大地上就先后有徐国、钟吾国、厹犹国等立国于此，秦统一中国后，设下相县于今宿迁地，后置厹犹县、宿预（豫）县等，唐宝应元年（762）因避代宗李豫讳，改称宿迁至今。其间在西汉历史上，泗水国在宿迁地区建都，传五代六王，历132年。

从北魏至唐朝中后期，宿迁还曾先后作为宿预郡、南徐州、东徐州、东楚州、安州、泗州、下邳郡以及盱眙郡、临清郡等州、郡的治所所在。古时置州立郡之地（侨置除外），或地处战略要冲，交通便捷；或区域繁荣富庶，人口众多，或两者兼之。

而这个时期作为泗水之滨的宿迁地区就属于两者兼之。

早在先秦时期，泗水流域就已形成较为发达的农业文明，至汉代，农业发展水平进一步提高。由于当时的气候温暖湿润，土地肥沃，尤其是水利资源丰富，生态环境优越，宿迁地区农业发展水平较为先进，是典型的鱼米之乡，在当时的农业社会中属于最富庶的地区，经济水平远超今江南地区。《尚书·禹贡》根据土地肥力将全国"九州"土地分为三等九级，宿迁属"徐州"，土地肥力为"上中"等，远高于时属"扬州"的今江南地区的"下下"等。《战国策·秦策》亦称泗水流域为"膏腴之地"，《后汉书·陶谦传》载："徐方百姓殷盛，谷实甚丰，流民多归之。"后虽在三国、南北朝期间频受战乱影响，宿迁归属屡经更替，经济也遭到破坏，但农业发展水平总体保持稳定。南北朝时徐州刺史薛虎子在《徐州陈政事表》中云："徐州左右，水陆沃壤，清（泗）、汴通流，足盈灌溉，其中良田十万余顷。"到了唐代和北宋时期，种植业进一步发展，曾出现"一熟可资数岁"的丰收境况。唐朝诗人张籍在《泗水行》中有："泗水流急石纂纂，鲤鱼上下红尾短。春冰销散日华满，行舟往来浮桥断。城边鱼市人早行，水烟漠漠多棹声。"更是生动形象地描绘出了当时泗水下游地区水美鱼肥、舟船泊聚以及市景繁荣的场景。

作为"禹治九水"之一的古泗水，因其地理位置和南北走向，尤其是下游通畅，水运商贸开发甚早。早在两千多年前的《禹贡》就有过："沿于江海，达于淮泗""扬徐二州贡道浮于淮泗，则自邳宿而西，漕运之始也"的记载。春秋时期，吴王夫差先开邗沟，后引菏入泗，最先沟通了"四渎"，即江、淮、河、济四大水系，从而使泗水之滨的宿迁自古就有了"北望齐鲁、南接江淮"之称。战国魏惠王所开的鸿沟，又进一步沟通了中原地区和江淮地区的水运交通，《史记·河渠书》载："荥阳下引河东南为鸿沟，以通宋、郑、陈、蔡、曹、卫，与济、汝、淮、泗会。"秦汉时期，泗水更是国家漕运的重要运道。东汉时期的王景治水，使河汴分流，又沟通了汴水和泗水，进而又加强了经由宿迁的泗水水运交通地位。直到明清大运河开通前，南北航行水运和国家漕运通道基本都是依托古泗水中下游河道为基干的，泗水之滨的宿迁也因此一直是一座重要的交通枢纽城市。

　　尤其在南北朝至唐朝中后期这段时期，宿迁四通八达的水运交通更是达到了鼎盛时期。北周武帝宣政元年（578），为加强泗水运道和南北漕运管理，改北魏东楚州（陈改安州，东楚州、安州治均在宿豫）为泗州（后隋一度改称下邳郡，唐初复为泗州），仍与宿豫同城而治。据史料载，古泗州曾先后领临淮、宿豫、下邳、良城（今邳州西北）、夏丘（今泗县）、郯县（今郯城）、涟水、徐城（今泗洪北）、虹县（今泗县）、沭阳、盱眙等郡、县，泗州之名即始于此，宿豫城也由此成为历史上第一座泗州城。直至唐开元二十三年（735）迁治，历时近160年。

　　当时的古泗州城南望淮河，西依泗水，不仅是一个重要的南北军事战略要地，也是一个重要的政治、经济和文化中心。可以想见，泗州城外舳舻往来，桅杆林立，城内南北交融，商贾云集，两岸居民沿河而居，依水而作，泗水之滨一定是一片繁荣富庶的美丽景象。

沧桑变迁

时至南宋，流淌了数千年的古泗水安流入淮、滋养两岸的局面被打破，而这种力量正来自黄河"夺泗入淮"。黄河"夺泗入淮"是淮泗流域历史上一个重大的转折性事件，最终使苏北地区乃至淮河下游地区发生了巨大变迁。

历史上黄河多次"夺泗入淮"。最早记载始于西汉文帝十二年（前168年），黄河在酸枣县（今河南新乡延津县境）决口。《封禅书》载："河溢通泗。"这是有记载黄河犯泗的开始。汉武帝元光三年（前132年），黄河于瓠子口（今河南濮阳县境）决口，《史记》载："东南由钜野泽通于淮、泗，梁、楚一带连岁被灾。"这是有记载苏北地区受黄泛之灾的起始。此后，屡决屡堵。但这个时期黄河犯泗属侵流和混流期，夺河时间相对较短，加之治理及时，决口都很快被塞堵，对泗水下游流域地区影响较小。

从南宋开始，因自然、战争以及人为等原因，黄河开始频繁决溢"夺泗入淮"，造成淮泗流域水患加剧。南宋建炎二年（1128），东京（今开封）留守杜充为阻止金兵南下，在李固渡（今河南滑县境内）人为决河，以水代兵，使黄河在山东金乡夺泗南下，经徐州、下邳、宿迁、淮阴入淮，成为黄河长期南泛"夺泗入淮"的开端。此后，黄河还有多次大规模南泛入泗的记载，其中，金章宗明昌五年（1194），黄河在武阳决口泛滥，由封丘沿汴水至徐州夺泗，从此徐州以下泗水河道均为黄河所夺，黄泛之灾亦日趋严重。直至清咸丰五年（1855），黄河于铜瓦厢（今河南兰考县境）决口后北徙，才结束了长期南泛的局面，但徐州以下泗水故道皆被淤废，仅留下了一条高出两岸地面4-6米的"地上河"，即今天的黄河故道。

黄河"夺泗入淮"看似是水系的变迁，但因其"善淤、善决、善徙"的特性，实则是影响地区生存环境和经济社会发展的重大变迁。其造成的影响虽然是一个时间跨度较长的渐变过程，但长达700多年的黄泛肆虐以及后期人为治河活动等因素影响，最终使苏北以及整个淮泗流域水系遭到严重破坏，河道淤塞，湖泊兴替，水、旱、蝗、沙、盐碱等自然灾害频发，地区生存环境乃至整个经济社会也随之发生了翻天覆地的重大变化，并成为整个区域近现代发展相对滞后，开始逐步落后于江南地区的重要原因之一。

就宿迁而言，由于地处泗水之滨，南依淮水，北临徐州，黄河"夺泗入淮"使宿迁首当其冲，成为黄泛冲击的重灾区。从最初

黄河历代改道变迁图

的侵流、混流到最后的全流，黄河裹挟的大量泥沙逐渐使泗水原有河床日趋抬高，加之后期人为不断筑堤防洪，最终导致泗水河道成为"地上悬河"，上不能承接原有各水系，下则不能及时入淮，遂造成洪水在宿迁大地上肆意漫流，水患频发。据《宿迁县志》载："自南宋以来的800年间，水势横溃，河湖无涯，无岁不受患。"

当代地质钻探资料也表明，以今宿迁马陵公园为轴心，除其北部未见黄泛土层外，其余东、南、西三面均被黄泛土覆盖，最厚处达40米，最浅处近10米。可见黄河过去在宿迁大地肆虐的程度，其无数次地泛滥和淤积，基本重塑了宿迁的地形地貌。由于泥沙淤积，河道不通，原有的水网河流全部遭到严重破坏，淮水、泗水、睢水、沭水、沂水等主要河流水系被打破，骆马湖、埠子湖、白鹿湖、仓吉湖等众多湖泊被淤塞或积为平陆，原始植被也遭到破坏，土壤急剧沙化和盐碱化，几乎从根本上破坏了宿迁原有良好的地理环境和自然环境。

黄河长期"夺泗入淮"，不但使宿迁地区原始地形地貌以及河流湖泊等自然环境发生了重大变迁，更对宿迁地区经济社会发展和人民生活造成了长期而深远的影响。由于洪水带来的大量泥沙，土地逐渐沙化和盐碱化，水利设施也遭到破坏，良田不断退化荒芜，农业生产水平出现急剧倒退，"稻作为主"也逐渐被"旱作为主"而取代。据《徐州府志》载：清代同治年间宿迁已经"下隰之稻，百不及一。"宿迁人民也由此陷入了无穷无尽的灾难之中，洪水所到之处，田庐飘荡，村落成墟，人畜溺死无数。有水则涝，无雨则旱，十年九灾，且大灾过后常常连年颗粒无收，人民生活极为贫困而流民四起，卖儿鬻女随处可见，甚至出现"人相食"的惨烈景象。《宿迁县志》载："崇祯十三年，人相食，山东流民死者尤众。有聚埋于城东地藏庵后者，遂名之万人坑。""大雨大饥死者枕藉，漂没遗骸盈河。"明代宿迁人张忭曾作《哀宿口号》四首律诗，其一写道："流民连岁不堪图，尤是今年景象殊。树已无皮犹聚剥，草如有种敢嫌枯？插标卖子成人市，带锁辞年泣鬼途……"真实反映了当时宿迁人民所遭受的沉重灾难。

夺河必夺城，宿迁历史上多座城池也因洪水泛滥冲圮而多次迁址，众多古城古镇至今仍深埋黄沙或河湖之下，历史遗存遗迹也大多深埋地下而遗踪难寻，民家屋舍被淹被毁更是不计其数。《明史·河渠志》载：明万历四年（1576）"河决韦家楼，又决沛县缕水堤，丰、曹二县长堤，丰、沛、徐州、睢宁、金乡、鱼台、单、曹田庐漂溺无算，河流啮宿迁城。帝从桂芳请，迁县治、筑土城避之。"记载的就是明万历时期宿迁城因黄河洪水灌城而迁治的历史。此外，由于连年灾荒，洪水不绝，加之战乱多发，人口流离失所，财富难以积累，宗族不可延续，文化和教育也日趋落后，部分灾民心态发生畸变，道德出现沦丧，造成了社会动荡和不安。尤其明清以后，偷窃掠夺、流贼盗匪等常常为害地方，宗教迷信活动也开始借机盛行，更使宿迁人民深陷水深火热之中。

从此，泗水之滨风光不再，黄金水道变成了洪水走廊，良田沃土变成了黄泛之地，鱼米之乡变成了多灾之乡，宿迁作为苏北地区也由此成了贫穷落后的代名词。即便在1855年黄河北徙后，黄河"夺泗入淮"的遗患还在长期持续地影响着宿迁地区，直至新中国成立后很长一段时间内，仍难以从根本上改变易旱易涝、多灾低产的农业生产面貌和贫穷落后、经济欠发达的状况。

而此时的泗水由于入淮河道被黄河侵夺，其中游逐步在徐州至济宁间潴蓄，形成昭阳湖、独山湖、微山湖、南阳湖等湖泊，

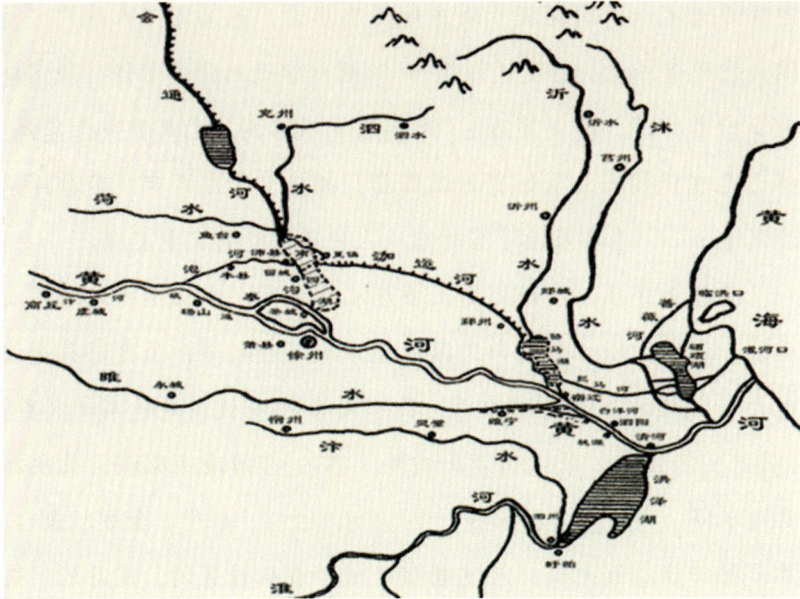

黄河夺泗入淮示意图

从此，泗水不再南下。至清同治年间，四湖连成一片形成今天的南四湖，该段河道亦湮废在湖内，至此，古泗水仅剩济宁（鲁桥）以上河道，即今天的泗河，徐州以下则被称为黄河故道。

宿迁境内的泗水故道成为黄河正道后，泗水的名称也开始逐步被黄河而取代。随着年深日久，泗水逐渐淡出人们的记忆，湮灭在宿迁历史的长河中。正所谓，黄河北徙空故道，泗水南流不复归。沧海桑田成过往，安澜河清看今朝。

第三节
"黄河夺泗"与宿迁先民开业肇基之关系

水是生命之源、生活之需，人类逐水而居是必然的选择。人类繁衍生息的历程，经历了从"山林文化"到"山麓文化"再到"河谷文化"三个连续的序列，从山区走向平原是人类聚居发展的普遍规律。

早在"黄河夺泗"之前，宿迁地区河湖交错，从考古发掘多次发现碳化稻的情况看，这里确如文献所载，是"饭稻羹鱼"之地。"黄河夺泗"后，先民由逐水而居变为避水而建，从"赖水而生"变为"谈水色变"。面对河患的威胁，宿迁人奋起应对，自强不息，通过兴修防洪、灌溉、水运工程等活动，努力改变生存的危机和困境，开辟出更加理想的生存空间。

宿迁先民逐水而居

宿迁地处黄淮平原，境内河湖密布，气候温和，四季分明，古人一般都选择这样的地方垦荒种地，建造居室，繁衍生息。考古发现距今约5万年前，淮河北岸的下草湾地区就有原始人在此生活。下草湾人之后，新石器时代的

　　人类活动遗迹遍布宿迁整个区域，时间距今8000—4000年不等。经考古发掘，具代表性的早期聚落址有位于泗洪县梅花镇的顺山集和韩井遗址，由于其文化特征鲜明，有别于其他文化，且自成系统，被命名为顺山集文化。稍晚一点的青莲岗文化，距今7000—6000年，是与黄河下游北辛文化、长江下游马家浜文化平行发展的新石器时代较早阶段的考古学文化。新石器时代中晚期，这里分布着大汶口文化和龙山文化。以上充分表明，这里早期文化自成体系，晚期则呈现出南北交融的风貌。

　　进入阶级社会以后，宿迁大地先后有徐国、钟吾国、厹犹国立国于此。

　　徐国地域最广，实力最强大，其辖境北至鲁南，东至莒县、连云港、滨海，南至宿县、泗县、泗洪，西至兖州、济宁、丰县等地。最初封地在山东费县，其后由于受到北方民族的侵扰，徐都逐步南迁，晚期国都迁徙至今泗洪境内。徐立国长达1600余年，创造了辉煌灿烂的文化，学术界称为"徐文化"。

　　钟吾国是东周时期建立的诸侯国，爵位为子爵，故名钟吾子国。公元前512年，钟吾国被吴王阖闾所灭，被并入吴国。公元前471年，又被楚国侵占。

　　厹犹国为西周封国之一，地点在现宿迁市洋河新区郑楼镇古城村。由于早期自然环境没有发生较大变化，这些遗址或聚落或在聚落上建起来的小国延续时间均较长。从考古资料看，有的聚落遗址文化绵延千年以上，但宿迁黄河或泗水故道边的聚落或集镇受到黄河近七百年的冲击，唐宋以前的聚落或集市均被埋于地下，这在考古中常有发现。如：位于宿城区陈集镇仓王村九组的仓王遗址，属春秋战国时期的聚落址；位于宿城区陈集镇仓王村六组的沈土塘遗址，上至汉代，下至唐宋；位于宿城区仓集镇邱夏村宗庄组的宗墩遗址是新石器时代的遗址，属龙山文化遗存。

黄河故道边的村落和集市

黄河故道边的村落表现出两大特点：一是存留的时间较短，许多考古工地都有一个共同点，那就是文化层和泛土层呈现出交替叠压的情况。最典型的就是宿城区中远现代城和宿豫区洪都上城建设工地。考古发现两层或多层泛土层中间夹带生活遗迹层，显然是洪水退去时人们在泛土层上建房并从事农业生产，其后又遇洪灾再次被掩埋。二是黄河故道边的村落或集市大多都与河工与漕运有关。

河患重镇王官集

王官集位于黄河南岸，与皂河集隔河相望，西接睢宁，有宿迁西大门之称。王官集位处黄河入宿的第一站，由于以西约 5 里的朱家海最为险要，致使王官集成为河患重镇。雍正三年六月十二日，黄河从此处决堤，洪水滔滔，水势震天，长达两年时间才将决口堵塞，史称朱家口之役。这次决堤所造成的后果和影响是巨大的。

冲出一条河　形成了宿迁境内的西沙河。《睢宁县志》山川载："沙河，系冲朱家海所冲之河。自朱家海东南行，承瓜菱社之水，经王官房集西南九城庄东，在东南入宿境。至沙家集东，复入县境。东南行，经丁家圩，西分支东南行，一经全家店，南入宿境。日久淤垫，相渡疏浚，职在有司。"

冲出一种文化　这次决堤的规模极为宏大，朝野震惊。清廷的河道总督大臣齐苏勒亲自来到朱家口督修决口，费了九牛二虎之力，用时一年半，才把口门堵塞上。随着朱家口决口的成功合龙，万里黄河出现了一次亘古未见的重大事件，一夜之间，从山西省府谷县到江苏省桃源县（今泗阳县）的数千里河水一下子变得碧清澄澈。齐苏勒在朱家口亲眼目睹这一奇景，迅速写成奏章和捷报，快马飞报朝廷，其他官员如副总河嵇曾筠、巡抚田文镜、学政大臣于广、巡察大臣张元怀等众多王公大臣也先后上书雍正帝，以其为千古未见之祥瑞，请求皇帝举行朝贺。

这一消息引起了举国欢腾，中国人传说千年的"黄河清，圣人出"的谚语一下子变成了现实。雍正帝内心狂喜，下了一道著名的圣旨《盛世河清普天同庆谕旨》。在谕旨的最后，他说："至于上年朱家口河水溃决，朕敕谕河臣，悉心修筑，今于十二月十三日决口合龙，越三日即有河清之应，巨见河神佑民，功用显著，宜崇祀典，以答神庥。"从这个《谕旨》中可以看出，雍正帝当时认为，黄河水清这一千古盛事是由于朱家口决堤合龙的原因。不仅如此，雍正帝还因此做出一件令帝国所有官员都大喜过望的决定，谕旨敕令："上天皇考既锡福于朕，朕即以此福及诸臣。凡属京官，自大学士、尚书以下，主事以上，内大臣都统，前锋统领、护军统领、步军统领以下，参将以上；凡属外官，自督抚以下，知县以上，武官自将军、提镇以下，参将以上，俱著加一级。"这种大范围的加升职位和待遇，就相当于现在给全国的公务员涨了一级工资。这道圣旨被分别送到仍在朱家口继续督修防风埽、分水坝的齐苏勒，以及在淮安的副总河嵇曾筠、河南的田文镜处，被田文镜勒石刻碑，至今依然保存在河南省武陟县嘉应观御碑亭内。

齐苏勒接到圣旨的时候，已是新年的正月，当即命令所有参与修防的河兵官员、地方百姓进行官民同庆。他遵从雍正帝谕旨中有关"巨见河神佑民，功用显著，宜崇祀典，以答神庥"的指示，亲自率领所有手下，来到皂河龙王庙答谢河神护佑。正月初八日，临近数县官员和闻讯赶来的百姓士绅，纷纷燃放烟火爆竹。第二天，举行了隆重的祭祀黄河之神金龙四大王的庆典。从此以后，形成了皂河镇正月初九的庙会，并在数百年来，长盛不衰。此外，雍正帝根据齐苏勒的启奏，还批准了重修皂河龙王庙的请求。庙内乾隆御碑上记载："祠宇岁久且圮，弗称祀典。爰允河臣之请，特发帑金，鼎新神庙。

经始于雍正五年五月，落成于是年十一月。距丽崇严，丹碧辉映。"

冲出一个"海"　雍正三年六月朱家口决堤事件，不仅形成了后来的宿迁境内（耿车一带）的西沙河，还在朱家口附近冲击形成了一泓深湖，据说水深不可见底，当地人称淹子。传说，当地人曾以四两铜丝下探淹子深度，四两铜丝用完了，却还不见底。满族人喜欢把湖泊称为"海子"，齐格勒等满族官员把朱家口冲出的大淹也叫作海子，被这个称呼延续了下来，后来简称朱海。

冲出一方沃土　从县志和其他历史资料上来看，朱家口决堤的洪水，将白鹿湖、埠子湖和仓基湖等宿迁境内的大型湖泊全部冲淤为平田。《清实录》以及《江苏省通志稿·大事志》记载，雍正五年十月甲午，户部议复："河道总督齐苏勒等疏报，江南朱家口堵塞之后，安河等淀以至木家墩一带地方，尽皆淤成膏腴美地。分析丈勘新淤地亩，泗州、虹县、桃源、睢宁、宿迁五州县共丈出二万二千六百二十二顷六十三亩零，共应升科银四万八千四百五十两零。此新淤之地，俱系平衍沃土。"一次洪灾，冲出了两万多顷粮田，折合成亩数，是 226 万亩耕地。我们常说的黄河是中华民族的母亲河，究其实际，不仅是说黄河带来的文化因素，还包含着这条河流给我们这个民族带来的水利、航行、冲淤出可供耕种的田地等许多实际利益。此次朱家口洪水冲淤出的 226 万亩的耕地就说明了这一点。

冲垮一座城　一场大水不仅将村庄荡平，河湖淤废，许多城池也会被沉陷，九城便是其中之一。《徐州府志》载："九城，在睢宁县东北二十五里，有东西二城。"《睢宁县志》载："城东二十五里有九城。"所指即今之宿城区王官集镇九城村的"九城"。当年车水马龙的九城，现只能见到一座村庄和流经村庄的一条河，名西沙河。《睢宁县志·山川》称沙河"系冲朱家海所冲之河"。今只有其名，不见其城。据当地人说，夏天在沙河中洗澡常能碰到旗杆一类的木桩，取土建房时也常能挖到黑砖黑瓦，这大概就是九城的遗存。

漕运咽喉支河口

支河口，简称支口，又名张庄运口。这里本为一处普通聚落，后因皂河口东移，使这里成为漕运之咽喉。

康熙十六年（1677），河道总督王光裕被指控治河无能而被革职勘问，启用安徽巡抚靳辅为河道总督。在敕御中，康熙授予靳辅提督江南各省及河南，山东，直隶等与黄河有关的地区河道和军务的权力，望他实心治河，务取"一劳永逸"之效。靳辅接到谕旨后和治河专家陈潢于四月五日一起来到了治河一线，从前任总河王光裕手中接过总督大印后，第三天，即四月七日就接受陈潢的建议对河道进行了详细勘察，并走访知情者，所谓"兵民以及工匠夫役人等，凡有一言可取，一事可行者，……莫不虚心采择"。他经过两个多月的现场考察，找出了问题的症结，首先将下游的清江浦至入海口的黄河夺淮段进行清淤疏通，并修筑高家堰，使洪泽湖水可"蓄清刷黄"；其次是堵塞黄淮决口，增筑大堤，疏浚黄河运道，使黄河水归故道，合力攻沙。这些工程完成后，就整个运河干线看，江口至清口已经畅通无阻，迦河至京都也无大碍。剩下的就是骆马湖周边的问题了。这里的主要问题是运河和骆马湖交织在一起，河湖一体，治理难度较大。原有的治河之策对此都无法派上用场，必须拿出新的治河之术。靳辅、陈潢二人再次走出办公室来到治河一线，带着问题进行深入考察，考查中发现骆马湖西侧，直河东侧有一条南北流向的小河可以利用，于是对这条河进行全程勘查，发现其源头在现新沂市港头镇。北可与迦河猫耳窝相接，南可与现皂河镇境内的黄河相连。这条河旧时曾通舟，因河床土色泛黑，故名"皂河"，又名"墨河"。它东可避开骆马湖，西，可避开直河几乎被淤废的南段。二人商议后决定开挖皂河以通漕。方案报经康熙帝批准后，总河靳辅于1679年组织民工开挖旧时曾通舟之皂河，北自港头社，南至皂河口入黄。

康熙十九年（1680）春皂河开通后，漕船自皂河口北上，一时避开了骆马湖之险，然而开通不足三年，连续出现两次黄河倒灌现象，河口淤积，漕船受阻，如不尽快采取措施，后果不堪设想。靳辅采取开挖支河的办法，即从皂河口向东，沿骆马湖南岸，经龙岗岔路口至张家庄开挖一条与骆马湖隔岸相望的支河，全长 3000 余丈。同时对黄河入运口进行了大胆的改革，他们发现无论是最初的直河口，还是后来的骆马湖口、董口、陈口，以至现在正在使用的皂河口都是丁字形河口，漕船入口不方便，黄河倒灌与此有一定关系。于是，在改建皂河口时，一改原先丁字形河口为人字形河口，使支河入河口与黄河呈基本平行的人字形。

支河的开挖以及支河与黄河连接处的创新和改造，其实际通航情况与此前的直河口、皂河口、董口、陈口相比有了明显的改善。首先是通航顺畅：由于二河相交角度的变化，无论是上行还是下行的漕船通过时，无需急转弯。其次是由于这里黄河和运河落差较大，上游的清水对支河口形成长期不间断的冲刷，黄河倒灌现象大大减少，一定程度上避免了支河和支河口淤积而导致断航现象的出现。

《大清一统志》载："其地形卑于皂河口二尺余……，以皂河地高之水下注二十余里地卑之张庄口迅流足以敌黄，于是运河常通永无淤塞之患。"因此改造后的皂河口或称张家庄运口，成为整个运河沿线的重要节点。康熙帝第二次南巡把支河口作为巡视的重点，并指出：为防止黄河溃决中河黄河混而为一，再度对漕运造成影响，支河口不能关闭，且新开的中河较为狭窄，载重之船和回空之船须分开行驶。支河口就这样被沿用下来。现在支口街北首桥下东西走向的深沟，就是当年支河口留下的遗迹。支河口在众多运口之中，服役时间最长长，发挥的作用最大，它是在"以黄行运"时期黄河运道病入膏肓的状态下构筑起来的使黄河与运河全线贯通的关节点，在中国漕运史上有着举足轻重的地位。

支河口（录自《全黄图》）

随着支河口交通枢纽地位的确立，又一个集贸市场在支河口形成。俗称支河口集，简称支口集。新中国成立初，这里设支河乡。1957 年撤区并乡时，由支河乡和晓店区河北乡组建支口乡。1958 年人民公社化，称支口人民公社。1959 年，并入皂河人民公社。1962 年，恢复支口人民公社。1983 年，恢复支口乡。2000 年，撤销支口乡、双庄乡，成立双庄镇。2017 年，撤销双庄镇原所辖探楚、支口、董坝、陆刘、康堡 5 个居民社区，成立支口街道。

河防重镇蔡家集

蔡家集，后简称蔡集。同治《宿迁县志》载："蔡家集在治西三十里。"《宿迁市志》载：清初蔡氏在此建集市，康熙间名蔡家集。经查《蔡氏族谱》，蔡氏族人早在元代就在这里繁衍生息。《族谱》言：朱海公于元末因被红军赶散，携清、洪二祖至"淮安府宿迁县避难，潜踪于此，继而入籍，在顺德乡七甲黄河北岸磨儿庄，插边为界。"咸丰元年，因黄河决口造成水患，集市贸易从蔡老庄迁至义勇圩（距蔡集东北 0.5 公里，即现址）。同治《宿迁县志》载："义勇圩在县西顺九图，距城二十五里，孙修之建。"这里所说"顺九图"即顺德乡九图，民国初期行政区划为六市，曰义勇。1927 年国民革命军北伐后，属淮阴行政督察区。民国十八年（1929）改为第七区。1933 年改为第一区，区政府在义勇镇。新中国成立后，设蔡集乡，为乡政府所在地，同时，设蔡集公所。蔡集乡隶属杨集区。1956 年属耿车区。1957 年撤区，由蔡集乡、杨集乡组建蔡集乡。1995 年 12 月，蔡集撤乡建镇至今。

蔡家楼汛与陈老衙门　早在河患危机之时，这里是河防重地，河防机构"蔡家楼汛"就坐落于此。所谓蔡家楼汛，是官府在此设立的河防机构。清代河防的管护体系大体可分为河、道、厅（营）、汛、堡五级。这里人不呼其为蔡家楼汛，而称其为"陈老衙门"。

牛角村与牛角淹　位于陈老衙门东首有个巨大的水塘，名牛角淹，牛角淹周边的自然行政村名牛角村。关于牛角淹的成因有两个不同的版本。一是神话传说：流传最广的则是孙膑骑着独角青牛路过这里踩出来的，这独角青牛体大无比，一个蹄子踩出朱海，一个蹄子踩出这个大水塘。再往前，又有两个蹄子分别踩出月堤湖和黑鱼汪。另一个则是新编修的《宿迁市宿豫志·牛角村》条的记载：明天启六年（1626）黄河决口，取土打堤时留下土塘，积水形状像牛脚，因方言"脚"与"角"音同，时间较长，讹成牛角，又称牛角渊，村庄也因此得名。1956—1957 年为上游高级社，1958 年为上游大队，1961 年从上游大队分出成立牛角大队，1983 年更名为牛角村。经考，传说之版本为说书人所编，纯属无稽之谈，《宿迁市宿豫志·牛角村》条的记载也值得商榷。笔者查阅了蔡集牌坊《蔡氏宗谱》，谱中相关内容为研究牛角淹的成因提供了参考。老牛角或牛角淹一词出现较晚，这里早在元代称磨儿庄，属宿迁县顺德乡七甲，《蔡氏宗谱（牌坊蔡）初修族谱记》载："余氏原籍姑苏吴县，洞庭西山人也，缘洪军赶散，至淮安府宿迁县避难。潜踪于此，继而入籍，在顺德乡七甲黄河北岸磨儿庄，插边为界。"雍正时称"蔡家庄"，成书于雍正二年的《蔡氏族谱·初捐祖祠宅基与祭田记》载："于是与合族公议，共捐宅基十一亩零五厘，坐落在蔡家庄东南，复捐祭田一顷八十九亩二分，坐落在孟家湖。"文中提到的蔡家庄现已不复存在，而现蔡集东孟湖村乃孟家湖之简称。蔡家庄大概于清嘉庆时改为蔡家楼。撰于清嘉庆十二年的《蔡氏族谱·初修支谱序》言："故论世断自蓁、华二祖。余蓁祖系也，聚族蔡家楼。"此文写于嘉庆丙子年。光绪时改为顺德乡九图，成书于光绪三十二年的《蔡氏族谱》序言："我洪祖住居城西顺德乡九图，历今四百余年，二十余世。"

　　老牛脚一名最早见文献记载的是民国三十二年《蔡氏宗谱·涸出老牛脚祭田记》。文载："今有四房继祖先灵茔，葬于顺九图黄堤下，俗名老牛角墓。"墓前有碑，额曰"明故处士讳继蔡四公之墓"，碑载继祖之墓茔葬于明季崇祯年间。自清初康熙二十四年，因黄流横决，靳总河奉命筑堤防水，将墓筑于堤下，而石碑移于堤上。根据此文，虽然无法确定牛角淹形成于何时，但可证明并非是明天启六年黄河决口所形成。就黄河决堤事件而言，《宿迁市志·大事记》已载明：明天启六年黄河决堤地点是在上游的匙头湾，决堤之水全部灌入骆马湖，与这里无关。就黄河大堤构筑时间而言，这里的黄河大堤是康熙时靳辅所筑，并非是明代天启年间所筑。这篇文章写于民国三十二年，此时明故蔡四公墓之墓碑尚在，所载之事翔实可信。因此，牛角淹形成于明代天启年间的说法显然是没有理论根据的。

　　据史料记载，蔡家楼处先后四次决堤，三次发生在康熙年间。同治《宿迁县志》载："康熙七年决磨儿庄蔡家楼，十一年蔡家楼又决，十四年又决蔡家楼。"《宿迁市志》载："咸丰元年（1851）因黄河决口，造成水患，集市贸易从蔡老庄迁至义勇圩。"四次决口当是同一地点。笔者认为牛角淹之形成当始于康熙年间的三次大决堤，牛角淹形成在先，老牛角之名出现在后。

　　牛角淹的形成就当时而言可能是一场灾难，但现在看来，也许是一件好事。牛角淹及其周边历史遗迹众多，这正是以实物形式记载了黄河泛滥的历史。

遥　堤　当地人称"二防堤"，位于牛角淹北岸。据史料记载，宿迁段黄河大堤始筑于明万历年间，其后历代均有增筑。现虽然已被削平，但大堤的基础仍在。

月　堤　当地人也称之为"圈堤"，位于牛角淹南岸，与北岸的遥堤平行走向。月堤是黄河大堤的辅助建筑，对黄河主大堤起到支撑和保护的作用，现仍有部分保存。

撑　堤　位于牛角淹中间，南北走向，北接遥堤南连月堤。撑堤与月堤形成纵横结构，共同对黄河主大堤起到支撑和保护的作用，所构成的形状酷似一只大牛脚，"牛脚"一名应因此而形成。

蔡牌坊　位于牛角淹南岸中间，宿迁牌坊蔡的堂号大概就是因此而得名。据当地人介绍，这里可能就是历史上的蔡家楼。现地面以上建筑已不复存在，仅存遗址。

陈衙门　位于牛角淹西南角，清代河防机构，属清代绿林军编制，最高行政长官称"把总"，武官七品。陈衙门主要职能是治理河患保一方百姓平安。

石　坝　位于小岱庙北端，现为一池塘，当地人称"石塘子"。大约形成于 20 世纪 70 年代，因老百姓在这里取土发现大量石头，于是就纷纷前来扒石头卖给窑厂烧石灰，石头被扒走，这里就形成了一个大坑。据说，在扒石头时还发现铜钱多串。从石塘的位置看，与牛角淹北岸的黄河大堤是重合的，推测这里可能就是史料所载康熙年间黄河在蔡家楼决堤的地点，这些石头大概都是用来堵口子的。

牛角淹村共有 10 个生产小队，土地总面积约 6000 亩，由于临近黄河，属黄河泛滥的重灾区，土地十分贫瘠，传统的旱作物常常是颗粒无收。20 世纪70年代，牛角村积极响应县委县政府旱改水的号召，全村百姓都投入到旱改水工程中，按照500米一个方块田的要求，形成了以牛角淹为中心的河网化水利工程。牛角淹村从此便由旱田变为水田，由于土地碱性得到弱化，粮食产量大增，百姓生活得到大大改善。

今人孙个秦作有《牛角淹赋》《月堤湖赋》，兹录于此：

牛角淹赋

百川弘壮，水德难名，或则沉溺，或则夷清。夫黄河者，三分四渎之流，七分九州之水，崇为河伯，尊为神灵。其患也，坏百尺之长桥，划千年之古堑；其利也，布四时之淑气，润万里之群生。吾民以是建非常之业，砺卓荦之诚。

若夫蔡集有淹，淹名牛角。襟泗抱睢，嵌珠西楚之湾；绕红贮绿，铸镜蔡楼之泊。坊传孙膑经行之地，迹肇于神牛；史载黄河决口之时，形成以潭壑。曩者悠悠泗水，南北主航。浮槎泛泛，使节煌煌。人居辐辏，商贾徜徉。民皆叹禹功之妙，而无虑为鱼之殃。逮至夺淮入泗，泗代以黄，始骇怒湍之迅悍，乃悲弱土其汪洋。徐淮一带，才知漕运之有利，已恐浊波之无常。

于是乎置重使而堤防，捐万亿之岁费。明季设"浅"，清季设"汛"，建神庙于蔡家楼旁，留清波于牛角淹内。黄河三决，恣其冲泻之频；陈氏一门，劢以家园之继。想凌烟赫赫，老衙门威武曾经；忆香篆蒙蒙，小岱庙虔诚未已。黎首不以徙移废其家，河工不以泛滥息其志。莫论凶兆吉征，实系民生政事。门庭屡换，颗粒无收；官宰迭迁，妇孺何倚？倘无旱改水之功，焉有兹淹之绮丽哉！

则见遥堤在北，月堤在南，撑堤接二，巩固维三。南北围牛角之状，中间证牛脚之谈。若乃时雨降，淹塘涵，春流乍起，绿浪初添。青莎缘岸，紫燕入檐。使人欲聆清歌于阡陌，扬桂楫于烟岚。至若潦水尽，嘉鱼潜，天翳绝，淹镜蓝。蒹葭瑟瑟，蘼芜纤纤。渔歌唱彻，牛背听酣。此实山林之幽趣，非世俗之可馋者也。

噫嘻！牛角淹之丽，昔犹深闺之倩妙也。方今齐心筑梦，乡村振兴；昂首举鞭，山水啸傲。水固有善化之刚柔，淹必呈别开之窈窕。且引灞桥词客，吟咏闻风；或招苕溪钓徒，婆娑观藻。夕阳影里，会逢踏草之牛；秋水明边，忽至穿林之鸟。满眼诗情，一村画稿。何来夜泊生愁，此处畅游凝笑。

嗟乎！物之勤者，毋乃为牛。日耕百亩，岁获万收。物之韧者，要亦归牛。持恒不懈，守卑耐蹂。物之利者，斯必谓牛。全身皆献，半点不留。以牛名淹，淹因之而受多福；以牛喻人，人因之而耘良畴。一迁再迁，家园屡毁而屡建；鼓勇弥勇，气力愈消而愈道。吾谓牛角淹睹斯千载，会当踊跃以竟鸿猷。

月堤湖赋

泗水之滨，邹鲁为邻。杂犹下相，其命维新。昔我宿迁，在唐为上等之县，在宋则淮上名闻；在明为河防重镇，在清则帝心弥珍。其所以珍之者，以国之漕运实系乎吾宿，而黄河之患切肤于生民也。

原夫"黄河夺泗"，所害非一。夺泗之前，饭稻羹鱼；夺泗之后，摧田毁堞。而其病宿迁之尤者，盖康熙之朝，历八年而三决。遂使襄沙之水，纵横奔突，或潴或淹，或淤或缺。吾民宛转流离，或为鱼鳖。于是筑堤以防，曰"缕"曰"遥"，曰"撑"曰"月"，虽其名不同，然皆束有涯之至柔，固无羁之刚烈。蔡家楼之东南、彭家堡之西，月堤所围，有湖焉，故以"月堤"为名，亦顺水势而为，因地形之设耳。

尔其白云苍狗，岁月不居。青竹黄花，风雨难摹。吾宿屡迁，早非曩时之貌；斯湖既泯，犹存当年之墟。掩其月而复圮其堤，长怀碧浪；知其名而未见其实，终憾蓝图。斯时也，欣逢新时代之伟略，正河清而海晏；仰承"绿水青山"之宏论，当臂举以梦舒。吾邑乃浚其旧地，退塘还湖。则见湿地出，灵禽呼，蒹葭漫，欸乃纤。淑景布丽，清波涵虚。虹梁耀日，芳草牵裾。月白风清，似听广乐钧天于缥缈；云消雨霁，恍见瑶台蓬岛之有无。极斯湖之胜观，揽秀色而无余。使康公悔不能至，霞客恨未曾趋。

若夫月者虚明也，千里共瞻，九霄之上；湖者澄泓也，天地玄源，阴阳嘉贶。论月堤湖之概，夜则纳月之精，昼则有月之状。奇观天造，对月生旖旎之思；胜境人为，临湖增婆娑之想。且观露华轩、灵犀廊、月影桥之花娇，悦红粉阁、月老亭、偕老轩之风畅。撷相知、相爱、相许三岛之心香，饮新婚、银婚、金婚三林之情酿。漫花堤睹丽人之行，芙蓉塘起三生之唱。芦苇洲忆伊人之吟，水杉林羡皎月之望。白云徘徊，烟霞初漾。维士与女，殷盈秀朗。赏心乐事，其尽于兹湖之壤乎！

若乃风微浪静，天和景晴。缘堤皆绿，傍水惟馨。可垂钓而无扰，恣观览以怡情。飞鸟往还，讶新舍以鳞次；游鱼上下，惊旧庄之嬗更。噫！其新且丽者，不惟此一湖也。方今众星北拱，治化昭明。水不泛溢，山不颓崩。天无亢燥之灾，人乐沃土之亨。浩浩焉惠政之施，城镇建设；涓涓乎善举斯行，乡村振兴。

湛露之溉何其广，屯雷之泽何其诚！知乎此，亦何必着羊裘于富春，觅桃源于武陵？

狗歌美哉！一勺之多，五行之大，岂止储烟波、浮藻采、狎游观而已。乃为之歌，歌曰："月堤湖之波兮，可以濯缨。月堤湖之上兮，日月晶莹。地之胜兮，昔为患而今为福。后千载兮，犹当颂我河湖之清。"

黄河故道边的重要历史人物

徐用锡（约 1657—1736），字坛长，号鲁南，宿迁县人，清代乾隆皇帝御师。自幼即以好学知名，后游学京师，1699 年中举，入北京大兴籍。文渊阁大学士李光第聘请他教授自己的几个孙子，并时常同他一道讨论学问。徐用锡博学多才，对经、史、性、理，旁及乐律、音韵、历数、书法都有精深的造诣。1709 年，徐用锡考中进士，改任庶吉士，授翰林院编修。李光第奉诏编修《朱子全书》《周易折中》《性理精义》，特邀徐用锡参与其事。1715 年，几部书分校付印后，徐被免官归里。清世宗雍正二年（1724），李升任广西巡抚，请求任命徐用锡为书院长，未获批准，朝廷仍勒令其回乡闲居。乾隆初年，授徐用锡翰林院侍读，他以 80 岁高龄参与纂修《三礼》，终以原来官职的品级而告老还乡，后病逝于家乡宿迁，著作有《圭美堂集》。

蔡琏（1677—1743），字商尊，号筠斋，宿迁蔡集镇人，自幼在蔡氏家塾桐韵书屋读书，稍长入官学。康熙三十九年，蔡琏由国子监学生考职县丞。康熙四十九年，被选任为纳溪县知县。蔡琏在制定治县之策时，革弊图新，举其宏纲，略其小节，去烦尚简，使百姓得以休养生息。康熙五十二年，朝廷下旨各地修撰地方志，时因府库无钱刊印，蔡琏捐出薪俸刊印《纳溪县志》。康熙五十五年，成亲王允祉的门人孟光祖冒充皇子差使在川、湘、鄂、桂、晋、陕等省招摇撞骗，所到之处当地官员争相巴结送礼，而蔡琏只以平常礼节相待。康熙五十六年，向孟光祖巴结送礼的官员被朝廷治罪，仅蔡琏一人免于治罪，众人无不佩服蔡琏的为人与见识。同年，朝廷任命蔡琏为保定知县。时淀河决口为害，他发动民众筑堤疏水，根除水患，百姓将其所筑堤称为"蔡公堤"。康熙六十一年，推升东城兵马司指挥。雍正元年，补授户部四川司主事。雍正五年，补授陕西西安府知府。他在任期间，轻刑狱，清理积案，平反者数百人，华州有乐户三十余家，因受诬审理不清，蔡琏力为详释，后获平反，众共建祠祀之。渭南县民"柳树精"倡乱，报称万人，制府岳大将军命蔡琏协营往剿，蔡琏坚请安抚，仅获为首三十余人，又从宽议，只正法数人。后摄粮道署臬司，皆有声。乾隆二年告老返乡，乾隆八年去世。

蔡璜（生卒年不详），字渭侯，号东岩，清代宿迁人。康熙二十八年考选为拔贡。1694年任山西省盂县知县。就任不久，盂县遭连续三年的大旱灾。蔡璜及时上报灾情，请求缓征和赈济，同时开放县管粮仓救灾，饥民因而得救。由于蔡璜上任之初即认真考察盂县的地理民情，灾后生产恢复甚快，财政收入大增，于是动工修复安阜楼，时辱亭、啸余楼、三义庙，重建常平仓，加固大贤村河坝，架设御枣口木桥等，每项工程完竣，蔡璜都亲自为文题诗作赋撰写碑记。蔡璜任职盂县五年，勤政惠民，政绩斐然。蔡璜以"探星源于《禹贡》，扪鼻祖于《春秋》"的严谨态度，亲自主持续修《盂县志》，卓然自成一方之全书，被视为盂县历史上承上启下的扛鼎之作。1699年，康熙皇帝派封疆大吏考查贤臣，蔡璜被推荐为三晋第一贤令，得朝廷钦封擢升。民众知情后，上书请求将其留任，未得准许，于是在他离去后在芹泉驿建立"去思碑"。蔡璜调京后曾任工部虞衡司郎中，掌山林川泽之职。

蔡士英（？—1662），字伯彦，祖籍宿迁县顺德乡九图（今宿城区蔡集镇）。先祖蔡清为牌坊蔡（蔡氏宗族的一支）二世祖，从军征元。因军功授辽东燕山卫千户，后调任山海卫千户，遂举家迁往辽东，后世子孙三世官居一品，为辽东望族，蔡士英是蔡清第十世孙。清初任副都督御史，顺治九年以兵部侍郎职巡抚江西，顺治十二年升任漕运总督，顺治十六年任兵部尚书，兼都察院左副御史，复督漕运。巡抚江西时，适逢江西大旱，蔡士英兴屯田、开荒地，报请朝廷免除龙泉、安福、永新、永宁四县银米，减免全省赋税，开展多方赈灾。修建滕王阁，修学宫，修白鹿洞、白鹭、鹅湖等书院，百废俱举，政绩显著。蔡士英念念不忘祖居故土，曾借总督淮扬漕运、海防之机，到宿迁拜谒项王祠、三杰祠，见庙貌颓圮，遂捐资修建二祠。得知《宿迁县志》久已散佚，便极力搜寻，幸而觅得一本明万历二十四年（1596）《宿迁县志》，见字画漫灭难读，遂捐资百金，请邑人续成重刻，并为重刻本写了一篇《重刻〈宿迁县志〉序》。康熙元年，因年老多病回到北京，不久病逝，谥号襄敏。

王承猷（1698—? ），字践修，号慎斋，其高祖王维城是睢宁秀才，曾祖父王明奎入太学读书，祖父王财和叔祖（嗣祖）王云皆为监生，父亲王登瀛因袭纳监。王承猷年方弱冠便中了秀才，但因其父亲早亡，家业不振，故而有早入仕途振兴家世的愿望，便按例纳捐为贡生。王承猷为官四十余年，所至处百姓无不爱戴称颂。刚任保宁府同知时，朝廷派遣钦差前来巡视，因境内山路迢迢，栈道多年失修，盐茶官商阻断客路，保宁府上下忙作一团。王承猷独自担纲修整山路栈道，集结夫役，昼夜抢修，在钦差到来之前将栈道整修齐备，恢复了境内交通。在其兼署嘉定府（今乐山市）的时候，境内洪雅县遭遇洪灾，王承猷亲往灾区安抚灾民，并以实情上报，力促朝廷赈济。赈灾粮解到洪雅，王承猷亲自监督发放，拯救万户灾民。乾隆十二年，大小金川战事爆发，保宁府奉旨征调西藏粮饷，当时的西藏境内治安纷乱，往来万里之遥，处处荒野崎岖，民风迥异，同僚们都不愿前往，只有王承猷自告奋勇，毅然请行道："苟图安逸，如国事何？"随身带着一个家仆和随任兵丁就往西藏上任。到了任所，一方面注重弹压叛乱势力，另一方面安抚当地土司，有条不紊地部署安排催收工作。三年后，大小金川战事结束，总理藏务积公十分欣赏王承猷的任事能力，不愿意放他回任，要上奏朝廷留他在西藏升职，被王承猷力辞。临走之时，却发现跟他一起随任的兵丁们有不少人在当地和西藏女子成婚生子，女藏民们担心汉地生活不惯，不愿跟回内地生活，就和子女一起藏匿不出。王承猷找到当地领主和女藏民的家长，以朝廷命官的身份，向其父母保证善待她们和子女，并捐出自己的薪水数百两给她们家里作为养老之资，使这些藏民相信他的承诺。临行时，藏民们载歌载舞，齐声祝颂王承猷长生不老。次年，王承猷奉命押解当地特贡的万年吉木（皇家专用棺木）赴京，一路平安无事，将吉木完好无损地护送到京都，乾隆皇帝十分高兴，赏赐他四件貂皮、二十四颗药丸、十二串宝珠，以示对其嘉奖和宠信，并擢升他为云南省大理知府。他赴云南履任七年，对当地土著多施恩抚，从不以化外之民看待少数民族，七年中，大理民风渐臻淳厚。继而，王承猷改任湖南辰州（今湖南怀化市北部山区）知府，此地自古烟瘴极深，有苗族、土家族、瑶族、侗族等几十个民族聚居，自古以来都被统治者视为蛮荒之野。王承猷上任后，采取了一系列移风易俗的措施，定期宣讲朝廷旨意，按时举办儒教礼制的祭祀庆典，架桥铺路，及时赈灾，少数民族百姓逐渐接受了主流文化的影响。乾隆二十五年，乾隆帝生母崇庆皇太后七十寿辰之时，辰州举办万寿节，大街小巷到处都是苗族、瑶族等少数民族百姓的欢庆人群。王承猷告老还乡后，住睢宁县瓜蒌社（王官集镇镇区以北），见故里无市集通衢，当地土产流通不便，阻碍经济文化发展，王承猷即以自身名望，向县衙提出在此地兴办集市，获官方批准。于是，他捐资修桥铺路，开埠招商，于睢宁县东北乡的蔽壤之间兴起一个商贾辐辏的集市，即今天的王官集。

　　倪瑞璇（1702—1731），字玉英，清代女诗人，宿迁县人。父亲倪绍瓒为县学秀才，英年早逝。倪瑞璇随母去睢宁县，寄居在舅父樊正锡家中。樊正锡是个秀才，他见倪瑞璇聪颖过人，便亲自教她读书识字。倪瑞璇因此得以遍读其舅所藏四书五经、诸子百家和史传杂记等书。随着学业的精进和阅历的丰富，倪瑞璇逐渐成长为一位极有见识、忧国感时的现实主义诗人。她的诗或借古讽今、抨击时弊，或关心民生、抒发幽愤，而且格调高古，题材多样，笔力矫健，才思敏捷。《清诗别裁》选其七题八首入编。沈德潜赞扬她："独能发潜阐幽，诛奸斥佞，巾帼中易有其人耶！每一披读，竦然起敬。"瞿源洙评论她的诗："无粉黛熏泽之色，有风霜高洁之象，岩岩如对正士端人。"易君左评价说："倪女士则一壮烈之民族诗人也。秋瑾诗曰'秋雨秋风愁煞人'，三百年后，只此一奇女子，足以与倪瑞璇并传，不仅近世一可传之人，实旷代仅有之女民族诗人也。"倪瑞璇25岁时，由舅父做主嫁给睢宁县教馆的宜兴人徐起泰为继室。婚后，虽然家境清贫，但琴瑟和谐。不久，夫妻同回宜兴，侍奉双亲。起泰为庠生出身，也能文善诗，夫妻唱和自得，安贫乐道，后人对其有"宜兴贤妻，宿迁孝女"的美誉。倪瑞璇不幸于30岁病逝，临终前为避文字狱，将自己平生所著《大学精义》《中庸折中》《周易阐微》以及6本诗集均付之一炬。后徐起泰整理其遗物，发现箱笼内尚存诗稿200余首，遂整理装订成册，取名《篋存诗稿》。为了纪念这位家乡的女诗人，后人曾把马陵公园的西望河楼改建成"倪瑞璇图书馆"，馆藏女诗人生平诗作，1938年马陵公园及图书馆均毁于日军炮火。倪瑞璇的诗作入选《中国古代女子诗选》《中国历代才女诗歌鉴赏》等。

第三章

安澜之梦

宿城古黄河的利患之争

　　每一座城市都有一条孕育她的河流。先民逐水而居是一种本能的选择，选择一条河流的同时，也就面临着一种挑战。古黄河毫不客气地闯入，取代了悠悠泗水，让宿迁水患连连，漕运受阻，民不安生，宿迁的命运从此与她休戚相关。纵观宿迁的城市发展史，是一部人类与自然的抗争史，或者可以说就是一座城市与一条河流的对抗史。在一次次的较量中，安澜古黄河演化为这座城市最朴素、最现实的梦。

第一节
古黄河决口带给宿城的灾难

黄河势盛临清淮，八月大水滔滔来。

筑石作堤阻不得，商羊跳舞波涛开。

卷天白浪吞平陆，万叠苍茫齐入屋。

覽社湖田变渤溟，牛羊宿处飞凫鹜。

我闻昔时太公令灌坛，河伯娶妇不敢干。

眼底如何无砥柱，老蛟一怒生狂澜。

稻粱飘荡无能掣，人各无家舟一叶。

天子岂不怜苍生，或者司空别有说。

芦枯获死风飕飕，相逢何事啼啾啾。

君不记水头十丈平泗州，鱼龙都上城楼游。

这首诗是清代宿迁女诗人倪瑞璇所作的《大水行》，诗人以写实的手法，客观真实地描写了当时宿迁的古黄河之患。

黄河为害一方的最大威胁莫过于决堤，晚明直接、间接制造的河患，入

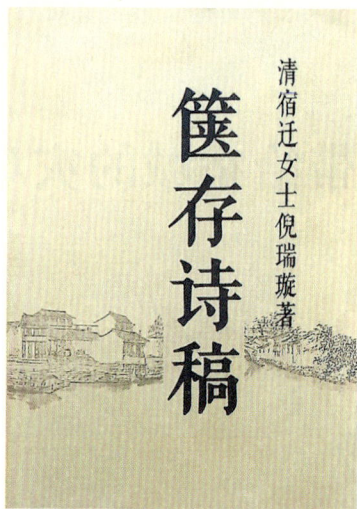

倪瑞璇著《箧存诗稿》书影

清以后更加肆虐，据《行水金鉴》和《清史稿》记载，顺治年间黄河大决 20 次，康熙年间黄河大决 45 次，溃决的主要地点就在下游，致使宿迁、桃园、沭阳、泗州等县"被灾极甚"。

生态环境的变化

黄河不仅善决，而且善淤。善决直接摧毁城镇，摧毁村落；善淤则严重破坏原有的水网河流，使河道淤塞，湖泊淤废，最终导致生态环境发生重大变化。

地面增高　善决、善淤之黄水每泛滥一次均留下大量泥沙。无数次地泛滥，无数次地淤积，导致了地面大面积抬高。在这逝去的 659 年间，宿城黄泛土淤积究竟有多深？近年来考古勘探得知，宿城老城区的东部、南部、西部均有黄泛土堆积，堆积厚度深浅不等。

下表是从地质勘探部门了解的一组数据：

勘探地点	堆积厚度（米）	备　注
中远现代城南部（八角楼东）	26	
市博物馆对面（路西）	30	
项王故里	9	
宿迁学院	33	
付　庄	30	
明珠公寓	24	
洋河仓集	36	
双庄居委会	31	
洋河古山河大桥	28	
双庄街西	40	以下有 10 米黑土
五岔路偏北	33	以下有 9 米黑土
卫生路偏南	30	
思虞路南徐淮路西	30	
思虞路南徐淮路东	9	
老花鸟市场	32	
唐　湖	9	
宏城都市（河东）	9	
顺河集遗址（河东）	8	
宿城区政府	23	
区政府北黄河北岸	20	
湖滨浴场	38	
靳塘小区	34	
靳塘小区	34	
便民方舟	30	
楚街荷花池	23	以下见黑泥
楚街南门	30	以下见 10 米黑泥
宿迁书城	24	以下见 10 米黑泥

从上表看，以宿迁城为轴心除北部未见黄泛土外，东西南三面都被黄泛土覆盖，覆盖最后处达 38 米，经计算黄泛区地面平均增高约 28 米。

山体变矮　历史上的宿迁虽然没有名山大川，但可以用山明水秀来形容。从明代到近现代，诗人多用"山城"作为宿迁的代称。明代何九洲在一首诗中写道："春风吹暖到山城，宿豫池开鉴水清。"说明宿迁城原来是建在山上的。这里所说的山，当然是指马陵山。马陵山，古人也称为陵山、马岭山，地处苏北鲁南，经郯城县、东海县、新沂市，南止于宿迁，整个山体连绵起伏，古代有"八百里马陵"之说。马陵山总的地势北高南低，最高山峰海拔184.2 米。据《郯城县志》记载："此山岗陵起伏，形似奔马，故称马陵山。"宿迁境内的马陵山虽是尾部，但也绵延起伏、山峰林立：封山、嶂山、三台山、锅矿山、灵赭山、灵杰山等矗立其间的小山峰，虽名不见经传，但委实说明宿迁有座马陵山。

经考证，宿迁的山至少高达百米以上，且峰峦叠翠。明万历《宿迁县志》载："马陵山去旧治二里，高十五丈，周廻二里。"这里所说的"高十五丈"可能是笔误。下文又载："万历四年七月，知县喻文伟……北迁县治及学宫于马陵山麓……治基随山势高下而辟，直深四十五丈，阔三十丈，从头门抵大堂台阶为五级，取自下升高之意。"所谓"直深四十五丈"，可直译为"直线一百三十五米"，可见当时的马陵山的高度至少 135 米。

河道淤塞　由于黄河水带来大量的泥沙，河底不断淤积，河岸不断加高，致使众多的自然河流变为岸高水低的地上河。据《行水金鉴》三十四引《明神宗实录》载，1592 年，潘季驯就指出，"自开归以至安东，地皆卑于河，不独徐泗。"徐泗以下就更为严重，《淮系年表》载：由于河身日高，"徐、邳以下，居民尽在水底"。历史上的宿迁河网交错，其中主要的河道是淮水、泗水、睢水和沂水。泗水和睢水是黄河泄洪的主要河道，淤塞甚为严重。泗水由地下河变为地上悬河，并且改名换姓成为黄河了。睢水则更加悲惨，已经淤为平陆，现如今宿迁人已经不知道宿迁的历史上还有一条睢水的存在。白洋河也是如此。

土壤沙化碱化　黄河"夺泗入淮"后，宿城辖区内百分之九十的地表全部被黄河带来的黄沙土所覆盖。沙地不保水分，所以"有雨则涝、无雨则旱"，自然灾害极为频繁。特别是由于排水不畅，土壤次生盐碱化非常严重，成为"有田皆斥卤，无处不蓬蒿"的地区之一。

良好的水利设施全被破坏　"黄河夺泗"之前，宿城湖泽相连，水网密布，这些河湖网络在分洪蓄洪、湿润气候、农田灌溉及水上运输方面，都有很好的作用。"黄河夺泗"以后，河水带来大量的泥沙，使苏北的河道淤塞，湖泊兴替，原先良好的灌溉水利设施全部被破坏，这对当地的农业生产破坏甚巨。

种植结构发生变化　《周礼·职方》记云："正东曰青州，其谷宜稻麦"，"东南曰扬州，其谷宜稻。"当时的青州包括淮河以北和山东的南部地区，今天的徐州就属青州。《禹贡》也记载徐州是最早的稻作区和桑蚕区，产稻仅次于长江流域的荆、扬二州，列九州第三位。东汉末年，徐州牧陶谦曾表东阳县令陈登为典农校尉，在徐州"巡土地之宜，尽灌溉之利，粳稻丰积。"再从宿迁地区近年来考古发掘的情况看，多处发现碳化稻，这些都表明，苏北地区，包括宿城乃至宿迁，水稻已是种植业中的主体。自 1128 年黄河"夺泗入淮"，到 1855 年再次改道北徙的 600 多年间，黄水泛滥，造成这一带水系紊乱，涝不能排，旱不能灌，旱作物逐渐取代水稻，富饶的淮泗两岸，逐步变为贫瘠之地。

城镇的沦陷

黄河是世界上含沙量最高的河流之一，也是我国历史上河道变迁幅度之大的河流。在北至海河、南抵淮河的黄淮海大平原上，很多城镇的兴衰与黄河有着密切的关系。有的被黄水冲毁后再度兴建，有的则长期地尘封于地下，且渐渐淡出人们的记忆。黄水的冲击，导致宿迁城镇沉陷，具体可见下表：

宿迁地区沦陷城镇一览表

名　称	建城时间	史籍记载	今考地点
下相城	秦代（前221年）	《水经注》：泗水东南经下相县故城东，王莽之从德也。泗水又东南，得睢水口。《明万历宿迁县志》：（宿迁）春秋为钟吾子国，战国为宋，秦置下相县。	2001年考古确认其地位于现宿迁义乌商贸城。
宿豫城	东晋义熙元年（405）	泗水又经宿豫城之西，又经其城南，又东南入于淮。《宿迁市志》：其"治所"条载：305年（西晋惠帝永兴二年），始有宿豫地名（《水经注泗水篇》），其地位于今泗阳县郑楼乡古黄河北岸古城。405年，该地作为宿豫县及宿豫郡的治所。至南朝梁，守将张惠绍增修城郭壕沟，引水环护，作为军事要塞。	《宿迁市志》：历经南北朝、隋，至唐中叶，宿豫县城被黄水冲圮。2017年考古确认其地位于洋河镇古城村。
泗州城	580年始设泗州，以宿豫城为治。唐高祖武德四年（621），改下邳郡为泗州，仍以宿豫城为治所。735年迁治临淮。	《同治宿迁县志》：高祖武德四年改下邳郡为泗州，治宿豫；《旧唐书地理志》：元宗开元二十三年（735）泗州移治临淮。	康熙十九年（1680）被淤为平陆，遗址现位于汴河与淮河入口处。
淮阳城	北周改绥化县置，属淮阳郡。	《水经注》：泗水又东南经淮阳城。淮阳城：北周改绥化县置，属淮阳郡。治所在今江苏淮阴市西古泗水西岸。隋属下邳郡，唐贞观元年（627）废。	经考今为泗阳县城厢西7里锅底湖附近之桃源滩。
魏阳城	汉县，魏文帝改泗阳为魏阳。	《水经注》：泗水又东南经魏阳城，泗阳故城治，汉县，魏文帝改泗阳为魏阳。	
角　城	东晋义熙中置	《水经·泗水》：泗水又东南经角城北。《水经注》淮水篇：淮泗之会，即角城也，左右两川翼夹，二者决入之所，所谓泗口也。《万历宿迁县志》：角城废县：在治东南百里，晋置，隋省。	经考：今泗阳县李口北。

（续表）

名　称	建城时间	史籍记载	今考地点
九　城	不详	《徐州府志》：在睢宁县东北二十五里有东西二城；《睢宁县志》：城东二十五里有九城。	今宿城区王官集九城村。
樊阶城	不详	《大清一统志》：在宿迁县西宋泰始三年沈攸之援下邳至焦墟退保樊阶城；《方舆纪要》：在县西北，南北朝时为戍守处，宋沈攸之退保樊阶城即此。	今宿城区蔡集镇樊湾村。
新　城	元	《徐州府志》：在睢宁县东五十里黄河南岸，元末平章韩政所筑；《睢宁县志》：治东北三十五里有新城。	不详
小河口镇	宋元	《水经注》泗水篇：泗水又东南得睢水口；《万历宿迁县志》：小河口镇在孝义乡，去治西南十里。	清早期淤废，遗址在今宿城区双河居委会。
崔　镇	宋元	《清一统志淮安府二》：崔镇在桃源县西北三十里；《河防考》：桃源县黄河北岸千总驻扎崔镇。	遗址在今江苏省泗阳县西北部、京杭大运河东岸。属众兴镇。
直河口镇	明代	《大清一统志》：直河镇在邳州东南，西北去旧州城六十里，明初置直河驿，嘉靖四十五年改置巡司，今移于泇口。	遗址位于今皂河镇王营附近。
白洋河镇	明代	《万历宿迁县志》：白洋河镇去治东南四十里，东西长街一道，街之中有古沟板桥分界桥，桥西属宿迁县，桥东属桃源县陆城乡。	遗址现洋河镇。
凌　县	秦置	《水经注》泗水篇：泗水又东经灵栅南。灵栅：凌县故城治，秦置，属泗水郡。元鼎四年（前113年）为泗水国国都。东汉三国属广陵郡。晋初废。	故治在今江苏泗阳县众兴镇凌城村。

土贫民更困

黄河自 1128 年夺泗起至 1855 年黄河北徙的 700 年间，宿城大地受灾极重，城镇漂没，土地锐减，百姓流离失所，苦不堪言。

宿迁自古就是鱼米之乡，唐代诗人张籍在《泗水行》诗中写道："泗水流急石篡篡，鲤鱼上下红尾短。春冰销散日华满，行舟往来浮桥断。城边鱼市人早行，水烟漠漠多棹声。"同一时代卢纶在《送吉中孚校书归楚州旧山（中孚自仙官入仕）》诗中也写道"……渔村绕水田，澹澹隔晴烟……"。司马迁《史记·货殖列传》则把这一地区描述为"饭稻羹鱼……不待贾而足，地势饶食，无饥馑之患"。唐代诗人高适在《涟水题樊氏水厅》一诗中则把这里与江南的吴兴相媲美：诗中言："四时常宴加，百口无饥年，自古涟漪佳绝地，绕郭荷花，欲把吴兴比。"

但黄河夺泗以后，这里"无岁不受灾"，一场黄水之后本为膏腴之地变为贫瘠之土，十年就有九年荒，常常颗粒无收。清嘉庆《宿迁县志》载：早在明代万历年间，宿迁县当时共有五乡，除了县北的北仁、安仁两乡之外，其他南（南仁），孝（孝义），顺（顺德）三乡周围四十余里，田地冲没，且冬日狂风扬沙，……三年颗粒无收。背井离乡者占半数以上，据嘉庆《宿迁县志》载，"宿迁共五十九里（明代县下设乡，乡下置社，社下设里），实因水荒贫苦逃窜将半，死亡者又多。"万历二十二年，新任宿迁县令何东凤一踏进宿迁县界就遇到瘦骨嶙峋，弱不禁风的灾民沿路乞讨、哭告。正如他在上疏中言："赴任刚抵县界，而穷民沿途哭告，求豁荒粮，率皆骨立鬼形，奄奄待毙。"

更让百姓苦不堪言的是赋重差繁之事，严重的水患对封建帝国所造成的直接影响就是漕运，而宿迁时断时续的"以黄济运"河段一度成为河道治理的焦点和难点，上到一国之君，下到平民百姓无不为之堪忧。历史上的"束水攻沙""筑堤保漕""蓄清刷黄""北堤南分""避黄行运"等都是以宿迁为中心而展开的。

宿迁生员张忭于康熙四十一年（1702）编纂的《宿迁县志》载，靳辅治河期间的康熙二十年（1681），令沿河诸州县添设岁修夫役，其中宿迁县"险工岁修夫八百名，"占当年全县"丁"（16 至 60 岁男子）数的三分之一多。康熙时宿迁知县胡宗鼎在《为民命难堪事疏》中说："夫差一项，有水夫、旱夫、吹手、旗帜、执事主色人役。遇有大差，答应不暇，势不得不派民夫。宿邑地方偏小，户口萧条，连年灾祲叠见，赋重差繁，百姓苦累难支，逃亡过半。虽日给工食雇募，而孑遗无几。雇募无人，每过差多，支持不及，呼咒怒骂，无所不至。最苦者雇募之夫旱则肩挑背负，水则逆流挽拽，穷民非冻即馁，……领得几分工食，即为卖命之资，一去无还，举家绝食，男啼女哭，情实惨然。"张忭的《宿迁县志》又载：雇募的夫役不仅"不给工时（费），冬夏工作稍缓，乃令记日纳旷银四分，一夫终岁之弗（不服劳役）且（需缴纳旷银）十余金（两），民用大困"。康熙二十八年（1689），康熙二次南巡到宿迁，陈舜道等 6 名生员和许念皇等里民"具疏求免，部议以妄言为罪，行令责惩，杖毙者二人"。"具疏求免"事件发生后，总河靳辅又改力差为银差，"每夫一名提定工价银五两。宿迁一县，岁增额银四千两，比于漕项，遇灾不免。于是民困益岌岌矣！"

明清《宿迁县志》对宿迁地区的人口和土地锐减都有明确记载。早在明正德七年（1512）宿迁人口 154363 人，至崇祯八年总人口降至 8 万左右；就人丁而言，明崇祯八年时统计是 20091 人，至清顺治七年（1650）时只有 8167 人；至康熙十二年统计，只有 1791 人。土地锐减更加严重：明万历年间，共有土地 8723 顷，崇祯十年统计只有 8004 顷，清顺治元年统计减少为 7553 顷，顺治六年又减少为 6380 顷；至康熙十一年可耕田地只有 4000 余顷，是崇祯十年的一半。

明清宿迁河政体系

中国古代的政治总是与治水有着不解之缘，历代王朝无不把对江河的治理作为治国安邦的要务，每一次大规模的治水活动都由中央政府主持，且投入巨大的人力、物力和财力。清康熙帝曾言："听政以来，三藩及河务、漕运为三大事，夙夜廑念，曾悬之宫中柱上。"将河务、漕运与平叛三藩并列，足见康熙对水利的重视。

由于治水事关王朝命运和苍生福祉，至少自周朝开始，历代王朝从中央到地方都设有专职或兼职的"水官"，负责江河湖泽乃至井泉的治理与开发。随着历史的推进，"水官"的官职和地位不断攀升，相沿成习，并深深地渗透到国家机器之中，成为国家政治制度的有机组成部分。到明清时，逐渐形成了较为完备的河政体系。

明代宿迁的河防体系

明代前期，朝廷尚未设立河道管理专门机构，每逢黄河出现重大灾情，都由皇帝临时委派钦差大臣前往治理。钦差大臣到达地方以后，地方官员统一听从调遣，归其节制。灾情解除后，钦差大臣向朝廷交出指挥权，史谓之"临时差遣，事毕归朝"。这期间治理河道的名臣有工部尚书宋礼、刑部尚书金纯等，金纯为泗洪县龙集镇应山集人，在永乐九年因治理黄河有功，被朝廷封赠山阳伯爵位，至今其墓保存完好。

明代初年以后，黄河日益淤垫，形成高出地面的悬河，黄河沿线经常发生洪灾水患。永乐年间，明王朝定都北京，徐州到淮安之间的黄河、淮河成为沟通京城与江南之间的唯一交通运输线，治理黄淮和保漕护运成为明王朝的第一国家要务。

成化七年（1471），朝廷设立主管黄河、淮河的总理河道一职，亦称总督河道、经理河漕、总漕兼河道、巡抚兼河道等，简称总河。总河的职能是负

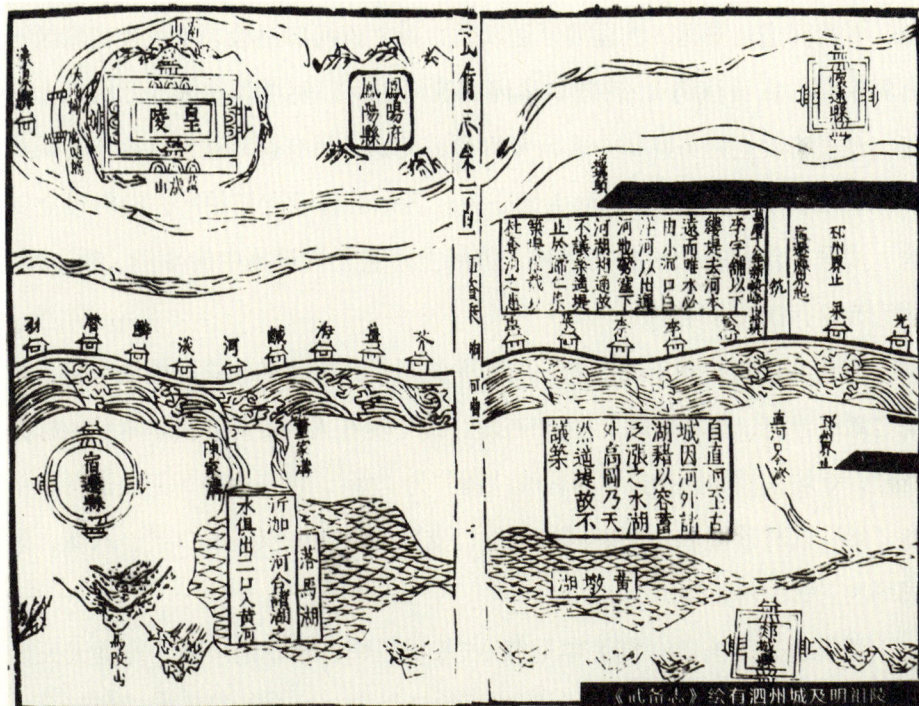

明代水利书籍《武备志》宿迁段黄河修防图，可见河南岸铺舍及工汛

责管理、协调治黄、治运，确保运河全线贯通，是中央六大部外增设的一个部院级的朝廷直属机构。工部侍郎王恕为首任总河。此后，总理河道成为常设官职。

明代总理河道都身兼武职，兼管军队中的千户等将官，以便紧急情况下调动军队参与治河。如在万历八年（1580），总河潘季驯加南京兵部尚书衔。明代晚期还增设了专门负责河防的军队，崇祯年间设有护漕参将，负责守卫徐、临、通、浑四镇的河工与漕运。因这支军队驻扎宿迁，故称之为"宿迁护漕参将"。任这一武职的军官，在宿迁较为著名的有古道行、倪鸾等人。

总河以下设立监司和运河兵备道，即运河道，秩正四品，高于知府。监司下设分司，即河道同知衙门，其官员设有郎中、主事等职。宿迁黄河河段上游设立徐州洪工部分司和吕梁洪工部分司，这些分司的官员俗称管河郎中。随之，地方府州县署也都相应设立河道官员。成化年间，淮安府设立邳州同知，专管河道与漕运。加运河开通以后，设立直河口巡检司（在今宿城区王官集朱海村古黄河湾），管理加运河到黄河的河口闸坝等设施。万历二十二年，淮安府设立河务同知一人，专管邳宿河道。另有管河通判驻邳州（明代邳州属淮安），宿迁县设管河主簿一人。各州县皆设立河泊所，沿河设立铺舍、浅舍等治河基层机构。另外，黄河上水利工程设施中的斗门、桥、涵、坝等皆专有官员管理。

明代河道防护最重视堤防，后人评价明代最负盛名的总河是潘季驯，所谓"潘氏导河，惟堤是赖"。河防在堤，而守堤在人，堤防的最基本单位称为"铺"，守堤人员称为铺夫。清代改"铺"为"堡"，现在宿迁黄河故道两岸带有"堡"的村落地名，如皂河的七堡，支口的康堡，双庄的白堡、八堡，果园场的三堡、六堡等。

潘季驯在《河防一览》中记载："每堤三里，原设铺一座。每铺夫三十名，计每夫分守堤一十八丈。"明代《宿迁县志·铺舍》记载宿迁黄河沿岸有："河西铺、小河口铺、陆家墩铺、钱家庄铺、白村铺、曹家庄铺、白洋河中火铺。"另外，"浅"也是铺的一种，宿迁境内计有："皂河浅舍三所、新岗浅舍三所、炭处浅舍二所、朱衣浅舍一所、龙王庙浅舍二所、新沟浅舍□所、小河口浅舍二所、陆家墩浅舍□所、港口浅舍二所、武家沟浅舍一所。"（□处为原字脱落）设立浅铺的河段皆在黄河支流等易于淤浅之处，当时的浅铺是在河流南北两岸分别设立，分属睢宁、宿迁两地管辖。其中，探楚浅即在宿城区支口街道下辖的探楚村，朱衣浅在双庄，新沟浅在原县城西北2里，小河口浅在三棵树张老庙，陆家墩浅在宿城区洋北，武家沟浅在刘老涧之东南。

堤铺和浅铺一样，原先每铺有铺夫百人，后改为3至10人不等，并设老人1名，这个"老人"的意思是铺舍的负责人，浅铺的老人俗称"浅老"，他们驻扎的地方名为铺舍或浅舍。明嘉靖初年，漕运总兵杨宏和谢纯合著的《漕运通志》中记载：宿迁县武家沟等浅凡二十一，每浅老人一名、夫一百名，什物二十八件，岁办桩木一千根、草十万束，树多寡不一。浅舍属于官方设立的浅夫们管理河道的居所，每浅正房三间、火房三间、牌楼一座、井亭一座。

终明之际，除了黄河堤防以外，为了保障京师漕粮北运，避开黄河险段，河漕官员往往在黄河河堤上开通运口，从宿迁城外的陈遥沟，到直河口、骆马湖口、董口、皂河口、张家庄运口，屡开屡废，每每兴师动众，宿迁百姓苦不堪言。清代康熙年间的河道总督大臣靳辅论曰："每重运入口，即役兵夫数万，于湖中捞浚，浮送北上。而所捞之渠，不旋踵而汨没于风浪之中。年年畚锸，宿邑骚然苦之。"

清朝河道管理体系与宿迁

清代对于河工河防的重视更甚前朝。顺治元年，清廷刚刚定都北京，就将明代的总理河道改为河道总督定制，并规定河道总督加兵部尚书、都察院右都御史衔，为从一品，河防体制渐臻完备。清初，河道总督驻山东济宁，并将原驻徐州吕梁洪的工部分司移驻到宿迁，改称中河分司。顺治初年，中河分司官员由汉人司官担任，顺治四年，增添满人官员一名。

从事清帝国河防的河道官员通称河员，其最高长官为河道总督，俗称"河台"。清初，设河道总督（总河），治所在山东济宁。康熙十六年（1677），总河衙门由山东济宁迁至江苏清江浦（今江苏淮安市）。河道总督下设管河道员，简称"河道"。直隶、山东、河南、江苏四省皆设置河道，长官为管河道员，分管河务，为河道总督之属官，秩正四品。清初，直隶永定河道驻固安，山东运河道驻济宁，江苏淮徐河道驻淮安。

康熙十六年（1677）三月，朝廷任用靳辅为河道总督。靳辅深入黄淮诸河河防工地实地调研两个多月，发现黄淮诸河水系紊乱，河防设施敝坏，而且河道管理的官僚体系机构重复，政出多门。靳辅认为：治理河道的前提，必须理顺河防文武官员的各种关系，在河道关节之处必须加强管理，无关大防之处的管理机构尽可裁撤。他尤其重视宿迁在河政体系中的重要地位，向朝廷建议把总管徐淮各地河务的淮徐道移驻到宿迁。《江苏通志稿·大事志·第四十卷》："（康熙）十七年正月乙酉，河道总督靳辅遵旨复奏：中河分司向驻宿迁，今缺裁归并淮徐道，应令该道驻扎宿迁，以统辖漕运咽喉。"

淮徐道系明代设立，明清道员为正四品，民间俗称道台，品秩高于知府，低于一省巡抚和总督。淮徐道原驻徐州，康熙二年裁归淮海道，九年重新设立淮徐道。康熙十六年，靳辅凿中河时，遂奏请移驻宿迁，主管钞务（关税）、河工、漕运诸事。督率厅汛各员，河兵堡夫，以及钱粮的出纳，权责较

《宿迁县志》中关于中河分司、淮徐道移驻宿迁的记载

重。康熙三十九年，又移驻清江浦，兼管河库。雍正十年，淮徐道第二次移驻宿迁，并在宿迁县城东北极乐庵前建立署衙。

根据徐用锡的《淮徐道署移驻宿迁记》记载，淮徐道署衙肇工于雍正十年二月二十六日，至次年十二月十五日竣工，共用帑金3993两，建上下房65间，添造外用房21间，墙垣110丈。在此之前，淮徐道原系巡道，但兼管河务，又有管辖厅、汛之责。朝廷特下谕旨，令其嗣后专管河道。此后，淮安、徐州、凤阳、海州等各地河道管理文武官员都统属这里辖制。自此，宿迁从一个普通县城成为苏北水利工程管理的权力中心。

乾隆八年十月，又将"淮徐海巡道"移驻宿迁，辖徐州、淮安、海州等地漕粮、盐务、兵备、海防等事务，宿迁城内，出现了两座副省级的道台衙

署。至乾隆二十七年四月，裁撤淮徐海巡道，其所辖地方分巡事务划归淮徐、淮扬两河道兼管。同年八月，改淮扬、淮徐两河务道兼巡地方，以海州所属隶淮扬道。

淮徐道下辖河厅，河厅及以下河员为管河通判、管河州同、管河州判、管河县丞、管河主簿、管河巡检等职。

嘉庆八年以前，宿虹同知衙署驻白洋河，统管宿迁、睢宁、桃源（今泗阳县）、虹县（今安徽泗县）等处黄河堤防。下辖文职河官 7 员：宿迁县丞一员，驻县城；黄河南岸主簿一员，驻白洋河；北岸主簿一员，驻县城；刘马司巡检一员，驻皂河口；运河主簿一员，驻皂河口；归仁堤巡检一员，驻扎归仁堤；典史一员，驻扎县城。

淮徐道的道员身兼武职，朝廷赐加兵备衔，辖制河标与河营，督率厅汛。下辖宿虹河营守备，为正五品，驻扎宿迁县城。

顺治五年，设立漕标营游击，正三品，属漕运总督所辖，衙署原驻白洋河。雍正七年，改为河标右营游击，直属河道统领，衙署移至县城东侧旧学宫原址。河营游击同，署衙在宿迁城内。

乾隆二年，设立黄河宿北河营守备署，驻扎宿迁城。宿南营守备署在洋河，运河营守备署在皂河。

嘉庆二十二年，设立淮扬镇右营游击，驻扎洋河镇。宿迁营游击驻扎宿迁县城。

宿迁境内的宿虹厅原为明代中河分司所辖，康熙十七年，中河分司裁归淮海道，宿虹厅遂属淮海道所辖，负责管理邳州、睢宁、宿迁、桃源、虹县等处黄河两岸的河防。至嘉庆八年，宿虹厅分为宿北厅、宿南厅，分别负责黄河南北两岸的堤防。

宿北厅衙署在县城，有同知一员，守备一员，负责管理邳、睢、宿、桃之间的黄河北岸堤埽河防，其范围上至邳州邳北厅五工头汛界起，下至桃源县桃北厅崔镇汛古城界为止，缕堤长 17553.7 丈。宿北厅下属两汛，为皂河汛和大古城汛，汛的长官为县丞、主簿或巡检，武职为千总或把总。

皂河汛，清前期称拦黄坝汛，文职设巡检一员，武职设千总一员，文武两处衙署，称为"巡检司衙门"和"千总衙门"。巡检司分管堡夫 50 名，千总辖河兵 172 名。皂河汛管辖汛地上自邳州五工头汛界起，下至大古城汛吴家墩汛界止，缕堤长 8541 丈（中间有北山天然缕堤 661.7 丈）。

大古城汛，亦称古城汛。设主簿一员，把总一员，协防一员。主簿管堡夫 44 名，把总辖兵 178 名。汛地从皂河汛吴家墩汛界到桃北厅崔镇汛界，缕堤长 8645 丈。

宿南厅衙署驻洋河，负责管理黄河南岸。设通判一员，守备一员，驻扎白洋河，共辖河官七员。管理睢宁到宿迁的黄河南岸的堤埽工程，上自睢南厅戴楼汛兵十堡汛界起，下至桃南厅烟墩汛洋河交界止，缕堤长 17505.5 丈。

宿南厅下设三汛。其一为周家楼汛，设主簿一员、协防一员，管堡夫 18 名、兵 82 名。汛地上自睢南厅戴家楼汛十堡界起，至蔡家楼汛界止，堤长 3593 丈。埽工有峰山楼埽、朱家海埽等，坝工有朱家海坝台、龙门坝台等，均在睢宁县界内。其二为蔡家楼汛，设县丞一员、把总一员以及协防一员，管堡夫 36 名、河兵 130 名。汛地西至睢宁县周家楼汛右堤头界，下至洋河汛的张王庙（即三棵树境内张庙）止，缕堤长 7382 丈。另有撑堤、遥堤和埽工、坝工等工程设施。其三为洋河汛，设主簿一员、千总一员、协防一员，管堡夫 28 名、兵 150 名。汛地上自蔡家楼汛张王庙界起，至桃南厅属烟墩汛洋河钞关界止。缕堤长 5766 丈，历年修筑越堤多道。另有河、支河、埽工、坝台等河道工程。

各汛以下，是管理河堤的最底层机构"铺"或"堡"（相当于现代的堤防管理所），明代称"铺"，清代改为"堡"（音 pu）。明代的铺大都以《千字文》《百家姓》或天干地支作为名称，徐、邳、睢至宿迁的黄河南岸各铺，都以《千字文》冠名，分别叫天字铺、地字铺、玄字铺、黄字铺等。河北岸各铺即以《百家姓》作为铺名，也就是赵家铺、钱家铺、孙家铺、李家铺等。只要汛情发生，从陕西潼关到江苏宿迁，都有"塘马报汛"，说明在哪个铺，就立即明白汛情发生地。所谓"塘马报汛"，是明代黄河汛情传递的官方办法，即从潼关到宿迁的黄河两岸，每30里为一节，每节设驿站，有塘马，汛情自发生地报至该驿，即以塘马接力，日夜可驰500里，其行速于水汛（详见万恭《治水筌蹄》）。因此，在今天的黄河流域和故道两岸，有些古村落遗存的地名往往是李家铺村没有人姓李，张家铺村没有人姓张。清代废除了这一做法，不管是夫堡还是兵堡，统一以数字排序作为堡名，每个汛下设十堡、十六堡不等。

清代宿迁的夫堡是在雍正八年由河督嵇曾筠开始设立的。明代河防原设3里1铺，嵇曾筠改为2里1堡，以后又在两座夫堡中间添设兵堡1座，以河兵守护河防。堡夫与河兵还要管理这一区域内的格堤、越堤、闸坝等河道设施。现在的皂河镇七堡村即为"兵七堡"，这里驻守大堤的都是河营的河兵。

清代黄河大型堤防修筑称为"大工"，其余各工主要分为岁修、抢修、另案等类型。岁修是指每年霜降后，厅、营、汛员必须在所管辖河段

清代河图中河兵、堡夫修防黄河堤岸

严密巡查，遇有堤工不坚或埽坝朽坏的，第二年开春即由厅营主持组织维修。抢修是在汛期内抢办各工，包括抢厢埽工，支河堵塞等。另案工程有常年另案和专款另案两种，增培堤防、挑切取直河滩、修砌砖石、启闭闸坝等都属常年另案；专款另案指特别拨款的大工，包括决口堵塞、挑河筑堤等。

　　在堤防维护方面，明清两代都实施"四防二守"的修防体制。"四防"包括昼防、夜防、风防、雨防。"二守"是指"官守"和"民守"，官守即河官与协防官员巡视，督查夫役河兵，"日则督夫修补，夜则稽查更牌，防守无顷刻松懈，而堤岸可保无事"。民守即大汛之时，堡夫和临时添派的民夫协同防守。堡夫平日负责巡堤捕鼠、抬土送文、栽柳护堤等。大工之际，人数不足再由邻郡调集。

明清河防夫役除了堡夫以外，还有土夫、夯夫、浅夫、闸夫、坝夫、溜夫、抱料夫等，统称河夫。康熙十二年以前，河防以河夫为主，所用河夫从沿河州县征调，没有薪资或聊胜于无，但可免除田丁劳役，因此河夫劳动积极性无法调动，工作效率低下。康熙十三年，朝廷借鉴河南河夫征用制度，出台新规："江南河夫停止佥派，如遇岁修，动河道钱粮招募。"不过，每至岁修之时，征调河工动辄上万甚至数十万，不仅靡费钱粮，更难以管理。因此，在康熙十七年，靳辅建议减少河夫的征用，增设河兵，经朝廷议准，"江南凤、淮、徐、扬四府，裁去浅、溜等夫，设兵五千八百六十名"。河兵受河营和厅、汛的双重管辖，负责堵口抢险、工程修筑、积土办料、治运助漕等工作，实际上是一支专业的水利工程队伍，且由于实行军事化管理，较河夫而言，河兵制度严明，工作效率更高。后来，宿迁一带河兵逐渐取代河夫，河防因之收益良多。在整个南河河防体系中，清初原设6个河兵兵营，至乾隆二年（1737）增至20营，河兵额定12000名，实有河兵9145名。

咸丰六年，黄河在铜瓦厢决堤，黄河再一次改道，回复旧槽，徐淮之间黄河断流，成为故道。朝廷对此段黄河再不设防。咸丰十年，裁撤淮扬道和淮海道，归并徐州道，原先下辖八厅和各大黄河汛全部裁除，原先运河通判被改为徐州府运河同知，驻扎宿迁城，专司邳州到宿迁一带运河堤防。光绪二十八年（1902），漕运总督陈夔龙以防卫河工与漕务无事为由，奏请朝廷裁撤漕运总督。清廷政务处会同吏部会商认为：漕运总督尚有护卫河堤各工之责，应暂缓裁撤。迟至1905年1月27日，清朝政府方才批准裁撤漕运总督，同时宣布成立江淮省，将原江宁布政使辖区的江宁、淮安、扬州、徐州四府和通州、海州两个直隶州从江苏划出，纳入江淮省辖区，以原漕运总督恩寿为江淮巡抚，驻清江浦原漕运总督衙门。由于此举受到来自各方的反对，未几，在同年 4 月 15 日，即宣告分省之举撤销。

清代中期以后，"河工效力"制度盛行，此制不同于罪官"效力赎罪"，而是面向一些长期处于候补状态的准官员，或一些有了秀才、监生、举人等基本功名的读书人，准予其缴纳一些资财，按照相应品秩，委任其在河道体制内任职通判、县丞、主簿等基层官员。天长日久，使得大量无德无能之辈进入河防官员体系中，这些官员大多素质低劣，业务能力低下，责任心极差，贪腐成性，营私舞弊，造成河政体系日趋臃肿，而河事日益糜烂。

嘉道年间，清政府每年国库收入不过 4000 万两，岁支约 3000 万两，而每年用于黄河的修防费用平均在 700 万两左右，占国家收入的六分之一，国家支出的五分之一强。如此巨大的经费支出，使得国家河政体系成为贪官污吏趋之若鹜的利益渊薮。黄河沿岸老百姓的俗语"黄河决口，黄金万斗"，就是形容河道官员们趁着黄河决口大肆捞钱的现象。宿迁民间对于河道治理俗称"水大头"，意即官府的钱粮大都花在了水里，纯粹是"冤大头"。同治间河官王权斋感慨："一切公用，十之三二可以保安澜，十用四三足以书上考矣。"河道拨款的三四成用于河防的话，其主官便可以取得上等的政绩，而其余的款项都被他们挥霍贪墨。

河道官员与宿迁

宿迁境内水文地质状况极为复杂，历来为河道官员所瞩目。康熙年间总河靳辅的《河防一览》记载，当时宿迁段黄河两岸自明代沿袭有朱家庄、骆马湖等旧险工 14 段，新形成的险工有夏家马路、临黄坝等 17 处。因此，明清时期很多河道总督都亲临宿迁指挥治河。明代潘季驯兴建宿迁归仁堤，史可法修建拦马河。清代朱之锡开新河，靳辅开凿中运河，齐苏勒在朱家海堵口一年半并重修皂河龙王庙，田文镜重修新中河，曾国荃疏浚六塘河……他们都在宿迁留下卓著的政绩。

另一方面，也正是因为宿迁河道险工险段太多，由此而造成许多河防工程的责任事故，给河道官员带来祸殃。明崇祯八年，河臣刘荣嗣以骆马湖阻运，自宿迁至徐州开通济河，因黄河泛滥浅淤，新河无法通航，刘荣嗣遂获罪下狱，父子皆死于狱中。清道光年间的河道总督完颜麟庆，因未能事先预防黄河在崔镇决口，被革去职务，发往东河中牟工地效力。即便是开凿中运河的靳辅，也曾因此饱受部分朝臣攻击，被革除职务，其幕僚陈潢下狱丧命。

宿虹同知甘士调与皂河龙王庙　明代治河政绩卓著的潘季驯和宿迁黄河渊源颇深，皂河龙王庙里保存的一块石碑上，记载了有关潘季驯的一个神奇的传说，他有一次乘坐官船从徐州前往宿迁，夜间黄河上骤起风浪，十分危险，岸边皂河的河神庙里出现一位神仙，"仪从甚多，八座鼓吹，如人间贵官"，指引他乘坐的官船平安登岸。根据石碑记载，这个传说在宿迁当地老幼咸知，称述甚祥。因此，在潘季驯去世以后，当地百姓也将潘季驯视为河神，在河神庙里树立牌位供奉。

值得一提的是，此碑碑文的撰写者为康雍时期的宿虹同知甘士调，此人在宿迁留下许多逸闻。按照有关史料和石碑的记载，他在康熙六十年担任宿虹同知，并被河道总督委派到皂河主持河神庙修复工程。他听说了潘季驯这个神奇的故事，于是就奏告朝廷，除了在正殿主祀黄河之神之外，又在河神庙之北构楼3间，上奉玉皇大帝，楼下就祭祀潘季驯的牌位。据说潘季驯在皂河河神庙里见到的是河神和火神，甘士调认为水火不相容，就将火神庙迁出，移到皂河西岸。查考甘士调的生平，其人为汉八旗军籍，还是一位颇有造诣的画家，师承著名指画大师高其佩。但他在宿迁任职期间表现不尽如人意，后在雍正三年七月，因当时的河道总督齐苏勒参奏而罢免官职。颇为吊诡的是，齐苏勒参奏他的罪名，正是以甘士调轻慢河神祭祀之礼，其奏言历数甘士调"演戏奏乐、谩误河工，并不诣庙祭祀。"（《雍正朝起居注册·三年七月初三》）这大概是甘士调撰写河神庙碑文之时无法预料的吧。

宿北同知孙茂承与宿关　嘉庆年间，宿北同知孙茂承也在皂河龙王庙里留下了历史痕迹。现存庙内钟楼的千斤大铁钟上，铭刻有主持铸钟官员的姓名，其中之一就是这位同知孙茂承，《徐州府志·卷六》中记载其为宿北同知首任官员。孙的籍贯是河北宛平，嘉庆六年出任宿虹同知，嘉庆八年改任宿北同知，后于嘉庆十六年再次担任此职，这和铁钟上铭文时间相符。有关这位同知十分著名的事件，记载在《淮关统志·文告》中：淮安税关下辖的宿关，按章对于往来河上的船只收税，而孙茂承手下却押解河防物资的船只屡屡闯关，不理睬关防人员。一次，皂河段黄河堤防岁修，急需大量柴草等物资，两只满载柴草的货船照例闯关。关防人员不忿，乘快船将其追回，让其清缴遗漏关税，并将船夫与河兵送至宿迁县衙关押。孙茂承因此与税关打起了官司，一直闹到当时的两江总督跟前。两江总督无奈，只好各打五十大板："为此示仰各厅营汛弁家人差役船户人等知悉：嗣后，凡装运河工一切料物行抵各关，务须执持河督部堂印照请验。所装料物，如果相符，随令免税过关，以济工需。如有多出，以及夹带应税货物查出，照例究办。其装载民船，该船户务即遵例分别报纳船契、船钞、船单。倘再仍前抗违不遵，定将承办员弁严究参办。关口员役，如敢例外苛求，任意留难，有误工需，亦即指实具禀，以便严提究办，断不稍宽。各宜凛遵，毋得自罗法网。"

蔡集镇的陈老衙门　提到河道官员，陈老衙门不得不说。陈老衙门在蔡集镇牛角村陈圩，因一位名叫陈岱的河官定居于此而得名。相传在清乾隆年间，陈岱本是看管堡子的堡夫，是一位十分豪爽的人，但由于堡夫收入微薄，根本不够养家活口，难免有时候就人穷志短，做出一些不堪之事来。这一年年末，要过年了，陈岱看到河堤上又运来不少防汛器材，夜间就起来想着偷些去卖。不料，刚到堤上，就遇到河营官出来检查巡视，那位官员厉声问道：什么人？干什么的？陈急中生智，答道：我是看堡子的陈岱，来查看有没有人偷这些东西的。那位大人听了，很是满意，夸奖了他几句。陈岱回到家里，不甘心，到三更了，又出门想多少捞一把。谁知，尚未动手，又遇到那位官员，漆黑一片的，大人又喝问：谁？干什么？陈某又答道：大人不认识我了？我是来看管东西的！那位大人又对他表扬一番。陈岱两次偷东西不成，还想再试一次，无巧不成书，又是遇到那位官员，就又一次受到表扬。次日，为了表彰陈岱积极负责，河营官派人送来不少银钱，赏赐陈岱。陈再三推辞，方才收下。河营官好一番感动，又申报给上级，给陈岱记功一次。

真正使陈岱命运发生根本改变的，是一次歪打正着的堵口子事件。某日，陈岱到洪泽湖买了一船秫秸，从黄河往回运，准备贩卖得些利，好维持生活。谁知船刚到蔡集，正遇到大堤决口，决口处流速太快，船儿不受控制，直向决口处淌去，一转眼，船儿已经横在口门中间，陈岱看到河营官正指挥人员堵口，就大声高喊：我这里的秫秸正好堵口子用！说着，就把一船的秫秸拥在口门里。两边的河兵一起上前，抛土填石，把口子堵上，一场灾难化险为夷。河营官好生感动，联想到以前不辞劳苦，几次半夜坚持看管防汛物资，觉得这个人真是赤胆忠心，古风高义，简直是世间少有的正人君子。于是，就逐级上报到朝廷，朝廷派员查实，不久就把陈岱提拔为修防营的南河营官。

当年陈衙门规模宏大，前有威武高大的门楼，门前还有卫兵站岗。门内有穿堂，穿堂两侧有接待室和会客厅。穿堂后面有一道院落，正面是官署大堂，两侧廊房分别设有分管行政、财政、司法、事务和堤防管理指挥部门，再往后便是后楼和内宅。前后有四进院落，东西设有跨院，分别为官邸、厨房、饭厅以及营兵宿舍等用房。

根据《睢宁县志》记载，陈岱原籍睢宁，因为任职河官，入籍宿迁，定居在蔡家楼西侧（今牛角淹西侧陈圩庄，和原属睢宁县王官集镇毗邻）。据陈氏家谱记载，陈岱，字卫东，"授清诰封武翼都尉，淮扬河营游击（游击，品秩从三品）"。他的儿子名叫陈廷彦，字士良，历任嘉庆、道光两朝河营官，

"承诰封昭武都尉，都司卫、桃北河营守备，历署淮扬游击"等职。陈老衙门就是从这位陈廷彦手里建起来的，民间传说，他的衙门比宿迁县衙还大，有门楼、有官署大堂和堤防管理署。不仅有管财政、行政事务的部门，还有司法职能的地方，可以开堂审理案件，干涉地方事务，对属员有任免赏罚的大权。

陈家的最后一代河营官员名叫陈震，字雨辰，从年轻时就跟随其父陈廷彦学习河防要务，道光一朝委任其为"武德骑尉，昭武都尉，赏蓝顶花翎"。可惜其寿命不长，只活了25岁，后由其弟陈佩任职洋河汛千总。

淮徐道衙署逸闻　有关淮徐道驻扎宿迁的历史记载并不多，县志中的零星记载可反映出该道衙署在宿迁几兴几废。其职守范围也几经变化，在康熙年间被称为"淮徐道"，如县志中记载的《广宁侯墓碑》即为淮徐道蒋陈锡所立。在乾隆年间后又称"淮徐海道"，《宿迁县志·官署》中记载："淮徐海道，在城东北，雍正十一年建，乾隆五十四年，知县孙凤鸣毁，地基变价，今废。"

有关这个衙署，还有一些流传很广的故事，在清代有关文人笔记和《宿迁县志》中都有记录。说是在康熙年间，淮徐道道台升任为浙江臬司，临走时，留下一个姓朱的幕僚在署内等待下一任的道台接任。在这天夜里，这位朱先生看到几位峨冠博袖的古人在慨叹将要曝尸于人间，希望前世相识的朱先生能够施以援手。果然，后来继任的道台需要整修衙署，就扒出了很多尸骸，还有一块北魏时期的墓碑。朱先生上前和新任道台讲述夜间发生的怪事，新任道台立即停止了工程，并将出土的尸骨重新埋入地下。这个故事原为证实宿迁境内有汉唐时期的古迹，如故事中的北魏《散骑侍郎张公墓碑》。后来不仅载入清代以后各个版本的县志，清代很多文人笔记都有记录。乾隆后期，淮徐道署就迁移到别处了。乾隆五十四年，原道署建筑被当时宿迁知县孙凤鸣拆除，宅基作价卖给宿迁城里居民。

　　河道官员由于长期在同一个地方任职，很多人都携家带口，并利用自己在河政体系内的人脉关系，使自己的后代也从事这一职业。乾隆初年，有一位浙江钱塘人氏王林，通过捐资效力的方式，在乾隆元年出任第一任宿迁运河通判，乾隆八年卸任后，又于乾隆十年再任此职。王林的儿子王铮，在乾隆二十年任归仁堤巡检。王林致仕以后，并未回籍，而是定居于宿迁城北淮徐海道署附近的新盛街，这个家族从此便定居宿迁。王铮有子名王治，终生未曾出仕。乾隆五十四年，王治始得子，名王相，此子即是清代中期名动海内的大藏书家，宿迁历史上著名的学者惜庵老人。

　　和王相家族一样，清代河道衙署的文武官员中，有很多人都选择在宿迁落户定居。如皂河清末举人卢瀚荫，其祖上为邳宿河道直河口千总，其在皂河西八井村的祖居地卢营便因此而得名。皂河的刘马庄巡检司衙门，其中一位徐姓官员也定居在皂河，因此，当地人称巡检司为"徐衙门"。

第三节
历史文献和诗文中的宿迁古黄河

　　从上古时期的《尚书·禹贡》到《汉书·地理志》《水经》《水经注》《元和郡县图志》以及历代通史的《河渠志》，古代及近代与宿迁境内黄河、运河以及沂沭泗水系相关的文献很多。至明清时期，随着朝廷和国家对于漕运及河防的重视，越来越多地涌现出大量有关治河、漕运等方面的专著，在这些专著中，都对当时的宿迁境内的黄河治理情况予以重点记载。

　　自古以来，文学就与水有着密切的关系。南朝文学理论家刘勰在《文心雕龙》中写道："登山则情满于山，观海则意溢于海。"水不但是文学作品中经常描写的自然景物，更常常是作家、诗人抒情的寄托。水的流动、灵活的特性，激发作家和诗人的灵感和激情。人类治水、用水的社会实践中涌现的许许多多人物和事迹，也都成为文学作品的重要内容。在古黄河流经的宿迁，曾有无数历史人物经过，无数文人墨客流连忘返，更有封建帝王驻跸，他们歌吟宿迁的风物秀美，感慨历史的沧桑兴衰，颇多题咏。这些，都为宿迁增添了几分厚重和文采，和薪火相传的本土特色文化交汇融合，为宿迁城谱写了一篇源远流长的历史华章。

涉及宿迁的河工专著

《河防通议》　宋·沈立著，元代色目人瞻思整理删节改编成书。本书记载宋、金、元三朝治理黄河的规章制度。

《治水筌蹄》　明·万恭著。万恭论治黄，主张以堤束水冲淤。"欲深北，则坚筑南堤而北自深。欲深南，则筑北堤而南自深。如欲深中，则南北两堤束之而中自深。欲浅河生洲，则反用之。筑坚堤，使水涨得逾，涨不能中。涨落，则堤可障急流别出，堤外水皆缓，悉落淤为涨。曾试之有效。"此为潘季驯束水攻沙，放淤固堤的先河。

《河防一览》《两河经略》　明·潘季驯著。二书皆以护堤、守坝、挑河、浚泉、济运为治河要义，在济运和治黄两者发生矛盾之时，力主以治黄为主，称治黄就是治运，修高堰蓄淮亦用淮治黄。潘季驯以黄淮运为一局，而以黄为主，极力反对分黄导淮、开洳避黄。

《漕运通志》　明·杨宏、谢纯著。本书是一部记述明代漕运诸事的专业志书，是一部明代的"漕运大全"。书中记载，宿迁境内漕运河道有白洋河、小河（睢水）、皂河、直河等，同时记载了境内武家沟等21处浅铺以及境内的水次仓、驿站、闸坝等水利交通设施，以及负责宿迁河防、漕运的文武官员和官员名录。此外，《开会通河功成之碑记》《吕梁洪修造记》等多篇文献涉及宿迁河防。

《漕河图志》　明·王琼著。本书是现存最早的一部有关京杭运河的专志，涉及范围自扬州至北京，包括运河图、运河水源、运河管理、工程设施、漕运管理以及历代有关运河诗文文献等。书中对于徐州、邳州、宿迁、桃源等境

《漕河图志》书影

内的黄河河道记载尤为详尽。"以黄代运"时期宿迁黄河、漕运两方面内容，均有记录。

《河防疏略》　清·朱之锡著。书中对于顺治十五年黄河运口董口淤塞后，朱之锡在石碑口以南另开新河 250 丈，以及 16 年河决归仁堤、巡察朱家海等事记载颇详。

《治河奏绩书》　清·靳辅著。本书对于宿迁境内的河流、山川、湖泊、河道险工、河道决堤事故、河道工程设施，尤其是中运河、六塘河的开凿历史，以及黄河诸河口堵疏治理等方面，都记载得十分详细，是研究宿迁河防、漕运历史必备的文献资料。

《河防述言》　清·陈潢著。陈潢为靳辅的幕僚，靳辅治河多由其谋划。全书借靳辅与其治河的实践，反驳当时朝中大臣对其治河策略的攻讦，因而偏重于说理。书中对于宿迁境内的黄河堤防、北运口迁徙等方面多有论述。

《治河全书》　清·张鹏翮著。本书记录了张鹏翮任江南河道总督时，康熙皇帝阅示河工的谕旨、对于河道事宜的决策，以及历代河道总督治河奏章等，并载有各个时期及河段的彩色河图，内容翔实，史料价值极高。书中对于宿迁境内的河道工程、河道险工、河政机构、河道官员等方面记载亦十分详尽，尤其是河图绘制精美，宿迁境内河道变化及堤坝、水闸、桥梁，如皂河口、支河口、骆马湖、新旧中河、五花桥、马陵山、宿迁城等都清晰可见，对研究宿迁运河、黄河的人文历史颇有借鉴和参考价值。

《河渠纪闻》　清·康基田著。该书是一部按照时间顺序编次的水利资料专著，上起禹贡时代，下至嘉庆十五年。由于作者长期在宿迁、清河一带河工衙署任职，故对于宿迁河道工程记载颇详，

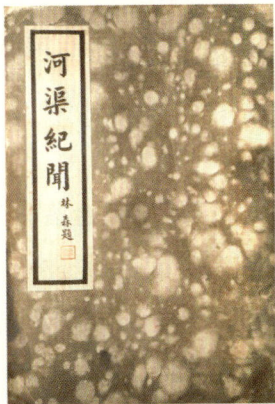

《河渠纪闻》书影

对研究境内河道变迁历史具有重要的文献价值。

《行水金鉴》 清·傅泽洪编。本书是中国水利史资料书籍，成书于雍正三年，全书约 120 万字，所收资料上起《禹贡》，下至《康熙末年》，包括黄河、运河、长江、淮河、永定河等水系的源流、变迁历史、水利工程施工经过等，按照河流分类，按照朝代年份编排。该书偏重于河道兴废及河堤闸坝兴筑塞防的经验教训，兼论官制、夫役、河道钱粮、漕规漕运等事。编著此书目的是供后世治水者以资借鉴，故名《行水金鉴》。

《续行水金鉴》 清·黎世序、张井、潘锡恩编。体例参照《行水金鉴》，所收资料自雍正初年到嘉庆末年，共 156 卷，附卷首 1 卷。

《南河成案》《续南河成案》《再续南河成案》 清·江南河道总督衙门编。和《行水金鉴》系列不同的是，该系列书籍主要记录江苏省境内的黄河、运河、淮河的水利档案。《南河成案》共 58 卷，起自雍正四年，到乾隆五十六年为止，收入奏疏、上谕等文件 954 件。《续南河成案》共 106 卷，收入文件 1491 件，上接乾隆五十七年，下至嘉庆二十四年。《再续南河成案》共 38 卷，收入文件 981 件，上接嘉庆二十五年，下至道光十三年。该书由于专门记录江南河道成案，故而涉及宿迁内容较多，境内发生的决堤、漫溢、堵口合龙如朱家海之役、蔡家楼之役等，以及河道工程如皂河拦黄坝、夏家马路放淤、朱家闸修建、利运闸修建、骆马湖尾闾工程、五坝与新中河开凿等，包括这些工程的时间、规模、花费钱粮、人工等诸多方面都照实记录，资料内容翔实可靠。

《再续行水金鉴》 民国·武同举等编。1936 年，江苏水利学家武同举等人，应国民政府经济委员会水利处邀请编纂。所收资料自道光初年至宣统末年，共 200 卷，其体例、范围与《行水金鉴》类同。

诗词歌咏中的宿迁黄河

自古以来，有无数历史人物在宿迁留下足迹，有无数文人墨客在这里流连忘返，抒情感怀，歌吟宿迁的山川秀丽，咏叹历史的沧桑兴衰。元明以降，宿迁境内的黄河逐渐形成了漕粮运道及河工水利枢纽，国家漕运、民间贸易，士子宦游，书生科举，无不从宿迁境内穿境而过。清朝皇室十二次南巡，康熙皇帝和乾隆皇帝也在这里多次驻跸，并留下了行宫、大营、皇亭、龙亭、纪恩亭、永济桥等许多处皇家建筑。康乾盛世的两位皇帝歌咏宿迁山水风物的大量诗词，为境内文化历史增添了几分厚重和文采，也给后世留下大量的传说轶闻，和境内那些薪火相传的本土特色文化交汇融合，为宿迁城谱写了一篇源远流长的历史华彩乐章。

有关宿迁境内泗水、黄河、运河诗歌的出现可追溯到唐代。《宿迁县志》载："（宿迁）戏马台在泗水西三里，世传项王戏马台，历代有诗。"盛唐时期左丞相张说有诗曰："西楚茱萸节，淮南戏马台。宁知相水上，复有菊花杯。亭帐凭高出，亲朋自远来。短歌将即景，同使性情催。"

晚唐诗人杜荀鹤舟行泗水，有《泗上客思》一首："痛饮复高歌，愁终不奈何。家山随日远，身世逐年多。没雁云横楚，兼琴柳夹河。此身闲未得，到处被诗磨。"

至宋代，著名的大文人苏轼因曾任徐州太守，经常往来于徐州至宿迁之间的泗水河道，创作了许多涉及泗水的诗词，如《行宿、泗间见徐州张天骥》："二年三摄过淮舟，款段还逢马少游。无事不妨长好饮，著书自要见穷愁。孤松早偃原非病，倦鸟虽还岂是休。更欲河边几来往，只今霜雪已蒙头。"他的弟弟苏辙有诗《同子瞻泛汴泗》："江湖性终在，平地难久居。绿水雨新张，扁舟意自如。河身萦匹素，洪口转千车。愿言弃城市，长竿夜独渔。"

从唐宋时期的诗歌来看，这时期的泗水虽然是一条自然河流，却有来自全国各地的行旅之人从此经过。他们或在泗水岸边戏马台亭子里欢聚歌唱，或举起菊花杯，怀念千古英雄项羽。而泗水河畔也是岸柳成行，楚云秋雁，引发诗人无限诗思。雨后的泗水河边空气清新，河水新涨，苏家兄弟二人泛舟泗水，谈古论今，使得苏辙沉醉于泗水美景，甘愿放弃城市生活，做一个泗水河边的垂钓渔夫。在苏辙的《泗水泛舟》一诗中，他描写泗水"城东泗水平如席，城头远山含落日。轻舟鸣桡自生风，渺渺江湖动颜色"，可见泗水是一条流速迟缓安静的河流，对比起后世诗人吟咏境内黄河的奔腾咆哮，不禁令人惊诧于这条河流在不同时代的巨大变化。同样迥然不同的还有泗水两岸的风物，苏轼在《再过泗上二首》中，记述自己在泗水河上的船内饮酒畅谈，泗水流域是"黄柑紫蟹见江海，红稻白鱼饱儿女"，诗里描写的柑橘、螃蟹、白鱼和红稻，都是对"黄河夺泗"之前的宿迁的真实描写。

时至宋末，著名的民族英雄文天祥被元军俘虏，沿泗水北上途中，在刚刚被黄河侵占的泗水故道里途经宿迁。他的笔下，泗水或曰黄河则是另一番景象。他在当时隶属宿迁的崔镇驿站里，写下了《崔镇驿》一诗："万里中原役，北风天正凉。黄沙漫道路，苍耳满衣裳。野阔人声小，日斜驹影长。解鞍身似梦，游子意茫茫。"黄河带来的风沙在道路上弥漫，野生苍耳子钩挂行人的衣裳，因为战乱，人烟稀少，故而显得荒野空阔，人声罕闻。在他途经宿迁戏马台的时候，也写下了《九月九日晨游戏马台》《发宿迁》等诗。尤其是他的《道经宿望邳州》一诗更是将自己满腔报国热血而壮志未酬的愤懑心情付诸笔端，"中原行几日，今日才见山。问山在何处？云在徐邳间"。在这举世公认的楚汉两大英雄故里，很难不让文天祥大发感慨："邳州山，徐州水，项籍不还韩信死。龙争虎斗不肯止，烟草漫漫青万里。"

到了元代初年，学者、诗人王恽（王秋涧）从南方回大都，在清口到宿迁黄河航道上，恰遇风雨大作，逆流逆风，舟行步履维艰，遂有五言古诗《自淮口抵宿迁，值风雨大作》：

拖舟入清口，适喜乱淮碧。

崔镇抵宿迁，徐行才半日。

朔风殆惊余，不尔何凛栗。

江云作阵来，冻雨矢四集。

行牵人力微，泥烂漕岸侧。

打头为旅拒，遇浅殆鲸吸。

波神鼓余涌，汹汹波浪黑。

势张互相薄，力进硬与敌。

欹倾乃寻常，簸荡不可息。

秋江渺无涯，终日困蹢躅。

夜眠任倒悬，昼坐自撞击。

试身一叶舟，凌轹蛟蜃窟。

远道胡为来，行止吾岂必。

相值当奈何，安顺险能出。

有涂莫舟行，此语闻自昔。

君看坦涂间，风波犹莫测。

持身苟无方，往往半干役。

居安贵不防，遇险戒无佚。

所以长乐老，进谏及御失。

行行入吕梁，持守要愈惕。

王秋涧此行可谓心惊肉跳，波涛汹涌，朔风逆流，不禁使他感叹：在黄河里行舟，船翻人亡乃是寻常之事，难怪古人常说，如果有顺畅的大路，就不要乘船而行。

到了宿迁以后，王秋涧将船停在宿迁城外，等待好友胡紫山，乃作诗

《次宿迁望紫山不至》：

> 河广舟航小，堤长市屋卑。
> 宿迁元隔楚，淮甸旧连郓。
> 浊浪随清变，香粳为客炊。
> 紫山前有约，底事此来迟。

他当时所见的宿迁黄河河面宽阔，浊浪翻腾，而宿迁城则显得城小屋矮。

和王秋涧同时代的大文人、翰林院编修陈孚，在经过宿迁的时候有《古宿迁二绝》诗，其一曰：

> 淮水东流古宿迁，荒郊千里绝人烟。
> 征衫不脱夜无寐，舟在西风乱荻边。

其二曰：

> 月落孤鸣野草黄，雁飞无数水茫茫。
> 数星鬼火寒沙上，知是何年旧战场？

这两首七绝大约写于元代初年，饱经宋金战争、宋元战争蹂躏的宿迁城，呈献给诗人的是一幅满目荒凉的凄清惨景，千里荒郊，潦无人烟，孤雁哀鸣，鬼火明灭，由于泗水古道长期被黄水占据，河道工程失修，以致洪水四溢，到处烟水茫茫，漫无涯际，来往行船无法停泊，只有勉强泊在芦荻丛边。

陈孚在宿迁逗留期间，还写了一篇五言古诗《黄河谣》，这是元代可考仅见的一篇正面描写宿迁古黄河面貌的诗歌：

长淮绿如苔，飞下桐柏山。

黄河忽西来，乱泻长淮间。

冯夷鼓狂浪，峥嵘雪崖堕。

惊起无支祈，腥涎沃铁锁。

两雄斗不死，大声吼乾坤。

震撼山岳骨，摩荡日月魂。

黄河无停时，淮流亦不息。

东风吹海波，万里涌秋色。

秋色不可扫，青烟映芦花。

白鸟亦四五，长鸣下汀沙。

黄灵奠四渎，各剖盘古髓。

千载今合流，神理胡乃尔。

渔翁一蓑霜，扁舟依古树。

隔浦欲叩之，翩然凌波去。

元代著名诗人萨天锡在北归途中，经过宿迁崔镇，忽遇大风，船舶无法行进，遂有诗《阻风崔镇有感》：

逆风吹河河倒行，阻风时节近清明。

南人北人俱上冢，桃花杏花开满城。

虽云年少惯作客，便觉此日难为情。

河鱼村酒亦足醉，赖有同船好弟兄。

明代初年的内阁首辅大学士杨士奇在路过宿迁的时候，正值重阳佳节，因作七律《九日过宿迁县》："挂席迢遥晚未休，行程逦迤望邳州。数家农舍通篱落，几处渔舟聚洑流。回首乡园天渺渺，惊心时序水悠悠。紫萸黄菊非无意，沙鸟汀云谩自愁。"成化年间的礼部尚书，文渊阁大学士李东阳亦在宿迁留有《宿迁道中》一诗："此地仍多水，居人说旧年。平田翻白浪，破屋带荒烟。黍谷无余种，鱼虾不问钱。昨闻部使者，又下九重天。"这两首诗中谈到的宿迁风物，已经不是苏东坡笔下的"红稻白鱼饱儿女"，而是高粱、谷子等旱作物。由于黄河洪灾频仍，庄田房屋经常被洪水冲垮，即使是这样的粗粮，也被饥民们吃得连种子都没有剩下，只有等待朝廷钦派的赈灾使者前来放赈。

明代中期，宿迁境内的漕粮运道仍旧沿黄河而行。由于此时边关不靖，朝廷疲于应付，逐渐对河工松怠，致使黄河时常决溢，老百姓苦于水患至极。嘉靖年间的户部主事王问，因故被朝廷贬斥到徐州任漕粮仓储监仓一职，长期来往于徐州、宿迁之间，对于宿迁人民所遭受的河患之苦感同身受。作为一个诗人和书画家，他所写的《古宿迁》七古长诗，真实描述了宿迁当地百姓在黄河洪水中艰难求生的悲惨境遇：

马陵山头落日黄，白沙浩浩云茫茫。

丘湖东西少畴陇，黄河北来走大荒。

去年霪雨沂山道，此地水深百尺强。

市门风翻波浪阔，屋角人立鲸鲵长。

壮男仓皇夺舟去，老羸飘弃死且僵。

涝清归来问家舍，折翁不辨室与堂。

高处犹存数十家，泥沙在户蚘在梁。

稍炊釜爨事苟活，邻里相对各感伤。

新烟入云意苍惨，县官唤尔修堤防。

河干饷来期限急，驱逐尔辈同驱羊。

形寒腹饥荷畚插，北风吹人如剑芒。

里门喧喧县符至，公家索租忧事始。

苗根伤尽不书灾，无计输偿怨咨起。

逢人但乞宽假恩，闻者空含凄恻啼。

人言卖田作粥糜，今日翻令鬻妻子。

楼船贵人日相续，朝役城南暮城北。

藿青浆浊饥时餐，风紧沙寒露中宿。

冈头咄咄布谷鸣，春田油油草犹绿。

极望萧条无一民，苦心那得牵黄犊。

君不见，万斛之舟行江河，中流莫遣饶风波。

又不见，忧来病形谁最深，不在肌肤在腹心。

于今瀚海多胡骑，政事中书重边鄙。

须遣阳春沃枯根，江浙徐淮供奉驰。

　　明代著名书画家，吴中四学士之一文徵明在途经宿迁的时候，正是春寒料峭，河上北风吹透游子征衣，心中顿起去国怀乡之思，遂有题为《宿迁》的七言律诗："落落烟生古渡头，春寒犹恋木棉裘。风吹野戍更初动，月映清淮夜自流。总为旅情消壮志，忽闻渔唱动乡愁。封题欲寄家人信，何处南帆有便舟。"

　　明末清初的历史学家谈迁的《北游录》，详细记载了他从老家浙江绍兴沿京杭大运河去往京城的所见所闻，其中对于宿迁境内种种有十分生动的记叙。他不仅记述了宿迁境内的名胜古迹、河道情形和传说轶闻，还大量记载了宿迁的风物特产，如运河与骆马湖相交处出产的刀鱼，他以一个南方人的眼光看来，觉得此地刀鱼价格实在太低，"右有支河。产鲎鱼，俗名刀鱼，价贱"。而对于这里鸡的价格，他又觉得很贵，"宿迁于淮北为沃，只鸡值银三分，余不能枚数"。在洋河镇的集市上，他还看到当地猎人背着两只小鹿在叫卖。在

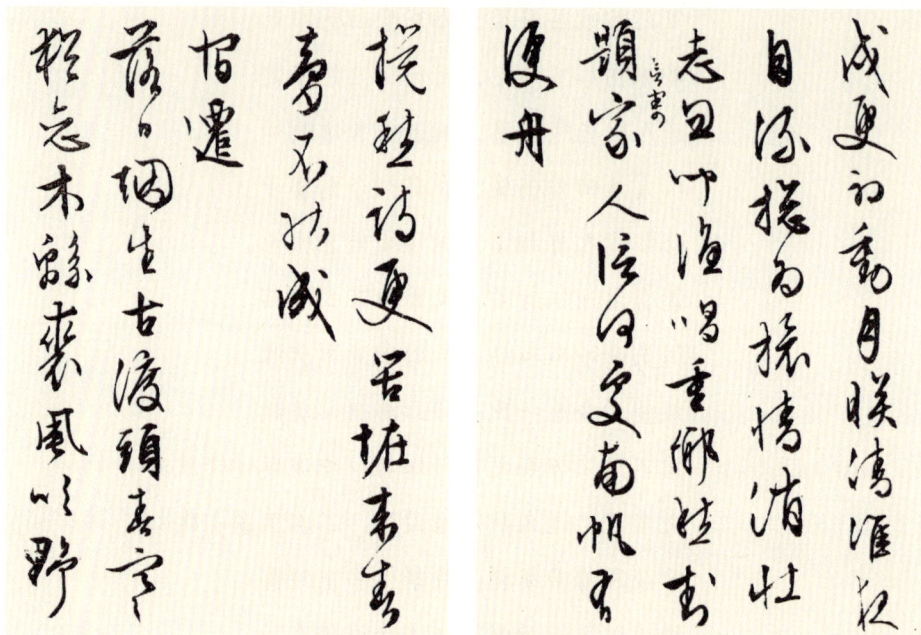

文徵明《自书记游诗卷》

董口到皂河的途中，他看到河道两岸的大地上长满了芦荻，即用优美的文字记录道："荻花夹岸，绵绵数十里。从风猗靡，挽不露面，骑不露辔，非所谓秋水兼葭耶？"并以此作诗数首：

董家沟以上荻花数十里猗蘼可爱

步障王家尽紫丝，何如秋水自多姿。

轻绵袅袅乘风舞，积素离离带月移。

弄影客中工作态，含情路侧解相思。

非烟非雾谁能尽，漫想黄筌下笔时。

董家沟阻风雨

于役资游览，羁迟不自由。

蒹葭沿岸泊，风雨逐程留。

尺寸希前进，萑蒲烦近忧。

眠鸥最相狎，让尔得安流。

宿迁县

谯楼舟上望，迢递抱黄河。

驿舫时闻鼓，蔀簷各覆罗。

鸡鱼欣市溢，菽麦幸田多。

淮北称饶沃，将来寄钓蓑。

路马湖

平乘尝四望，萑苇占湖光。

避险渠新改，通漕利未忘。

鸿陂销众怨，龙首树坚防。

堪叹朱工部，游魂尚渺茫。

（作者原注：骆马湖又名路马湖）

　　清初著名诗人朱彝尊所作《渡骆马湖》，记叙了当时骆马湖在治理黄河、漕粮运输上的重要地位："自从前渡黄河决，董口填淤骆马过。夫柳至今暄里巷，客帆终觉厌风波。东南民力愁先竭，西北源泉弃尚多。安得岁星常守越，年年挽粟上盘涡。"

如果说谈迁和朱彝尊的诗歌只是在有意无意之间涉及宿迁的黄河、运河，那么，明清时期许多河道官员所写的诗歌，就应该是极其专业地论述河防与漕运了。康熙后期的河道总督张鹏翮，作为进士出身的大学士，一生中写过很多诗歌，并有诗集《冰雪堂稿》《如意堂稿》等存世，民国总统徐世昌辑《晚晴簃诗汇·诗话》云："文端（张鹏翮谥号）为治河名臣，行役之作，意境独超。"其七律《骆马湖》一诗，可谓是有清一代歌咏骆马湖诗歌中相当杰出的作品："环天浪势拍天浮，烟锁长堤万象收。淮水北吞黄水入，汶河西带泇河流。归风引棹千家月，落日低帆两岸秋。寂寞楚歌人不见，嗷嗷鸿雁渡沙洲。"这首诗将骆马湖写的气派宏大，气象万千，但三句话离不了本行，他把骆马湖涉及的河流淮水、黄河、汶河、泇河与此湖的关系全部交代的十分明白。而他的另一首七律《皂河化险为平》则记叙了黄河险工皂河在他的治理下，成为符合堤防要求的安全堤工："高挂蒲帆巨浪中，青山如画水溶溶。势翻云汉飞霖雨，影息蛟龙靖北风。两岸桑麻随棹碧，一天皓月印潭空。欲寻当日封堆处，极目田禾翠色浓。"

康熙四十二年，在皇上及群臣共同努力的治理下，黄淮河工终于有了显著的成效。康熙帝开始第四次南巡，见河工初步告成，欣然命笔作《览淮黄成》：

殷勤久矣理淮黄，几度风尘授治方。

九曲素称天下险，四来实为兆民伤。

使清引浊须勤慎，分势开流在不荒。

虽奏安澜宽旰食，诚前善后奠金汤。

并御笔题写"澹泊宁静"匾额赐张鹏翮。张鹏翮叩谢天恩之余，恭和皇上诗韵，献《恭和圣制淮黄告成韵》："东南大势在淮黄，绩奏平成出尚方。河定不烦劳再计，民安犹自视如伤。舳舻衔尾连千里，江汉朝宗尽八荒。国计苍生均永赖，乾坤万古壮金汤。"

雍、乾时期的南河总督高斌亦有多首诗歌涉及宿迁的黄河，如《春日黄河阅工书所见》：

> 河干缓辔踏平沙，雨润轻尘风物嘉。
> 清磬数声闻野寺，炊烟几缕望田家。
> 淡黄嫩绿三眠柳，姹紫嫣红四照花。
> 到眼春光行处好，却令使客惜年华。

乾隆皇帝六下江南，在宿迁留诗最多，同治《徐州府志》载："宿迁控据冲衢，翠华所驻，纪以宸藻，万禩蒙庥其最著者。"据《钦定南巡盛典·天章》中记录，乾隆帝在南巡过程中，在宿迁县境内先后创作过《恭依皇祖示江南大小诸吏诗韵》系列 6 首、《渡永济桥》系列 6 首、《六塘河》系列 4 首、《顺河集行馆》系列 5 首、《依皇祖阅河堤诗韵》系列 6 首、《皂河龙王庙六韵》系列 5 首，以及《入江南境》系列、《过司吾山》系列、《过宿迁县》系列、《骆马湖》系列等。此外，还有很多赐给河道总督高斌、两江总督尹继善等官员的诗歌，总数达一百余首。乾隆帝的诗歌大多数写得平白如话，特别是以事入诗这一点，使他的诗歌韵味不足，颇为后人所诟病。例如，他在第二次经过六塘河所作《六塘河叠旧作韵》：

> 治水无奇术，要当使归海。
> 骆马之下游，厥有六塘在。
> 疏斯受利益，淤斯受危殆。
> 而何久因循？弗谋更张改。

往勘名诸臣，事在壬午载。

地利相机宜，民谟救客悔。

敛同即举役，肯作道谋待。

映咽与浚通，卑薄与培倍。

盐河置闸坝，节宣有定阶。

自兹潦归壑，耕犁得兴乃。

力田免水患，民自以不殆。

近岁颇获收，闾阎象熙恺。

讵予独断臧，实藉群言采。

从头到尾都是在训示手下大臣如何疏浚六塘河，炫耀自己的功绩，在诗歌结尾还不忘告诫大臣：你们不要说我独断专行，其实我是博采众长，采纳大家意见而已。他在第五次为皂河龙王庙题的诗，更是通篇记叙前三年河道决堤的历史事件，差不多可算是一篇押韵的记叙文："子丑寅之岁，连年三决河。溃南轻下堑，夺北重停涡。幸得兰阳引，稍舒瓠子歌。总缘叨惠贶，谨以谢经过。"

当然，如果避开文学上的缺陷，从历史研究的角度来看，乾隆的诗还是有一定价值的。他在第三次南巡时候写了《过宿迁县命借给民种籽》，命令两江总督要关切宿迁民生，当此春耕时期要无偿借给宿迁贫困农户种籽，以保证春耕不误农时。住进顺河集行宫，他立即写了《顺河集行馆作》。在行宫里看到几盆梅花，就写《放笔写梅花并为是歌》。在顺河集行宫命令河臣疏浚六塘河，就写《命疏浚六塘河诗以记事》。离开行宫，登上码头停靠的安福舻御船，又写了《登安福舻作》。乾隆的御诗本来就写得很直白，但他似乎还认为读者不明白他的意思，往往又会在诗里添加很多注释。如他在《渡永济桥再叠旧韵作歌》中，就有两处自注，其一是在第六句"其如六塘填淤多，重臣命往悉心视"句后自注："湖水由桥下注为六塘河，河中向多淤梗，夏秋涨水，宣泄不畅，陬漫及田庐。前巡经临筹度，命大学士刘统勋等上下履勘定议，浚壅培堤，俾兹利导。"第二个注释在第九句"责成则各有司存"后，自注道："六塘旧无专驻之员，土人侵占河淤，莫知节制。又尾闾横经盐河，商利蓄而民利消，启闭所关綮钜。自前巡增设闸坝，且简厅员移驻，董事章程，始为可守。"这样的诗实际上就是一种诗歌体的理政日记。

清代以后，仍然有很多诗人将宿迁段黄河称为泗水，清代诗人许凌云有《泗水患》云：

> 多半支祁锁未坚，茫茫浩浩又滔天。
> 大风陡起三篙浪，小屋如浮一叶船。
> 夹岸芦丁花是壁，依沙舫子水为田。
> 劝君莫把清贫贱，菱角鸡首也度年。

诗人杨策乘船路过宿迁城外的黄河，由于黄河逐年淤积，河床抬高，两岸大堤也随之增高，而船在河上行驶，看上去比宿迁城北的马陵山还高：

> 斜阳明灭有无间，一线长堤曲似环。
> 笑听行人齐指点，片帆高过马陵山。

清代嘉定诗人，著名学者钱大昕《过宿迁》诗云：

> 左挟中河右大河，弹丸小邑地无多。
> 长风送客过淮浦，轻舫沿流学楚歌。
> 畚土丁夫勤版筑，算缗关吏恣喧诃。
> 拊循雕敝良非易，传语当官政莫苛。

绘制于清代康熙时期的《黄河万里图卷》(局部)，生动地说明了控制黄河河道的复杂性及黄河对其流域众多城镇的影响

其七绝《雨中过永济桥》写得更是清丽隽永：

> 垂虹一道枕清波，渔户拿篙挂绿蓑。
> 载得满船鱼虎子，秋风细雨六塘河。

康熙年间以后，宿迁皂河、中运河相继开凿成功，人们乘船经过徐淮之间，无需行驶在令人心惊肉跳的黄河上，因此，很多诗人学者都在诗歌中对这一史实有所反映。皂河河道开通之际，漕运粮仓副使梅读扬自宿迁至邳州，即行皂河河道，因赋诗《皂河至邳州》：

> 河中新水足，空外片帆飞。
> 沙鸟声何碎，江蓠绿正肥。

行舟随处泊，游子几时归。

呼取兰陵酒，微吟对夕晖。

晚清山阳县进士，翰林院编修徐钟恂从淮安回京，途经宿迁，有《顺河集晚泊》诗云：

蒲帆十幅御风轻，一日能兼两日程。

诗草重删求入古，岸花倒放总多情。

窗延新月分灯影，舟拥春潮误雨声。

树里人家富鸡犬，几回梦熟几回惊。

至清朝中晚期，宿迁涌现出一大批本土文人，在以宿城世家王相家族为

代表的诗人群落中，有很多人诗歌创作的笔触涉及家乡的山水风物，谈及境
内黄运两河的诗章尤为多见。如詹士衡的《秋日赴堰头舟过窑湾》：

> 条条疏柳覆离亭，一叶孤帆去不停。
> 野水几家渔子舍，花山半壁写生屏。
> 波平雨亦跳珠白，秋老天都压地青。
> 唯有马陵情甚重，碧云相送过严扃。

程式惠的《秋日游湖》：

> 秋水连天碧，夕阳著地红。
> 鸟啼深树里，人在画船中。

张伟庚的《漕河泛舟》：

> 绕郭河流漫，清风十里程。
> 归鸦翻落日，新月带孤城。
> 帆影漕艘集，炊烟钓艇横。
> 津关通百货，估客晚鸣钲。

张六吉的《过宿关》：

> 天风荡荡水茫茫，初日扬帆客路长。
> 百二关河称险固，可能防寇不防商。

第四章

千艘乘风

宿城古黄河的文化再融

　　从泗水到黄河，是成就京杭大运河中运河段的历史关键。说起京杭大运河，可以说她和长城、秦直道一样，同属我国古代最大的人力工程。她同样凝结着劳动人民的智慧和力量，也同样是用精神和生命一起完成的一项人类文明。

　　早在唐代，借以行运的淮水和汴水就已临近宿迁境内。至宋代，运河工程设施科技水平也渐臻完善，作为黄河正流的泗水旧槽具备了成为漕运通道的成熟条件。宋元时期的运河航线开始利用宿迁段古黄河，其航道大多从浙江杭州出发，北上入泗水旧槽（黄河），西去开封，转道东北，通往北京。

　　宿迁境内的黄河成为运河航道后，受到封建王朝的高度重视，自元初以降，围绕着"保运治河"这个中心目标，历代统治者都投入了大量的人力物力，殚精竭虑，大力整修水利工程，从而使得沿河的城市和乡村都不同程度地增强了抗灾御灾能力。更为重要的是，随着国家治理黄河的重心从"以黄代运"转移到"避黄行运"，直接催生了贯穿徐淮的宿迁中运河，使得宿迁成为京杭大运河沿岸城市之一，大大提高了宿迁的政治、经济和文化的城市地位。

第一节

"以黄代运"时期的宿迁黄河

在现当代，许多人会把隋炀帝开凿的大运河与流经徐、宿、淮之间的中运河混同起来。其实，隋代运河通济渠从洛阳到邗沟（扬州附近）只是经过泗洪境内的老汴河，和现代宿迁境内的中运河并非同一条运河。《宿迁县志·河渠志》载："隋唐通漕汴渠，乃由泗、虹以达宋汴，亦于宿迁无涉。"南宋黄河夺泗入淮以后，黄河河道长期稳定在由泗入淮的故道里。自宋代末期到清康熙年间，从徐州、宿迁到淮阴的这段黄河逐渐成为国家漕运的主航道，这一时期被称为运河发展史上的"以黄代运"。

黄运一体

南宋建炎二年（1128），东京留守杜充为阻止金兵南下，在滑县以西决开黄河大堤，黄水东流，沿泗水侵占淮河。乾道四年（1168），黄河又在李固渡决口，河水南流入泗水十分之六。淳熙七年（1180），河分三支入泗，由泗入淮。绍熙五年，"河决阳武故堤，灌封丘而东"，在徐州会泗水入淮，黄河由南道夺淮遂成定局。

端平元年（1234），蒙古军又决黄河寸金淀，以灌宋军。元至正四年（1344），黄河又一次北徙，在今山东省东阿沿会通河、清济河故道，分北、东二股，流向河间及济南一带，分别注入渤海。徐州以南河道仍以清水为源。至正十一年，贾鲁主持治河，黄河仍南流入淮，但北流并未断绝。元至正二十三年（1286），河决河南原武，分两路流向东南，元朝统治者认为黄河南行对自己有利，在黄河沿岸筑堤，使黄水不能返回故道，徐州至宿迁、淮阴之间遂成为黄河主道。至明景泰年间，徐州以南的河水中，清水仍占七分，黄水占三分，在今淮阴与淮水汇合东流入海。

我国古代河流一般流向都是从西向东，而泗水中下游却是从北向南流，因此成为这一区域极为难得的航运通道。黄河夺泗入淮以后，由于河道水量充沛，作为水运航道更加有利，但由于黄河改道初期，河道极不稳定，呈伞形在淮北大地摆动，淮北地区的隋唐运河也多被黄河堵塞，使得元代统治者必须重新选择运道。因而，元朝廷决定利用徐、宿、淮之间的黄河河段，兴修元代运河的通惠河、北运河、南运河、会通河、淮扬运河与江南运河六大部分。会通河由两段组成：其一以济宁市任城为中心，向南至鲁镇与泗水相连；其二向北经南旺至现梁山县小安山，全长150余里，当时称为济州河。1286年，接济州河向北继续开挖，由小安山经寿张、阳谷、聊城到临清，入南运河，全长250余里。

会通河的开通，从根本上改变了淮河以北大运河的格局与走向，大运河航道不再绕道西南至洛阳，由洛阳再转向东南而行，经河南和安徽北部的运河河道逐渐废除。运河航道呈南北直行，缩短了航程达千余里。新开运河采取"避黄保运"或"治黄保运"的方针，在改道后的黄河以东修建。大运河出会通河，由泗水经徐州、宿迁，到淮安进入淮扬运河，过长江进入江南运河，最后到达杭州。

到了明初，明王朝定都南京，宿迁境内黄河处于南北贯穿的水路，自然成为沟通南北二京的最佳航线。洪武元年（1368），"河决曹州、双鱼口，由徐州引河入泗以济漕运"。永乐九年（1411），工部尚书宋礼重开会通河，经徐吕二洪东下，由宿迁东南入淮，"漕船经桃源、宿迁北上入京"。明《淮安府志》载："宿迁县运河在治西二十步，济、汶、沂、泗诸水合流，自直河入境，流经小河，以汇黄河，自古城入桃源县境。"这个记载说明，当时宿迁运河河段就是自皂河以西的直河口，至现在洋河新区古城之间的黄河河道。当时河道濒临城下，距离县城的西城墙只有短短 20 步。

明代淮安境内的黄河及各运道皆由漕标右营进行军事管理，宿迁境内设立漕标后营，有游击一员、中军守备一员、千总二员、把总四员、马战兵 300名、兵战马 300 匹、守兵 469 名，以下设立水陆七汛，各为桃源、洋河、宿迁、邳州、隔头、刘马庄和泇口。这七汛之中，桃源、洋河、宿迁、邳州四汛属于黄河，隔头、泇口二汛属于运河，而刘马庄汛则属于通山东的陆路。

宿迁钟吾驿作为元代淮安路的四大驿站之首，一直建立在宿城西南的黄河岸边，黄河沿岸大道还兼为驿道，以供驿马往来，担负着驿运和官方邮递工作。明代，宿迁境内的黄河成为国家漕运的重要通道，沿黄河的官方驿站又增加递运所的职能，民间将其称为"水驿"。元代记载文字缺如，最早见于史乘的文字档案是明《淮安府志》有关记载：

钟吾驿，旧在县西南，洪武元年，驿丞叶仲康创建，初名水驿，五年改今名。永乐十三年，知县梁孟岳重修。万历四年，知县喻文伟改建于新城南水次仓西（县学南），皇华亭一所，驿丞宅一所，万里丙申，知县何东凤重修。

一等，极冲。原额递马一百匹，马夫七十名，羽书、传牌、传差、兽医四名。后于敬陈减差等事案内，奉裁驿站钱粮十分之四，存留行差递马七十匹，马夫七十名。续奉恩诏款开：前因钱粮匮乏，驿站钱粮裁减十分之四。今著准复二分，部议添设马十匹，马夫十名，今实编设递马一百匹，马夫一百名。

原额水夫一百名，旱夫一百名。今实编设水夫一百六十名，旱夫八十名。原额编支银三百六十五两，续于敬陈减差等事，案内加增银二百三十五两，共馆支银六百两。续奉恩诏，事案内酌复银一百两，今实编设支应银七百两。

以上记载可见，明代宿迁钟吾驿的规模比周边地区的驿站大得很多。明晚期改驿站，仍保留了递马 100 匹、马夫 100 名，另有水夫 160 名、旱夫 80 名。邻近各县在同一时期，无论是人力物力还是拨付的银两都不能和钟吾驿相比。如邳州的赵村驿只有水夫 160 名、旱夫 40 名，支应银 70 两；桃源驿只有实编递马 75 匹、马夫 75 名；沭阳县的僮阳驿更是只有支应银 65.6 两，且在弘治年间就被完全裁撤；海州的兴国庄驿站也和沭阳一样，明末只记载原额支应银 110 两，也在弘治年间裁撤；赣榆县亦是如此，而睢宁县则未设驿站。由此可见，宿迁之所以能在整个明代及以后保持较高的政治经济地位，和其在黄河及运道上，与河工、漕运两项国家大政的紧密联系是分不开的。

明代的黄河运道既是国家漕粮运输的唯一通道，也是民间商贸往来的重要运输通途，很多客商货运都利用黄河运道，将自己的生意做到全国各地。由此，运河沿途的官方驿站也就成了这些经商之人来往于河上的重要标识。天启年间的徽商程春宇在其广泛流传的著作《士商类要》中编纂了一首专门记载水运航道上官方驿站的《水驿捷要歌》，以便让经商之人熟记。其中一节为："一出黄河是清口，桃源才过古城临。钟吾直河连下邳，新安防村彭城期。"这其中的清口、桃源、古城、钟吾、直河、下邳、新安、房村、彭城都是水驿的名称，歌中的"直河"指的是设立在皂河以西直河口的直河驿。因明清时期此地隶属于邳州卫，驿站亦隶属于邳州，设立于洪武二十三年，明朝末年被裁撤。

治河　保漕　护陵

明代的治河着眼于保漕。永乐皇帝定都北京后，每年需将 400 万石粮由东南运抵北京，河工与漕运成为首当其冲的军国大事。弘治七年，孝宗皇帝给河督刘大夏谕旨中说："古人治河，只是为除民之害。今日治河，乃恐妨运道，致误国计。……多方设法，必使粮运通行，不至过期，以失岁额。"这篇治河诏书通篇强调了一个宗旨：保证漕运是治理黄河的核心。《续文献通考》亦曰："前代河决不过坏民庐而已……今河决则虑并妨漕运而关系国计。"

在有明一代关于黄淮治理的工程中，无不围绕保障漕运这一核心目标。明代河工治理河槽有五大工程：修建南旺分水、开凿清江浦河道、开挖南阳新河、开挖泇河、开挖通济新河。这五大工程中，第四、第五项都与宿迁息息相关，泇河开挖是从今皂河镇境内开始的，而通济新河的工程也在宿迁境内。

在河道工程方面，明代的治河十分注重堤防，境内黄河两岸逐步兴修起缕堤和遥堤两道堤防。万历年间河督潘季驯的《河防一览》记载，宿迁黄河堤防一年中的工程，就有"宿迁县南岸，加帮完遥堤长七百四十三丈四尺，修筑完归仁集堤长五千七百五十六丈，帮筑完南岸缕堤共长六千七十六丈"。在小河口到白洋河河口之间，潘季驯并没有修筑黄河北岸堤防，而在归仁集和白洋河口之间修筑了一道东西横堤，称为归仁堤，以逼睢水进入黄河，并利用归仁堤与黄河之间的三角地带作为黄河与睢水的滞洪区。实质上，这一做法，和其在黄淮之间修筑高家堰是一致的，都是其"蓄清刷黄"理论的实践。到明代晚期，睢水逐渐淤垫，后因黄河在峰山口溃决，致境内睢水完全淤为平地。

　　隆庆六年（1572），河督万恭修筑徐淮之间河堤，北岸自磨镰沟至邳州直河，南岸自离林至宿迁小河口，各长 370 里，费帑金 3 万，60 日而成。

　　明代治理河道还有一个重要任务就是护陵。黄河因为经过古泗水航道直通淮河，对位于淮河下游的明朝皇家祖陵构成较大威胁，因此，历任总河都要重点保障此段黄河堤防安全，不可使黄河泛滥，冲犯祖陵。潘季驯认为，归仁堤可以阻遏黄河之水浸漫明祖二陵。他下令在每年的三月间，集中 300 名夫役修护归仁堤，查找堤防破损之处，并在堤上及两侧密植柳树芦苇用来护堤。全堤最为险要的四铺至九铺之间，要时刻巡查，一旦发现填筑大埽的桩笆有腐朽的立即置换。同时命令各铺其管河主簿，督令专驻本堤，以便督率。

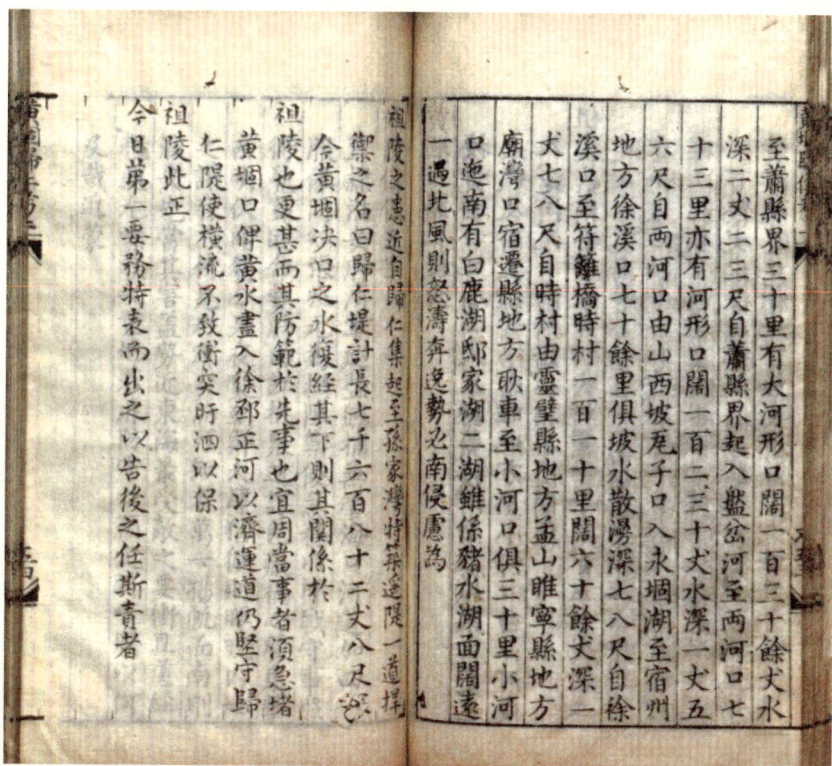

明代《淮阴实纪》中有关黄河与明祖陵的记载

地方河官对于护陵任务更加谨慎，万历年间淮安府河务同知张兆元所著《淮阴实纪》，通篇都在谈如何保障祖陵安全。他在《条陈备倭五事》中奏言："宿迁县地方，耿车至小河口俱三十里，小河口迤南有白鹿湖、邸家湖，二湖虽系潴水，湖面阔远，一遇北风，则怒涛奔逸，势必南侵，虑为祖陵之患。近自归仁集起至孙家湾，特筑遥堤一道捍御之，名曰归仁堤，计长七千六百八十二丈八尺。今黄崮决口之水，复经其下，则其关系于祖陵也更甚。当事者需急堵黄崮口，逼黄水入徐邳正河，以济运道。仍坚守归仁堤，使横流不致冲突盱泗，以保祖陵，此正今日第一要务。"从中可见，这些河防官员对于守卫祖陵、保护堤防、保障漕运这三者兼顾的艰难。

潘季驯作为历史上著名的治河名臣，他的治河实践在黄河堤防与保障行漕方面卓有成效，但对于保护祖陵却是无法全面顾及。事实上，保护祖陵并非只是单纯地保障明王朝龙脉，如果黄河冲垮祖陵，必将导致泗州城一同被毁，居住在黄淮下游的沿岸居民更会遭到灭顶之灾。所以，从某种意义上来说，护陵和救民在当时的目标是一致的。但潘却拒不接受其他官员主张另开新河引淮入海的建议，一味地对高家堰进行加高培固，抬高淮河水位，逼淮水入黄，试图以淮河清水冲刷黄水，将泥沙带出海口，刷深黄河河槽，以保障漕运安全。事实上，他严重低估了黄河的水势，仅靠淮河之水根本无法达到蓄清刷黄的目的，反而造成了黄河水倒灌入淮，致淮河屡屡决溢，黄河泥沙也使洪泽湖湖底不断淤浅，湖区面积日益扩大，最终使洪泽湖形成了一个高于地面十几米的悬湖。淮河就此失去了独立入海的通道，在洪泽湖南岸决堤南去，流入长江，变成了长江的支流。

随着高家堰不断加固抬高，万历八年以后，洪泽湖西岸的泗州城和明祖陵遭受水患的次数不断增多，河道官员疲于奔命，到处堵决，仍然无法抵御明祖陵和泗州城遭受的水患。朝野之中对潘季驯这种堵而不疏的做法，质疑声浪越来越高。以泗州籍官员常三省为代表的反对派连续上疏弹劾潘季驯，

明代宿迁黄河湖泊舆图

指责他只顾修筑高家堰，造成泗州城里"内水深数尺，街巷舟楫通行，房舍倾颓，军民转徙，其艰难困苦不可殚述。"但潘季驯依旧坚持自己的主张，将其他大臣提出的分流之议，斥之为病议和妖言。万历十九年九月，淮水决溢，逼近城壕，泗州城只得关闭水关以防内灌，城内积水无法外泄，无数居民房舍被淹。潘季驯仍然认为水患日久必退，并准备继续加固高家堰。也就在此时，他重病呕血，不得不向朝廷告归。次年，卒于家乡湖州。

潘季驯去世后，万历皇帝长期怠于朝政，河道人员更迭频繁，河防日渐松弛，黄淮水患灾害更加严重。至明朝末年，万方多难，从朝廷到地方文武官员再也无法顾及祖陵的安危，驻扎宿迁洋河的淮扬镇河标右营等军队也被史可法征用抗击清兵，无暇顾及河道。黄河、淮河数次决堤，泗州城和明祖陵都到了岌岌可危的地步。清康熙十九年，黄淮之间连遭暴雨，连绵两月有余，造成大堤决口，泗州城，又一次淹没在黄淮交织的洪水巨浪中，而明祖陵也随之在茫无边际的洪泽湖中沉沦。

第二节

"避黄行运" 时期的利患交迭

　　明成祖朱棣定都北京后，京杭大运河成为国家的运输动脉，漕运的畅通与否事关国家安危，如何处理治运与治黄的矛盾，就成为明朝廷治运头等大事。明前期，一方面"遏黄保运"，竭力防止黄河北犯会通河，冲毁运道。另一方面又不得不"借黄行运"，以解决运河的水源问题。明朝廷所采取的措施基本上实现了防止黄河北犯的目的，但如何防止黄河南犯冲毁徐州上下的运道，又成为一大难题。实际上，在整个明代276年的时间里，黄河共决口改道456次。每当黄河决口，不是造成运道被洪水冲毁，就是因黄河改道不能行运，漕舟阻滞，漕粮漂没，溺死运丁之事常有发生。为了解决这一问题，明朝廷改走"以河治河"的路线，采取"避黄行运"的方法，另开运道以避开黄河天险。

保黄与避黄的治河之争

　　黄河作为运道的难题，是这条河道上天然险段太多，除去300华里的波涛之险外，还有徐州以下的吕梁洪、徐州洪二洪之险。明代首辅大臣徐阶在《疏凿吕梁洪纪略》中说："运道三千而遥，而莫险于二洪。二洪之石其狞且利，如剑戟之相向，虎豹象狮之相攫，犬牙交而蛇蚓蟠，舟不戒辄败，而莫甚于吕梁。"因此，宋元以来，历代漕运大臣都想方设法避开徐州二洪，但由于地处奔腾咆哮的黄河中流，人们的努力每每都付之东流，因二洪之险造成的重大灾难事故依旧频发。

隆庆三年，总河翁大立提出重新开凿泇运河，其路线起自济宁夏镇，东南会彭河、丞河至泇口会泇河，再于邳州和宿迁之间的直河口进入黄河，从而避开徐州二洪的天险，确保行漕安全。然而，这一提议没有得到朝廷的同意。

"开泇之议"牵涉到"保黄济运"和"避黄行运"两种不同的治河、护运方略，以潘季驯、万恭、常居敬为代表的保黄派，认为只要把黄河治好，不仅能解决"黄患"问题，还可保障黄河运道的安全，根本无需另开新河。以翁大立为首的"避黄开泇"派，则极力主张重新开挖新河，另寻出路，以趋一劳永逸之功，此议得到了舒应龙、刘东星等群臣的拥护。

嘉靖四年七月，山东普降暴雨，诸水俱涨，导致黄河四处决溢，茶城一带黄河全部淤浅。主张开泇的翁大立因而被调离总河一职，朝廷再次任命潘季驯为总理河道。潘季驯继续坚持"复故道"的方针，主张堵塞黄河决口，高筑堤防，大规模整修和疏浚徐州至宿迁的黄河正道。自隆庆五年五月起，投入夫役 5 万人，疏浚河道 80 里，兴筑大堤 150 里。整个治河工程于当年十月完成，河归旧道，漕运贯通。

就在潘季驯整修河道得到初步成功的时候，明王朝的政坛出现了很大的变动，原先支持潘季驯治河的首辅大臣徐阶被言官弹劾而辞职。隆庆五年，高拱接任首辅大臣。工部尚书朱衡再次提出"开泇之议"，其他"开泇派"代表翁大立、舒应龙、刘东星、李化龙则纷纷响应，主张"黄运分立、避黄行运"，疏浚新的河道。内阁中原先支持潘季驯的张居正也致书给潘，劝他重新考虑开凿泇运河。但潘季驯仍然坚决反对开泇，坚守河复旧道的原则。他认为治河与治漕本来就是一体，一条黄河就已经消耗很多钱粮和人工，岂可再开一条泇河。他反复申述自己主张，结果被言官参劾罢免。一时，朝中开泇之议的支持者占据上风。

隆庆六年二月，朝廷派给事中雒遵前往泇河勘察。雒遵回朝后奏言，泇运河工程施工难度太高，开凿泇运河无法实施。朝廷再次命朱衡与总河都御使万恭前往勘察，二人勘察全局形势，亦觉开泇之举不可轻易动工。回朝后，朱衡首先上疏，请求废止开泇之议，万恭更是上奏说开泇有六难，请"永罢开泇之策"。张居正同意了他们的建议，开泇之议遂被搁置。

万历元年（1573），河决徐州房村。二年秋，黄、淮并溢。三年八月，河决砀山，淮决高家堰，徐州、宿迁、淮安等地漂没千里，清河、桃源上下河道淤塞，漕运梗阻长达数年，形势十分严重。在这种情况下，重开新河的主张又被朝中大臣提起，结果又一次遭到反对。

万历四年二月，新任漕运总督吴桂芳在徐州、宿迁一带勘察漕运河工，建议疏浚河道，疏通海口。未几，黄河决韦家楼，复决沛县缕水堤，丰县、沛县、徐州、睢宁一带田庐漂没无算，黄河屡屡侵蚀宿迁县城，城墙倾颓，城郭民居陷于水中无数。吴桂芳奏请朝廷，建议宿迁城迁徙，朝廷同意了他的意见，将宿迁城北迁至马陵山南麓，以避水患。

万历五年八月，黄河在崔镇决堤。宿迁、桃源、清河一带河堤遭到严重毁坏，黄河运道日益淤塞，总河傅希挚认为要堵塞决口，加固大堤。漕运总督吴桂芳则建议以决堤之水冲刷成河，使之成为黄河入海之路。河、漕之间发生争议，矛盾十分突出。首辅张居正出面，多次调解无果，遂以吴桂芳一人主持河道、漕运所有事务。此举可谓明代以来漕运与治河矛盾无法调和的结果，嗣后潘季驯也承此制，河漕事权合一，一身而兼河、漕二职。

　　万历六年二月，吴桂芳在任上去世。潘季驯在张居正的支持下，第三次任总河一职，并兼管漕运。此时，河道形势越发复杂，自万历三年以来，黄河上下大小决口130余处，最大的崔镇决口的口门宽180多丈，水深数丈，河水越过归仁堤，直冲明祖陵，洪泽湖水位居高不下，高家堰被冲毁，淮水四处泛滥，运道浅涩，漕运中断。面对如此复杂的河道困局，潘季驯继续坚持堵决、筑堤、复故道的治河原则，亲自驻扎在工地上，与河工夫役同甘共苦。至万历七年十月，淮黄两河治理工程取得阶段性成果，"筑高家堰六十余里，归仁集堤四十余里，塞崔镇等决口百三十，筑徐、睢、邳、宿、桃、清两岸遥堤五万六千余丈，建崔镇等处减水坝四座，淮扬间堤坝无不修筑，凡费帑金五十六万有奇。自后数年，河道无大患"（见《明通鉴·卷六十七》）。此次工程完成后，首辅大臣张居正致书潘季驯曰："比闻黄埔已塞，堤工渐竣，自南来者，皆报称工坚费省。数年沮洳，一旦膏壤，公之功不在禹下矣！"（见张居正《张太岳集》）

直河口与泇运河

　　作为泇运河与黄河相通的河口，明代的直河口是黄河运道上的一个重要节点。此处河道曲折迂回，黄河在此地常常摇摆不定，造成历史上多次淤决，故而在明代早期，此处就成为河防重点，洪武年间设立的邳州卫就将这一区域划为军屯卫地。

　　万历三十一年，黄河决沛县入昭阳湖，穿夏镇冲毁运道，因而阻碍漕运。李化龙及梅守相、汪光岸等再次上奏请求开泇，并列举了重开泇河的四大好处："今之称治河难者，谓河由宿迁入运，则徐邳涸而无以载舟，是以无水难也；由丰沛入运则漕堤坏而无以维纤，是以有水难也。泇河开而运不借河，有水无水第任之耳，疏瀹决排皆无庸矣，善一；又以二百六十里之泇河避三百三十里之黄河，二洪自险镇口自淤不相关也，善二；运借河则河为政，河为政则河得以困我，运不借河则我为政，我为政则得以熟察机宜而治之，其利害较然睹矣，善三；粮艘过洪每为河涨所阻，运入泇而安流无患，过洪之禁可弛；参罚之累可免，善四。"此次的开泇之议终于获得朝廷首肯。这一在明王朝最高统治机关中争论了数十年的开泇之议终于付诸实施。次年，朝廷下旨，正式开始泇运河开凿工程。这项工程首当其冲便是疏浚和开宽直河，史载："遂改挑直河之支渠，修砌王市之石坝，平治大汶口之湍溜，捞浚彭家口之浅河，建闸、筑坝而运道实赖之矣。凡开泇河二百六十里，内分邳属一百里，属峄境者，上自朱姬庄，下至邳州之黄林庄，计九十九里，余属滕。时至夏秋，帆樯上下，洵钜观也。"主体工程完工后，又建韩庄八闸及湖口闸。全河建成 260 里，计挑河、建闸坝等项工程，共费银 208000 余两。

　　泇河原为自然河流，因发源于抱犊崮山麓的东泇、西泇两水而得名，现行《辞海》中"泇河"条目介绍："明以前泇河自泇口以下又东南流循今运河至窑湾会沂河，又南至直河口（今江苏宿迁西北皂河集西）入黄河。明万历三十二年（1604）河督李化龙征集民工开泇河，自夏镇（今山东微山县）李家口引运河东南合彭河、承水至泇口会泇河；自此运道改由泇河，经微山湖东，西北直达济宁，避开旧道从直河口溯黄河而上至徐州三百里的风险。时称东运河。"

　　泇运河通航的第二年，漕船和民间船只纷纷改道泇运河，占运河上的船只总数三分之二，行船 8022 艘。明清两代中，每年漕船有 1.2 万艘，皆由直河口进入泇运河，运往京师的粮食达 400 万石以上。由于直河口开通，避开了黄河天险，行船得到了一定的安全保障，物资流通和商业贸易有了长足的发展，江浙、湖广一带的丝绸、竹木、茶叶、稻米、棉布等物资通过直河口源源不断运往北方，达于京师；北方的山果、生姜、药材、杂粮、皮张，烟草等物资也经直河口进入黄河河段，从淮安清口到达江南。泇河运道常年呈现百舸争流的繁忙运输场面。清代著名的河道总督靳辅曾高度称赞洳运河的工程："有明一代治河，莫善洳河之绩。"明代以来，所有有关运河的文献典籍中，都对于洳运河给以很大篇幅的论述和记载。

明朝高度重视洳运河及其入河关节直河口，作为整个洳运河航道上至关重要的连接黄河的河口，它是洳运河的水利和交通枢纽所在。洳河开通后，直河口所在地成为邳、宿之间的漕运重镇，官方在直河口的黄河南岸（今宿城区王官集朱海村）设置了直河巡检司，在河北岸设立了直河口驿站，并由官方设置了直河渡口，兴建了直河口金龙四大王庙，邳州卫的兵营守护直河口南北两岸的河道工程设施。明代中期到清代早期的历史文献中，常常提到直河口工程，称其规模宏大，气象万千。明万历右卫指挥使钦差蔡同春在《直河口金龙四大王庙碑记》中对于直河口有这样的记载：

> 祠联下邳，界接睢宁。据淮阴之上游，罗钟吾之胜概。挹相山之佳气，揽泗水之芳澜。大堤云连，屹如乔岳。超越百代之规模，巩固全漕之血脉。

可见，直河口的水利工程之宏大，在当时的黄河航道上可算是首屈一指。

从古代留下的有关直河口的诗词歌赋和地方文献中，也可以看出，经过直河口盘桓于此的不仅有商贾船夫，也有高官显贵、皇室宗亲。明朝著名宰辅叶向高所著《龙神感应记》及其文集《蘧编》记载：天启元年（1621）六月九日，他从福清启程前往北京。当他到达江苏淮阴的清口，准备渡过黄河时，却遇到河床淤塞。叶向高听说当地龙神非常灵验，就到当地的龙神庙祭祀和祷告。祷告刚完，庙祝便作神谕，应允叶向高可以得渡。叶向高大喜，他顺风北上，"藉风力一日至桃源，次日风大利，遂至宿迁，盖顷刻间百二十里矣！……自宿迁行六十里至直河口，至此乃脱黄河之险"。由此可见，人们

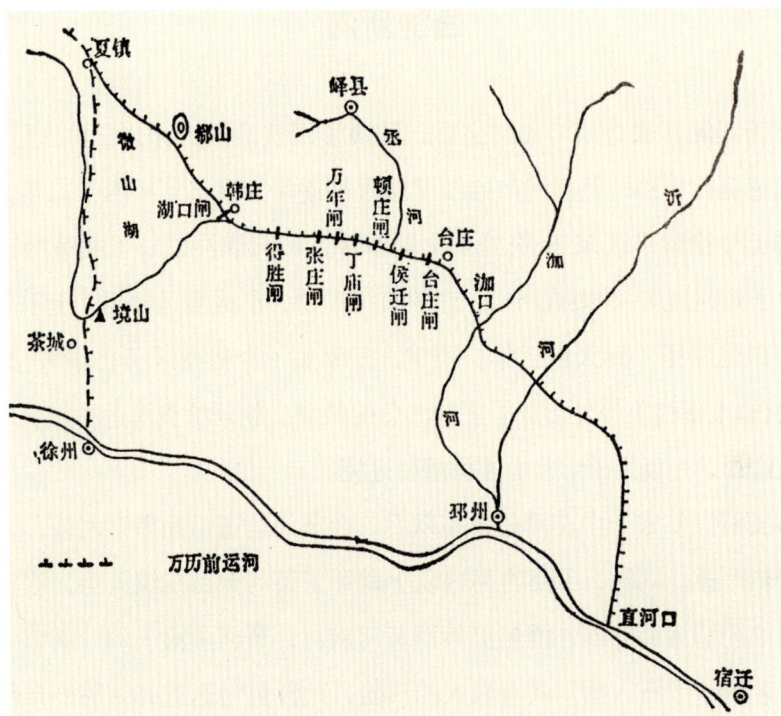

《淮河水利简史》书中所载《泇河图》

此时已将直河口视作脱离黄河之险的重要节点。

明代诗人王釜有诗《泊直河》描写当时直河口的盛况曰："帆卷直河驿，樯撑薄暮天。灯分渔灶火，酒散客囊钱。宿雨春犹冷，豪饮夜不眠。何年重过此，画鼓泛楼船。"诗中依稀可见当年的繁华景象：直河驿站外，帆樯林立，渔火点点，满眼都是酒店和客栈，有远客彻夜豪饮，有渔家夜半不归。归帆片片，渔火点点，惹得诗人尽管身在他乡，却流连忘返，希冀着今后的岁月里，能够再来直河两岸，重温这画鼓楼船、繁华人间。

直河口在明代成化年间吏部尚书、大学士李东阳《过直河驿待何仲舟不至》一诗中又是另一番景象："直河西下直如弦，水浅河深不受船。不见孤帆见双鸟，背人飞堕夕阳边。"

通济新河

万历年间开通直河与泇河之后，解决了困扰漕运的徐州二洪天险难题，漕河运道运行平稳，但直河口的沙淤现象却逐年加重。万历四十二年，发生狼矢沟（今徐州市区东20里处）决堤事件，黄河灌注刘口（原黄墩镇刘口村，位于阎河边），冲毁直河口，直泄直河旧道，形成漕运梗阻，上千条漕船在直河口处阻压。到天启三年、四年，王家集（今宿城区王官集）、磨儿庄（今皂河镇七堡村）等处形成了更加湍急的险溜。朝廷负责漕运的官员亲自驻扎此地监督，一直到了十月份才将漕船过完。

淮安府同知宋士中在漕船过完以后，在黄河运道沿途考察河情，发现直河口淤垫严重。同时，虽然直河口以上避开了黄河徐吕二洪天险，但直河口以下至淮阴清河县之间，漕船仍然沿黄河航行，黄河中狼矢沟、刘口、磨儿庄等著名的"十三大溜"具有极大的风险，此段黄河运道必须另外开辟新运河航道，才能解决这个梗阻。于是，宋士中找了几个当地熟知地形水情的老百姓作为向导，从邳州泇口镇向东，到宿迁的陈口（宿迁城西1里左右），又从骆马湖湖口溯流向上到马颊河，往返四次，希望找到一条合适的水路代替直河。他们立杆为望，掘土探泉，认为在上游疏浚马颊河可以接通泇河，而下游则可借骆马湖中河道，疏通三叉河（今宿城区支口街道岔口村处），开生河，连接小河，以通骆马湖湖口。宋士中将此方案报给淮安知府宋祖舜，宋祖舜认为可行，遂与有关司道一同上奏朝廷。总河部院按图细勘，觉得此工用费省而收功捷，即令漕运参议朱国盛亲自指挥，迅速实施。遂于天启五年正月正式开工，开河57里，以挑河之土筑堤，以作纤道，堤长8740丈，至四月竣工，漕运参议朱国盛和淮安知府宋祖舜共同为此河定名为通济新河。这一航道的开通，使漕船和民间商船无需历经刘口和磨儿庄的险溜，"全漕无漂失之患，省公私帮拽之费以数万计"，朝野之间一片好评，甚至认为"此工成泇河百年未竟之功，造数百万漕艘无涯之福"。

天启六年，总河李从新续开陈沟，以竟全工。至崇祯五年，总河朱光祚继续疏浚骆马湖航道中的梗阻 13 处，并重新命名为顺济河。这段全长为 28.5 公里的新河，从直河口通过骆马湖，由宿城西陈沟口或董沟口入黄河，避开了邳州至宿迁之间的 35 公里险段。这一航道的开挖，将宿迁以西的运河航道完全付诸骆马湖中，其线路自宿迁城西 1 里许的陈沟进入骆马湖，向西北贯穿今天骆马湖东西整个湖面，直达邳州以下的马颊河进入泇运河。在此之后，整个明末一直到清朝初年，宿、邳之间的运河航道就在骆马湖中穿行。

但历史发展证明，这一航道的实际运行情况却不像当初朱国盛等漕运官员们预想的那样美好。由于骆马湖湖面开阔，风大浪急，修筑在湖中的长堤不断受到风浪撕扯侵蚀，加之黄河泥沙下泄淤垫，不得不逐年疏浚河道，河堤也逐年向两旁拓展，渐而造成了河湖一体的现象。到了清朝初年，经过骆马湖的上水漕船，拉纤的缆绳往往需要长达几里路，仅仅缆绳的重量就足够纤夫们用尽全力的，经过这段航道的人们都感叹这里河湖不分，湖面辽阔，"纤缆无所施"。

清初顺治十年，著名的历史学家谈迁从浙江沿运河北上京城。经过宿迁骆马湖航道时，在他的名著《北游录》中如实地记下了他的经历：

> 癸酉，雨，经路马湖。宿迁左路马湖，右张山湖，路马讹为骆马。旧河直达邳、睢宁、灵璧，历吕梁、徐州二洪，自沛县北入鱼台。今路马湖合沂、泇二水，出董家、陈家二沟入黄河。隆庆末，尚书朱衡开新河，风涛甚险，屡损舟。崇祯初，尚书朱光祚又开路马湖五十余里，费六千金有奇。
>
> 是日，舟行竹箭之中，褰襦而挽，才三里。
>
> 甲戌，霁，合四舟之力以挽一舟，递相代也，才三里。泊

旧河口，往河水漫，今湍急。昔人穿渠，特猗曲以杀其悍。一忤风伯，九上九下，进寸退尺。虽苦石尤，而荻花夹岸，绵绵数十里，从风猗靡，挽不露面，骑不露辔，非所谓秋水蒹葭耶？

乙亥，左望路马湖，澄如净练。西南有山射目，云邳州长山、阳山也。□里马湖店，才数家。寄身泽国，十里九龙庙。凡行三十里。野泊，夜月始寒。

丙子，行□里牛头湾，我舟折西北，其西南，邳州旧河也。东即鱼头集，亦剧市。是日，行二十里。野泊，夜大风。

从以上记录来看，谈迁从宿迁城西陈沟进入骆马湖航道以后，足足用了四天时间，还没有走完骆马湖航道的 80 里航程，仅仅到达今皂河镇三湾村（即文中提到的牛头湾）附近。最为艰险的地方，连续三天，每天才行驶 3 里水路，还要用 4 条船的力量来纤挽 1 条船。谈迁虽然是文人，但他知识渊博，见多识广，因而一针见血地指出了顺济河先天存在的弊端，那就是河道依然太直。他在文中说，古人开凿河道，故意使之弯曲，才能使河流流速减缓，同时还可以间接利用反方向的风力。但通济新河与顺济河的开凿，根本不顾及这一点，导致向北去全程都是逆水行船，无比艰难。文中所言"九上九下，进寸退尺"，虽有所夸张，但也反映了这一航道只是到了清朝初年，就已经重新形成了漕运梗阻。清代《淮关统志》在论述骆马湖运道的功过时说："天启初，以王家集、磨盘庄等处溜水阻运，漕储道朱国盛又议于董家沟、陈窑沟二口入骆马湖，抵泇河而上，更名为通济新河。然湖水宽旷，时有风浪之虞，且浅深不一，深者莫测其源，浅者水不盈尺。故康熙年间，又开皂河以通漕运，其余舟楫，间亦出此，亦一方之利泽也。"

第三节
三河激荡交融后的运河文化

从清朝开始，漕运的政治意义被提升到无以复加的程度，漕粮被称为"天庾正供""朝廷血脉"，关系军国第一大事。漕运如此重要，而运河航道又是保障漕运通畅的唯一通渠，因而作为漕运必经之地的宿迁，其地位愈加凸显。

在历史上，除原始文化外，任何新文化的产生，都离不开文化融合，多元激荡的文化交融必然会产生"1+1＞2"的效果。在宿迁这片土地上，从黄河夺泗开始，古老的泗水河道承载了黄河文化，这两条河流以一种别样的方式融合，然后再与即将登上历史舞台的中运河激荡交融，不但提升了宿迁的国家战略地位，更促进了宿迁商品经济和文化事业的发展，运河的流经遂成为宿迁社会变迁的重要因素。

首开皂河

康熙十六年，靳辅从安徽巡抚升任河道总督，此时江南省境内河道已是大肆泛滥。为此，他一天之内连向朝廷上八道奏疏，主张在整体上采取措施，将河道、运道结合起来治理。康熙帝也极为认同他的主张，希望在靳辅任上能够做到黄、淮、漕运诸事齐抓，"庶或一劳永逸"。次年正月，康熙帝批准拨付帑金 250 余万两，限靳辅三年之内将黄淮一带河道全面修治。

欲"一劳永逸"，首先要保证漕运通畅。靳辅针对宿迁境内北运口、董口淤积不能通航，明末兴修的通济新河须在骆马湖的风浪中绕行 80 里的具体情况，提出利用皂河古道另开新河，即在黄河北岸的遥堤和缕堤之间开出一道 40 里长的新河道，取代骆马湖中 80 里的通济河。

旧皂河原是一道沟通苏、鲁交通的自然河流和重要航道。清代以前的较长时期内，很多从南向北行驶的船舶，如果目的地是山东，很多人都会取道黄河运道，从皂河口驶出黄河，进入皂河河道，向西北驶往邳州，再接伽河航道，进入山东运河。康熙十九年，靳辅得到了康熙帝的许可后，利用古皂河河道，开通皂河运道 40 里，即由黄河的皂河口向西北偏西开河，至窑湾上接伽河。为避免皂河口淤垫，靳辅和幕僚陈潢经过详细勘察，提出在皂河以东开凿支河，将运道的河口向东迁至张庄（今支口街道），使伽河来水至张庄入黄河。此举得到康熙帝的支持。在陈潢的建议下，又将这条支河走向开挖成由西南向东北顺着皂河运道的方向，使黄、运两河水溜互相冲击，从而进一步减轻了决淤风险。因为张庄运口的开通属于皂河运道的一部分，后世地方志和地理志书上，便将张庄运口称为支河口，将支河口至窑湾的运河河段均称为皂河，支河口以下（东南）至淮阴清口称为中河，现代则统称为中运河。

康熙二十三年，康熙帝首次南巡到达宿迁。在广泛巡阅宿迁境内的黄运两河之后，康熙帝对河工治理有了直观的认识，对靳辅的治河方法予以肯定，对以后的河防工程提出指导意见，并希望靳辅多多着眼于民生，让黄河安澜，百姓安居乐业。

康熙此次南巡，对靳辅在治河中常用的工程设施减水坝较为关切。减水坝的原理是在堤防关键的地方设立一道水坝，当河道中上游来水超过大堤防

《江南通志》载康熙年间宿迁黄河重要河工

线的时候，河水会顺着减水坝流出，从而确保大堤的安全。减水坝的运用必须保证减出的水量有明确的去处。为此，陈潢实地考察了拦马河上下水情和山势，决定在宿迁黄河北岸缕堤之外挖掘一道引河，经桃源、清河、山阳向东入海，并用挑河的土方筑成遥堤。这样，减坝之水就可以迅速下泄，不至于沉淀淤积，黄河两岸的民田也不至于被淹。新河开成后，靳辅即利用此河运输河工物资，因此称为运料小河。

靳辅与中运河风波

皂河功成后，靳辅受到运料小河的启发，萌生了再开中河，贯通整个漕运通道的想法，这一主张得到了康熙皇帝的大力支持。于是，靳辅在宿迁、桃源、清河三县黄河北岸的缕堤和遥堤之间继续开凿新河，称为"中河"，并在清河县西仲家庄建闸，引拦马河减水坝所泄的水入中河。中运河工程在运河和黄河治理历史上，都称得上是规模浩大的工程，沿河宿迁、桃源、清河等州县所有成年男子全部都上了河工。为了加快工程进度，靳辅和陈潢还设计制造了独轮小车，用以推送泥土石子，并在沿河工棚里设立了小车修造处。据说，宿迁一带的独轮小车就是从那个时候推广开来的。这一点在靳辅的著作中收入的奏章中也有所记载，"今议改车运"，比之人力挑抬，"可减募夫之半"。

康熙二十七年正月，从支河口到淮安清河的清口，一条新开的中运河顺利完工，运河河道自此完全脱离了黄河河道。这条河上连皂河接迦运河，下经桃源、清河、山阳和安东，接平旺河进入大海。原先漕船北上，刚出清口就进入黄河，至张庄运口才可转行皂河。中运河修成后，漕运船舶可免黄河一百八十里的风波之险，可谓功莫大焉。

在兴修中运河期间，发生了一场波及朝中和地方多名官员的政坛风波，朝中大臣针对靳辅在修治中运河以及里下河期间所作所为，分为截然不同的两派，相互攻讦，争论日益激烈，史称"中河之争"。康熙二十七年三月，康熙帝亲自主持为期两天的御前会议，就治河案召集群臣进行辩论。由于康熙帝听闻靳辅参与了明珠案，心中对于靳辅介入政治尤其是皇家立储之事非常恼怒，因而决定将靳辅与漕运总督慕天颜罢官。

这场风波虽因河工治理不同见解而起，但陈潢力主的屯田之事却是这场风波的助燃剂。所谓屯田，就是将黄淮诸河以及湖泊因洪水冲淤形成的大量无主之田，招募无业游民进行屯垦，收获的粮食可用来充裕河库，资助河工。此事涉及面广泛，加上实施官员良莠不齐，一时弄得宿迁、淮安以及里下河一带怨声载道。康熙帝屡屡接到各地官民奏折，都对此事予以谴责，因此造

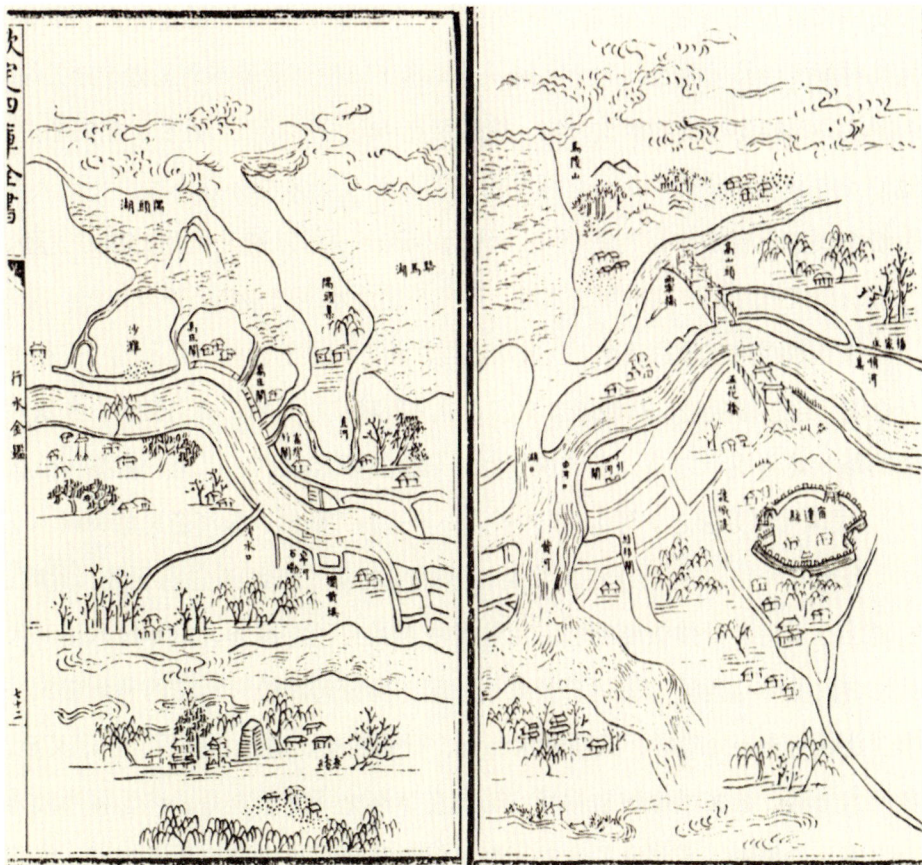

《钦定四库全书·行水金鉴》中康熙后期宿迁黄运两河舆图

成康熙帝有"陈潢本一介小人，通国尽知"的说法。陈潢下狱后，于康熙二十八年病死狱中，年仅 51 岁。据说陈潢死的时候，身上只有一件长衫，而衣袋里还装着他写的那篇《河防述言》。

康熙毕竟是一位开明君主，靳辅被罢官后，康熙仍然十分尊重他的意见，并对于他开凿中运河的功绩予以认可。康熙二十八年，皇上第二次南巡，命靳辅和于成龙二人全程扈从。此次南巡阅河第一站就是巡视宿迁黄河与中运河。在黄河岸边，康熙席地而坐，展开河图，查对黄运工程。就发现的问题和靳辅以及现任河督王新命、尚书图纳、左都御史马齐等反复磋商、研讨，尤其对黄河与骆马湖之间的十字河以及湖水出口拦马河等水利工程十分关注，力图议决出较为稳妥的泄洪方案。康熙帝在中河沿岸问讯百姓和行船的船户，他们齐声盛赞新开的中运河，康熙帝逐渐打消了原来的怀疑态度。文武大臣也纷纷表态，肯定中运河的价值，认为中运河一可以避开黄河的风波之险，二可以约束黄河北岸减水坝的水量，避免泻出之水四处漫流，淹没庄田。

康熙帝回到京师后宣布：朕此次巡视江南，江淮等地的百姓和船工夫役个个称颂河道总督靳辅，对他感念不忘。可见靳辅实心任事，克著勤劳。上次对他的革职处分属于过重，应该恢复他原来的官职和品秩（以上内容据《清实录》、民国《江苏通志》等）。康熙三十一年二月，靳辅恢复河道总督一职。

靳辅再一次回到宿迁河工治所，开始他的第三任河道总督生涯。此时，靳辅已近六旬，身体极度虚弱，但他无法顾及自己的身体，立即投入治河大计，继而受命与当时的漕运总督董讷一起，操劳起漕粮转运山西蒲州赈灾一事。此段河道十分险峻，又属逆水而上，行船困难。进入六月后，伏汛又至，黄河水暴涨，很多漕船破裂损坏。靳辅在黄河上下疲于奔命，终于将漕粮西运之事承办结束，受到康熙帝的表彰。但此时靳辅再也支撑不下去了，终于一病不起，因救治无效，逝于清江浦的官署中（一说死于宿迁任所），享年60岁。朝廷赐御祭之礼，并封赠谥号"文襄"。

靳辅去世以后，宿迁人民没有忘记他开凿中河，造福宿迁的功绩，往来于河上的船户及漕帮会众更是对他念念不忘。传说他已经被上天封为运河之神，宿迁及黄淮一带官民士绅纷纷要求为靳辅修建专祠。康熙三十五年，朝廷选址在宿迁中运河的西畔，为靳辅修建了一座祭祀专祠，里面供奉着黄河之神金龙四大王谢绪、中运河水神靳辅，以及宿迁本土水神张襄，当地俗称"大王庙"。传说在中运河上，遇到风险的漕帮会众只要呼喊靳辅老爷名字就能化险为夷。康熙四十六年，追赠靳辅太子太保衔，敕封喇布勒哈番世职。

雍正五年，复加工部尚书衔。在靳辅去世以后的 50 年内，徐淮一带的黄河都没有出现严重水患。

继靳辅之后，朝廷委任于成龙担任总河。尽管在当初中河、下河的治河之争中，于成龙对于靳辅策略竭力反对，但当他自己担任此职后，却在所有的河工中亦步亦趋地按照靳辅既定方针办理。于成龙还对中运河工程进行了完善，从桃源县盛家道口至淮阴。另外重挑新河 60 里，名为新中河。后在三义坝筑拦河堤，将旧中河上段与新中河下段连成一河。康熙四十四年，继任河道总督张鹏翮又将中河运口改至仲庄下游 10 里的杨家庄。

自此以后，经过明、清两代数百年的整治，除了黄、淮、运交会处之外，运河与黄河完全脱离关系，彻底结束了"借黄行运"的历史。中运河工程的

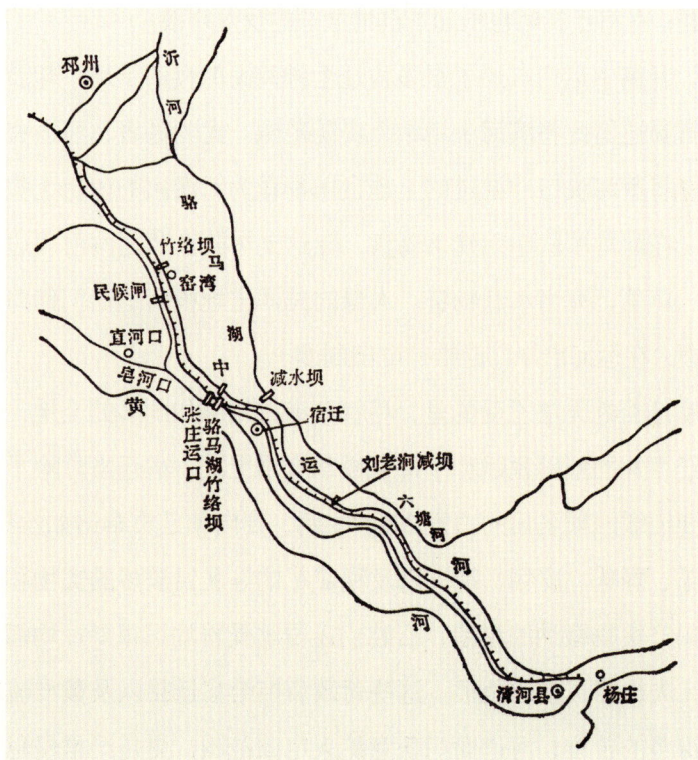

《淮河水利简史》一书中所载的《中运河图》

完成，是中国大运河发展历史上一个伟大的壮举，奠定了京杭大运河走向的基本格局，至今依然没有太大的改变。后世治河者及史家皆称赞靳辅开中河功绩曰："中河既成，杀黄河之势……为国家百世之利，功不在宋礼开会通、陈瑄凿清江浦下。"

中运河工程在宿迁民间的利患之争

在封建时代，绝对不存在"有百利而无一害"的国家工程。中运河的开凿，固然对国家河防、漕运大政上是一个巨大贡献，也给宿迁带来了通运、通商等诸多长久利益。然而，在工程实施的过程中，靳辅及陈潢急于建功立业，时有纵容下属的不法之举，从而酿出许多是非和风波，不仅在朝中出现很多对立面，在宿迁民间也引起了群情激奋的反对声浪。

首先，开凿中运河占用了很多宿迁士绅商民的良田土地，却没有任何补偿，河道官员还借此将滨河土地纳入堤防范围。尤为甚者，河道官员推出一系列苛政，将黄河决口冲淤过的土地良田都作为新淤出的田亩上报，并纳入河防所有。在河营军队中组建苇荡营，让这支军队在黄运两河周边地区进行种植柳树、芦苇，充当水利物资。大量的民间土地被河道衙门借口侵吞，并以此为基础，在运河沿岸广泛推行屯田制度。

最令宿迁百姓无法忍受的是，尽管河道占用了如此多的土地，但地方官府对于宿迁百姓的粮田税赋和丁额徭役却有增无减。宿迁当时除了田亩正赋之外，还要征缴四项名目的白银22684.5两，要向朝廷贡奉诸如丝绢、茶叶、盐钞、猪羊、野味、皮翎、箭支以及税赋军饷等名目繁多的实物和折银。除去这些以田产实物缴纳的税粮，百姓们还要承受着均徭银差、均徭力差、杂办、马政、夫役等沉重的负担。这些苛政负担给宿迁县以及黄淮流域的百姓带来极为深重的苦难，河道衙门任意扩大屯田范围，更是严重侵犯了老百姓的切身利益，造成境内民众极大的愤慨。

宿迁民众面对如此逐年加重的负担，生活日益贫困，导致大量农民无法存活，只好四散到外地去逃荒要饭，境内人口大量流失，田地荒芜，就连当时境内的士绅阶层也纷纷发出极度不满的反抗声音。宿迁县前明秀才张忭愤而写出《哀宿口号》一诗在官道上散发："流民连岁不堪图，尤是今年景象殊。树已无皮犹聚剥，草如有种敢嫌枯。插标卖子成人市，带锁辞年泣鬼途。过往轮蹄多显贵，谁传此语到皇都。"

值得庆幸的是，此事在不久以后，便引起了清廷的注意，从而逐步减轻了宿迁的税赋。这就涉及一位影响此事的关键人物——当时的两江总督董讷。

研究宿迁历史的学者都知道，宿迁境内有两座董公祠，其中之一是祭祀清初宿迁知县董则喻，而另一座则记载为"祀总督董公讷，在城北"。那么这位董讷总督大人和宿迁这桩公案有何联系？县志中保存的一份宿迁前贤徐用锡的书信，就具体地讲述了这件事的来龙去脉。

雍正初年，时任宿迁知县的刘正远按照朝廷旨意，在境内清理革除各种民间私祀场所，发现宿迁境内竟然建有一座供奉前任两江总督董讷的生祠。刘知县想当然地认为这属于"不当祀之"的淫祀行为，遂下令拆除，并准备在董公祠的原址上改建"节孝祠"。当时，曾在朝中任职翰林院编修的徐用锡已罢归乡里，听闻此事后，连夜修书，致信刘知县。这封信篇幅颇长，现将部分文字翻译成现代语言如下：

听说知县大人准备拆毁董公祠，起初我认为不会发生这种事情，但众人皆以此说为真，认为知县大人一定会付诸实施。我估计刘知县并不清楚兴建董公祠的来龙去脉，所以草就这封书信，为您讲述一下宿迁士民为何要兴建董公生祠的原因。

当今皇上圣谕说，各地生祠大多是地方士绅百姓中的奸佞贪鄙小人为了献媚官员，方便自己投机钻营谋取利益而兴建，这样的生祠一定要毁掉作为公用之所。但如果确实有功德于地方，为当地士民所爱戴者，则宜留存。而董公祠就是皇上圣谕中所说的，有功德于民间，为士民所爱戴，仍应留存者。

回想起康熙二十五六年的时候，河道总督靳辅大人兴起河营屯田的初衷何尝不是好意？但他最大的失误却是误用匪人。他手下分管屯田的河道县丞骆龙友，先将宿迁周边干涸的湖田纳入屯田，继而又将还未干涸的水田也纳入屯田。老百姓无奈捞鱼摸虾，采摘菱角、荷藕、芡实、茭白、蒲菜以果腹，也被他们榨索屯田税赋。在宿迁境内平民百姓已经被逼得走投无路的情况下，他们又开始将荒山野岭和茅草地都纳入屯田，以致城乡百姓连烧锅的柴禾都没有。更有甚者，竟然将境内百姓士子的祖坟墓地也纳入屯田范围，导致境内很多人家的祖坟冢墓被毁。本地有一个奸猾之徒韩文廷，到河道衙门里告密说邻居家里有多余的耕地，于是就立即被强行裁割纳入屯庄。老百姓家里合法的良田也被屯田，岂非欺人太甚？他们在各地招徕许多没有户籍且游手好闲的游民作为屯户，可是这些人却将在官府中领到的耕牛、种子拿去吃喝嫖赌，挥霍一空后溜之大吉。

河道官员们将侵占老百姓的土地作为政绩，以致境内奸盗横行。骆龙友之辈把控官府，欺虐民众，造成佃户和农民纷纷外逃，田地荒芜。地方人士到河道衙门控诉，总督大人却置若罔闻。老百姓被逼无奈，只有聚齐了十几上百人到通京大道两旁终日号哭，希望来往京师的达官贵人们将宿迁的惨况上达天听。

正当这个时候，两江总督董讷大人因公事来到宿迁，县学秀才卓佩愤而投书，向两江总督控告河道官员掘毁了他祖辈三代的坟墓，用以屯田。董公听闻，立即发出令箭，派员实地勘察调查，结果证明卓佩所告一切属实，宿迁百姓所遭受的苦难也随之真相大白。董公闻报，震怒到了极点，气得将自己的衣服撕裂，把官帽掼在地上，声泪俱下地大骂道："誓不与此辈共生！"当即命令衙役将骆龙友捉拿归案，收入宿迁大牢。当时，我亲眼目睹宿迁城内群情欢腾，满街的小孩子纷纷拍手唱道："骆龙友被抓了！骆龙友被抓了！"蹦蹦跳跳地在大路上欢庆。贫穷人家也都典当衣物，买酒庆祝。而那位靳辅大人却趁着夜幕降临，自己单人匹马，提着小灯笼到董公住的府邸门前求见，来回三次终不得见，董公令下人回绝说自己身患寒疾，不能见客。到了当夜五更，董公的奏章缮写完毕，准时发出。

圣祖仁皇帝（康熙帝）收到奏本，立即下旨废除了靳辅兴起的屯田之制，将宿迁境内所有的不当屯田尽皆还给百姓。一时，宿迁城乡到处欢呼雀跃，士绅百姓都好似重获新生。全县上下齐声赞颂董公不顾利害关系，为民请命，才使得圣上知道实情。合城百姓士绅感恩戴德，人心所向，纷纷要求为董公兴建生祠，并将皇上恩德记在石碑上，让宿迁的后代子孙永志不忘董公大恩。

后来，董公因中河之争调进朝廷，任职侍读学士。第二年，圣祖皇帝南巡驻跸宿迁，因为董公祠建在銮舆必经的官道旁，圣祖皇帝未曾进城，便看到有数千百姓手持香烛聚在董公祠前，感谢董公罢除屯田的恩情。百姓见到皇上，齐声呼吁皇上将董公仍放回江南省任职，皇上便让卫士上前询问：你们说的董公叫什么？老百姓以董讷姓名作答。圣祖皇帝颔首应之。

圣祖南巡回銮京师的时候，董公和其他在京大臣到码头迎驾，圣祖皇帝让人将董讷传到御舟跟前，笑着对他说：你官做得好啊！江南老百姓为你还盖了一座小庙！说完哈哈大笑。不久，就任命董讷担任漕运总督（其衙署在淮安府）。

董公祠的兴建符合《礼记》中"有功德与民则祀之"的祭祀规定，也和当今皇上圣谕"于民爱戴则留之"原则相符。且当年圣祖皇帝銮舆所驻，发天子之问，圣意加以褒奖，可见董公生祠建在宿迁，足使山河生辉，注定会载入史乘，成为地方名胜古迹。

知县大人应该清楚，我自从回故里后，从来没有因为私事和个人利益拜望过地方官员，但唯独因此事絮絮叨叨地说了这么多，不为别的，只是因为公理人心。董公祠建成的时候，董公已经去职，而靳辅大人因为兴修中运河有功于朝廷，权焰煊赫，炙手可热。我当时不过是一介秀才，一心崇尚正义，应合城士子民众所托，秉笔直书了董公祠的碑文，将董公不畏强权，罢除屯田之事记述得明明白白。亲朋故旧都担心我会遭到打击报复，纷纷劝阻我，但我丝毫不以为动，并把自己的秀才功名和姓名堂堂正正地写在碑文之末，现在这块石碑就立在董公祠的大门右边。如今董公已经过世，而这封书信很可能导致知县大人误解，但如果我因而噤若寒蝉，在大是大非面前不敢发声，徐某岂不成了趋势小人？

这封书信载于清代《宿迁县志·艺文志》中，篇名为《与刘县尹书》，同治《宿迁县志·祠祀志》中还载有徐用锡所作《董公生祠德政碑》，《清史稿》中董讷传记也有相关内容。

靳辅作为清代最为杰出的治河能臣，在康熙帝的支持下，半生辛劳，全心致力于河道修防，使明末以来泛滥数十年的黄河、运道经流顺轨，安然入海。两岸百姓得享数十年河道安澜之福，这是任何人都无法抹杀的功劳。但他终究属于封建王朝体系中的重要成员，他的所作所为，首先要维护的当然是封建王朝家天下的利益，更会考量自身的前程得失，将为官一任的政绩放在首位。因此，在具体的工程实施中，有时会纵容手下施行酷政以得功成之便。时至今日，我们对于历史人物无需求全责备，对杰出人物的善政予以肯定，而涉及的施政缺憾也毋庸避讳。在徐用锡致刘知县的书信中，靳辅的形象和我们以往对他的印象迥然不同，其手下骆龙友被两江总督董讷捉拿以后，他不是反思己过，及时补救对于宿迁民众造成的灾难，而是千方百计寻找机会，趁夜求见求情。徐用锡作为宿迁地方缙绅，维护家乡父老利益，同情百姓所遭受的苦难，这一点是毋庸置疑的。这封书信里的绝大部分内容都应该确信属实，否则不可能在清代中期以后，三个版本的官修县志中都予以全文刊载。

康熙帝在历代封建统治者中，是一位较为开明的皇帝。无论他是从维护封建统治而坐稳天下的角度考虑，还是从国家根本利益出发，他能在一定限度内做到善待百姓，顾及民众利益，因此才成就了后世对他"千古一帝"的美誉。

虽然在董讷的帮助下，宿迁不再承受河道衙门的屯田之苦，但是，境内百姓极为繁重的负担和诸多深重的苦难却并没有完全消除。

康熙第一次南巡到宿迁时，收到了张忭呈递的《民本》和陆尔谧等士绅相同诉求的《民本》。康熙在宿迁亲眼目睹了老百姓在历经战乱和自然灾害的艰难民生，准予免除缺丁、坍地、旷土三项赋税，减免赋税银 9800 两、粮 3100 石，约占应缴税额的三分之一，大幅度地减轻了宿迁民众的负担。继而又连续三年蠲免赋税，使宿迁民生逐渐复苏，百姓们生活逐渐稳定。康熙执政后期，先后两次重申永不加赋的圣诏，在一定程度上使广大百姓得到休养生息的机会，宿迁大地逐渐恢复元气，农业生产和经济发展都得到长足的进步。自康熙四十年到乾隆四十年，不到 80 年时间，宿迁境内青壮劳力数量增

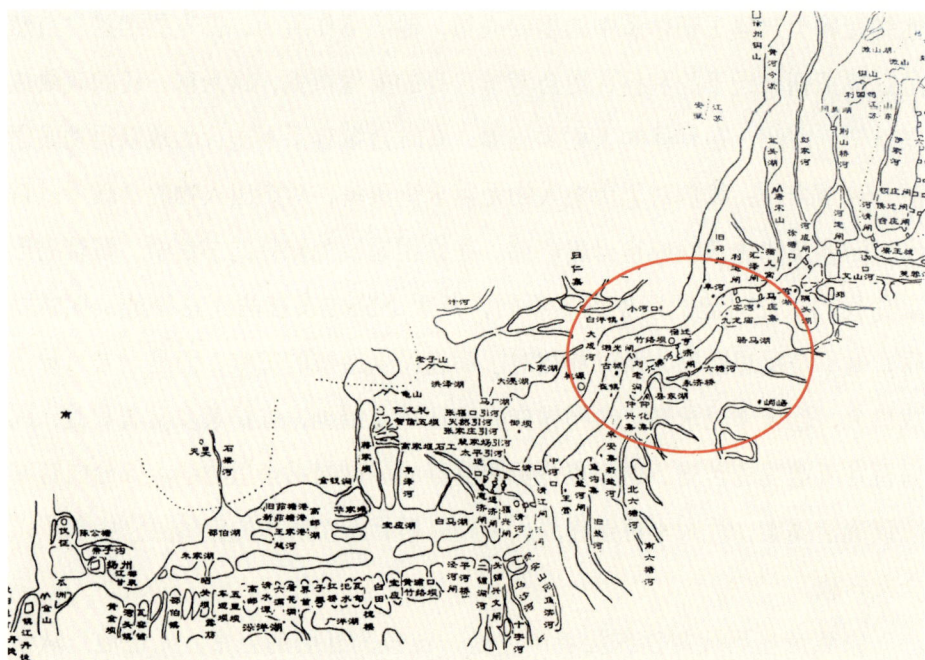

清代河工书籍《江北运程》中所载黄运河图的局部，红圈处为宿迁区域

加了 30 多倍。可见，在史称"康乾盛世"的历史时期里，宿迁社会发展状况逐渐向好，人民生活水平得到了一定的提升。

黄运两河对于宿迁发展的积极影响

宋元以后，国家漕粮运输行于徐淮之间的黄河运道，尤以明清漕运尽数依赖此间运河，使宿迁成为国家经济大动脉上的重要节点。明代《淮安府志》称宿迁"北望齐鲁，南接江淮，居两水中道，扼二京咽喉"。自金元以降，宿迁作为运河重镇，前后延续 500 余年。泗水成就了黄河，黄河孕育了运河，在促进宿迁商品经济发展的同时，对宿迁在政治、文化等方面的发展和交流上都起到了十分重要的作用。

明清时期中运河航道的形成，极大地提升了宿迁城市的政治地位，两代朝廷不仅在宿迁设立了工部中河分司、淮徐道署、运河同知、运河通判、中河县丞、运河主簿等官员和衙署，还派重兵驻守。就连皇家出巡，都将宿迁作为河防重地和漕运重镇，在此设立多处行宫。皂河龙王庙行宫，乾隆6次南巡，5次驻跸于此，拈香瞻礼，并亲自指挥夏家马路放淤工程；顺河集行宫，乾隆6次南巡，来回11次驻跸于此。乾隆不仅留下了数十首诗作，还留下了乾隆贡酥、老汤猪头肉、埠子车轮饼、洋河封御酒等众多风物传说，对于宿迁城市的知名度和美誉度的提升，无疑起到了巨大的作用。

从有明确史志资料可以佐证的明代，到清朝末年的县志资料中可以看出，大运河通航以后，宿迁县治的发展速度非常稳定。明代宿迁旧治中，屈指可数只有迎恩街、皇华街、新街、安福市、兴福市等数条街巷，而到了清朝，则有了数十条大街小巷和诸多如猪市、草市、鱼市等专门市场。城市里商贾云集，百业兴盛，市场繁荣，运河、黄河两岸行栈店铺栉比鳞次，行商坐贾川流不息。附丽于运河交通的东西关口、水次仓、河清街、货运码头也带动了相关产业的发展，使得城市人口与消费俱增，促进了市场的繁荣。

中运河的流经，对于城市下层人民的生计影响尤为巨大。运河上关口、闸坝的监督书办、巡查经承、漕帮会众、纤夫船户全赖此为生。河两岸坝台码头、水次粮仓、盐运仓储、粮行盐栈等则养活了无数出卖苦力的贫民。至于直接受雇于河道和漕运官署的，包括闸夫、坝夫、堤夫、标夫、汛夫、浅夫、抱料夫等夫役，更是终生与黄河、运河为伴。

除此之外，运河两岸还有很多失地农民，全部生活来源都依靠河上的各种职业，如以拉纤为生的纤夫，还有一种称为"短纤"的力夫，也是运河沿线常见的重要群体之一。每年有数千艘粮船从南往北将南方各省的粮食运送到北京，这些粮船由运弁、运丁押运，并长期雇有一定数量的水手，在逆风

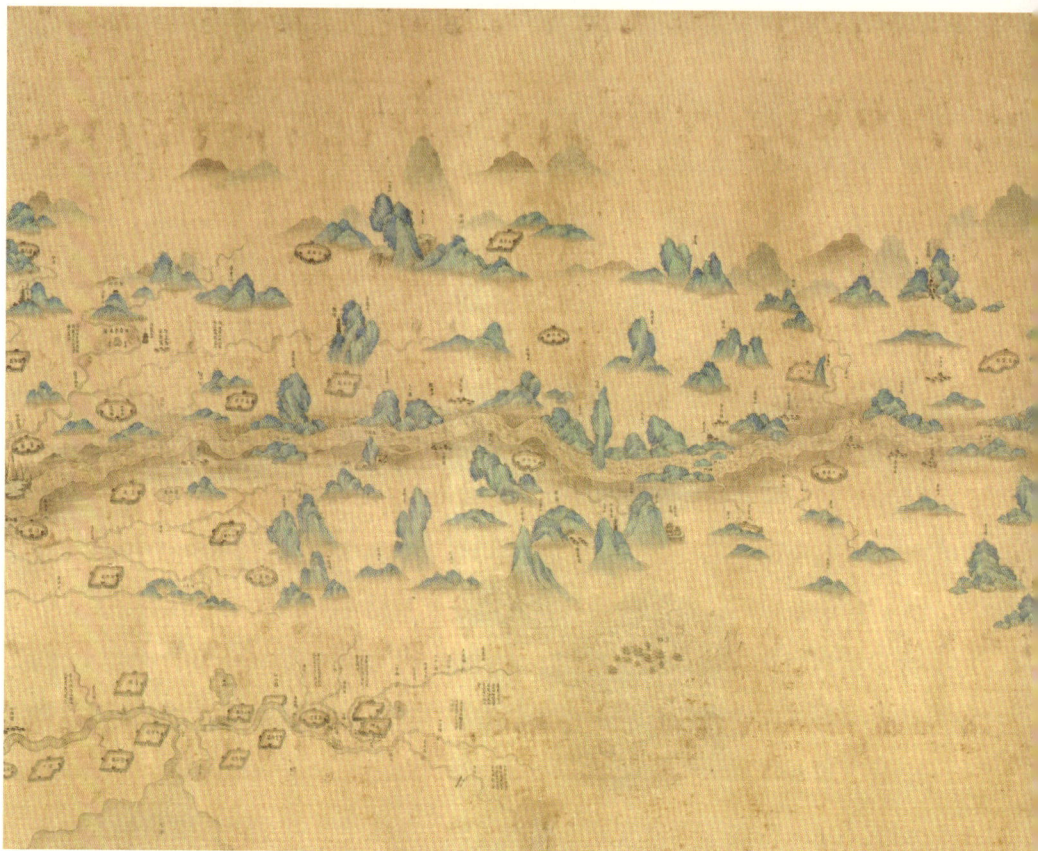

明代《黄河流域图卷》(局部)

逆水情况下挽舟前行。除长雇水手外，受运河不同航段通航条件的限制，粮船还需临时雇用一些纤夫来满足行船需要，这些临时雇佣的纤夫便是"短纤"。宿迁中运河是雇佣短纤最多的河段，因粮船从淮安渡过黄河到山东台庄闸之间皆为逆水行舟，且水势湍急，必须增雇劳力牵挽，故而本地从事此业者众多。雍正元年，催漕官李绂督运宿迁的途中便遇上大水，结果"用纤夫二十有三人而虚舟不前"(《穆堂类稿》别稿卷十七)。根据有关研究，清代各省粮船原有 10455 艘，每船沿途增雇纤夫少则 10 余名，多则 40 至 50 名不等，若以平均数计算，早期粮船短纤人数有 20 余万。至乾隆年间，粮船数量

下降至7600余艘（王庆云《石渠余纪》卷四），若仍以平均数计算，短纤人数亦有15万左右。嘉庆十四年，粮船实存6242艘（《清史稿》卷122），此时短纤人数仍超过10万。道光以后，漕粮逐渐改为海运，短纤失业者甚众，然滞留在运河沿线者仍有数万之多。

通过运河水运的货物并非只有国家漕运物资，更有巨量的民间物资，如被称为"东南杂运"的茶叶、布匹、瓷器、酒类、海货、竹木制品、胶漆、药材等货物的数量就极为庞大。明代开始在宿迁运河设立的税关，就是针对这些民间贸易进行税收的国家机关。这些民间商贸往来也极大地促进了本地商品流通和经济发展。

封建王朝积极进行的黄河治理与漕粮运输等行为，对宿迁民风民俗也不断产生影响。皂河古镇的龙王庙会是皂河周边地区的群众自发的民间祭祀活动，庙会的起源与黄河、运河都有密切的关系。自清代以来，每年的农历正月初八、初九、初十这三天为宿迁皂河龙王庙庙会之日，届时众多民众纷纷前来向黄河之神兼运河河神金龙四大王敬香祭神，祈求风调雨顺，河水安澜。周边数省的行商坐贾、民间艺人纷至沓来，云集皂河。庙会上既有曲艺、杂技、民俗表演等文化展示活动，也有各种生产资料、生活用品的买卖交易，人山人海，盛况空前。庙会风俗几百年来从未中断，一直沿袭至今。

宿城区蔡集镇的正月十九庙会，同样是为了向黄河之神金龙四大王祀神报功。蔡集镇位于黄河南岸，南临睢水，古名蔡家楼，黄河宿南厅下设的蔡家楼汛即在此地，为宿迁县黄河南岸两大汛之一。在清朝康熙七年到康熙十四年，此处连续遭受三次黄河决堤，洪灾连年，朝廷十分关注，指示堵口合龙。因明清两代官方都有在黄河决口合龙之处供奉黄河之神的规定，故在报请朝廷奏准以后，当地官民在此地兴建了一座供奉黄河之神金龙四大王谢绪的河神庙，民间称之为大王庙，庙建成后，此处河堤再未决口。自此，当地民众即以建庙日期形成庙会，数百年来长盛不衰。

咸丰五年，黄河改道山东，苏北黄、运河道逐渐淤废，宿迁城市地位一落千丈，商品经济也迅速走向衰落。民国初年《江苏六十一县志·宿迁》：宿迁"城周四里，濒临运河，昔为南北水陆之冲，商贾辏集，市街兴盛，为淮北之一大埠。今以运河失效，津浦通车，出此间者，除临近数县外，已可谓绝无其人，市况日益衰落。"可见黄河、运河的兴衰对于宿迁社会发展影响之巨大。

第五章

洙泗有邻

宿城古黄河的文脉辉光

　　洙水和泗水，是流经中国儒学集大成者孔夫子家乡曲阜的两条河流。后世儒家将洙泗作为孔子伟大品德的象征，故而古代地理典籍中有关泗水和洙水的记载，都重点记叙了洙泗二水与曲阜的渊源，尤其突出记载了洙泗之间便是孔夫子授徒传道的地方。明代《淮安府志》的舆图中，则将宿迁皂河流入泗水的河口标注为"圣河口"。从某种意义上来说，凡是泗水流经的地方，都是较早蒙受中华儒教儒学文化滋养之地，都是继承、传播和发扬光大中华文脉辉光的幸运之地，位于泗水之滨的宿迁，自然也不例外。

　　谦谦君子德，灼灼有辉光。古泗水的流经，决定了宿城文脉的底色，而后古黄河的加入和中运河的产生，更加充实和丰富了宿城文脉的辉光。这种独特的文脉辉光蕴藏着宿城的灵魂，散发着宿城的精神气质，摇曳着宿城的绝代风华。文化茂盛之地也必是先进生产力爆发之地，守护好宿城的文脉辉光，就是守住了宿城的诗和远方。

第一节
宿迁孔庙的前世今生

　　无论是汉代实行的"举孝廉"察举制度，还是隋唐发端并逐步完善的科举制度，自始至终都贯穿了儒家文化的核心内容，而作为培养人才的官方机构官学，在宋元以后则直接被称为儒学。国内有史可查的最早的官学诞生于汉景帝时期，自隋代开启科举制度以后，发展到两宋时期，儒士逐步形成了一个庞大的新兴社会集团。这个阶层囊括了官僚、乡绅和儒生等社会上重要成员，他们或通过科举出任卿相，或在地方上主宰一方，不仅成为巩固皇权统治的主要参与者，也推动和促进了从国家到地方的科举建构发展。各地的儒学正是这样为了培养科举人才而设立的教育基地。宋代以后，各地儒学逐步形成"庙学合一"的建筑结构，即儒家祭祀的庙宇和培养科举人才的官学合二为一。至元代以后，这种"庙学合一"的建构基本定型，全国各地的官学全部遵循这一建构。

明清宿迁学宫

从明代《宿迁县志》以及《淮安府志》有关记载来看，宿迁的儒学最初建于元代。《宿迁县志·学校志》："宿邑创设学宫，所可考者，则自元始。"县志引编修李凯《创修庙学记》说，元代的儒学旧址在城南一里许，创建动议于至元十四年，肇工于至元二十八年，由当时宿迁的达鲁花赤宇老和县尹张彬倡修。这次修建学宫是在旧有庙址上重建，"旧文庙故址龟趺断文犹在，有小殿甚隘陋，于是即其前创修孔子正殿，亦大其制，仍以小殿为斋堂"。这次修复尚未完工，二人任期已至。元贞元年，继任县尹萧世荧和主簿郎洪继续修建，续修两廊 10 间，扩修斋堂，在正殿塑立孔子和诸圣贤像，当年九月完工。

元代的学宫，后来又经过数次重修和迁徙。明洪武二年，县丞方铎、训导孙本初重建。永乐十三年，知县梁孟岳、教谕王绍先等修葺。正统九年，知县李永重修。景泰三年，知县应永富、训导王敏重建，此次修缮规模较大，在原学宫正前方开辟了 30 丈进深的广场，作为学宫的大门。弘治年间，知县张瓛对于学宫内各建筑进行了全面修缮。

学宫中建筑的文化意义和具体用途各有不同。文庙大成殿是祭祀儒家至圣先师孔子的场所，大成殿也称礼殿、夫子庙、先圣庙、宣圣庙、文庙、孔子庙等，它是儒学中最重要的建筑，是儒学的精神象征。两庑、戟门、棂星门、神厨、神库和宰牲房都是大成殿的附属建筑。两庑是儒教特有建筑形式，里面一般供奉从祀的其他神主，故又称从祀廊。戟门又称仪殿或仪门、应门，门前"树十二戟于门，如王宫之制"。这些建筑都处于整个儒学的重要位置或中心位置。神厨、神库、宰牲房都是春秋二祭举行祀典时，宰杀烹制牛、羊、猪三牲和烹制供奉酒肴饭菜之所。以上建筑在文化意义上均隶属于"庙"的系统。

明伦堂属于"学"的系统，是儒学的讲堂，亦有彝训堂、成德堂、明德堂等多种称呼。明伦堂在儒学中的位置比较重要。如果说大成殿是儒学的精神象征，那么明伦堂就是儒学教学的主体，"师弟子诵诗、读书、问学、辨德则在于斯"。其次，明伦堂还是朔望讲书、考课诸生之所。儒学朔望祭祀以后，地方官要至明伦堂，与诸学官、儒人、生员"讲议经史，更相授受"，讲书完毕，则有学官主持，考课儒人以及大小学生员。

两斋亦称学斋，是属于明伦堂的附属建筑，是儒学中"学"的重要组成部分。《庙学典礼》中规定生员每日的学习生活，如晨参、讲书、诵书、习字等都是在学斋中进行，亦为生员的自习之所。号房为进学的考试场所，其他会馔堂、厨房等建筑皆为学校系统的生活设施。但射圃则是传承儒家六艺（礼、乐、射、御、书、数）之一"射箭"的练习场所。元代以后至明清时期，射圃大多沦为摆设。

廨舍教谕宅、训导宅是学校教学官员的宿舍。教谕、训导隶属于朝廷官员，对于儒学的祭祀、教学和管理负担主要责任。实质上，明清时期的儒学有着教育官员的官署、祭祀圣人的孔庙、培养人才的学校三重身份。

明代万历四年，宿迁县城被黄河洪水冲淹。知县喻文伟将宿迁城向北迁至马陵山南麓，以避水患。原在旧县城东南的县学也一同搬迁至新城内，在云路街（后称富贵街）东侧重新建成宿迁县学。明《宿迁县志》记载，县学修成后，"殿宇壮丽，丹垩辉煌，淮北诸校鲜有其俪"。新修的文庙内，建有祭祀大成殿五间，东西两庑各九间，戟门三间，棂星门三座，泮池和连桥一座，名宦祠、乡贤祠各三间，明伦堂五间，博文斋三间，约礼斋三间，廪馆、膳馆各三间，尊经阁五间，启圣祠三间，儒学门三间，敬一亭三间，文昌阁三间，宰牲所三间，东西号房各六间，义路礼门二座。新建的教谕府第分为正厅、后堂、厢房、书房等三进院落。另有训导宅第。还备有各类祭祀用品全套，经史子集等圣人经典书籍。此外，还设有凌云会馆一处，用来以文会友，招待各地读书士子。

崇祯八年，知县王芳年欲扩修学宫，相中城南灵杰山上三元宫和泰山行祠基址，遂与行祠及三元宫道士相商，让其与学宫互换，三元宫和泰山行祠遂迁入城内原学宫基址，而宿迁学宫从此坐落灵杰山，再也没有迁移过。据记载，后修建学宫的宫墙东西长二十三丈多，北至河清街，南至棂星门，长五十六丈五尺。建有东西牌坊、棂星门、戟门、泮池、泮桥、大成殿、东西两庑、明伦堂、博文斋、约礼斋、尊经阁、文昌殿、文帝后殿。附设忠义、节孝、崇圣诸祠。学宫后院为县训导衙署，有训导署和后堂等建筑。

明代晚期，宿迁儒学增加了不少功能性建筑，如尊经阁。尊经阁也称稽古阁、御书阁等，是儒学的藏书之所，一般位于儒学的明伦堂之后，属于学宫的组成部分之一。尊经阁多为二层到三层的楼式建筑，是儒学中最高的、比较宏伟的建筑。

文昌殿和文帝后殿都是供奉文昌帝君的祭祀建筑，文昌帝君即梓潼帝君，传说为天下主管赏功晋爵之神（俗称文曲星），儒士们更相信他"教人忠孝，其功为大，而科名之籍，神实主之"。于是，文昌神同科举联系起来，成为保佑士子登科的神灵，"掇科之士，尤谨事之"，进入县学的儒士们自然要对其祭祀的，所以文昌祠的建筑形制、祭祀规格也较高。

泮水是位于棂星门与庙、学之间的人工湖。唐宋以来，"天下郡县学皆有泮水，设于南门之内"，以仿效春秋鲁国泮宫之制。泮水之上，有桥与庙、学相通，桥上有石栏，泮水两岸甃以石。儒学设立泮水，只有在学内的童生取得秀才功名后方有资格举行游泮仪式。此外，泮池还有一些实用价值，一可美化校园环境，二可防火，古代建筑一般砖木结构居多，容易发生火灾，泮水可以起到消防的作用。

到了清代，宿迁文庙在原有的基础上又逐步增加一些建筑设施：在泮池左右增加一道挂榜围墙，为张榜公布每届应试的秀才、举人、进士名单；在各个殿堂上方悬挂起由清代皇帝御书的匾额，如康熙御书"万世师表"、雍正御书"生民未有"、乾隆御书"与天地参"、嘉庆御书"圣集大成"等；在各个殿堂内都按朝廷要求，备齐了专门的祭祀用品。藏书阁的藏书较之明代增加数倍，不仅仅是经史子集全部备齐，还有明代、清代皇家的各类圣谕、御论，以及由皇家编刻的御纂书籍、钦定书籍、御制书籍，甚至包括《南巡盛典》《大清会典》《四库全书》这样历史文献书籍。

祭祀内容

明末清初，宿迁孔庙各殿堂的神像和神位也相应增加。大成殿里主祀孔子，配祀颜子、曾子、子思、孟子；殿内东序有闵子、冉子、端木子、仲子、卜子、有子；西序有冉子、宰子、言子、颛孙子、朱子，共十位先贤木主。在东西两庑，新增了上百位在儒教发展的历史上做出贡献的先贤，并在文庙附属建筑乡贤祠里，供有周朝伍子胥，宋代魏胜，明代刘江、潘敏、罗鲲、张宾、历亭野老、陆佶、陆奋飞，清代蔡士英。忠义祠里供奉伍子胥和魏胜。供奉这些先辈先贤的用心是很明显的，就是希望学宫里地方学子们能够以他们为榜样，认真学习儒教经典著作，秉持儒教道德规范，能够像这些先贤一样，成为当地的有为之士。

对于至圣先师以及儒教先贤的祭祀，主要分为两类，一种是春秋释奠，另一种是平常每个月份的朔望祭祀。春秋释奠指的是在春秋两季对于孔子的大型祭祀活动，《周礼》中就有关于春秋释奠的记载，但不限于对孔子的祭祀。早期文庙祭祀只是在孔子的故乡曲阜阙里进行，影响不大。北魏有"孔庙既成，释奠告始"的记载。至隋代，文庙祭祀被封建王朝推行。唐贞观年间，诏地方建立孔庙。开元二十八年，"诏春秋二仲上丁，以三公摄事。若会大祀，则用中丁。州县之祭上丁。"元初，春秋释奠作为一个制度被规定下来，"释奠仪式著于令典"，其祭祀礼仪大致沿袭宋金旧制。至元十三年，"中书省命春秋释奠，执事官各公服如其品，陪位诸儒襴带唐巾行礼"。春秋释奠的时间，宋朝时一般是在春秋二仲月的上丁日，元朝继续沿袭这一规定，地方儒学的春秋释奠也是如此。祭祀的参加者为地方官、肃政廉访司官、儒学提举司官、政府吏员、学官、大、小学的生员以及地方耆旧。祭祀时，"献、从祀俱以诸司存官为之"，地方官吏分别担任祭祀的初献官、亚献官、终献官、纠弹、执礼者、祝、乐师、赞者等。

春秋释奠的祭祀以大成乐伴奏，整个祭祀过程庄严肃穆：

释奠前的斋戒沐浴。正祀当日，所有参加祭祀者和儒生集于学宫。献官及陪位官在子时至儒学，儒生按照年龄大小"班立"于大成殿之下。

辟户。一切准备妥当以后，赞者喊"辟户"。于是，殿门打开，初献官进殿，视礼器陈设是否合制，拜兴，平身，回原来位置。

行礼。祝者先从西阶进殿，赞者引初献官进庙，至孔子位前，再拜，"焚香进币，奠币进爵，奠爵读祝"。祝文一般请名人写，内容是赞美孔子，有固定的格式。祝文读毕，再至配位行礼如初。然后是亚献官、终献官进庙行礼、释奠。其间，每一个仪式都要赞者先唱，"俱以声尽为节"。

合户。行礼以后，初献官至大成殿东序"饮福受胙"，执事者各就位。除初献官以外，所有参加祭祀人员复拜如前仪，祭品摆列整齐，合户（关闭殿门）。诸人出庙门外，"献官以下与执事者相向，序礼中庭"，诸生环立庑外，圆揖而退。

礼成饮酒。由地方政府所在地的录事司官主持。在大成殿行礼完毕，撤祭品牲物，安排厨房做饭，在明伦堂布置酒席。正午，参加祭祀的献官、诸司官、儒司官、学官（教授、学正、学录等）以及当地知名乡绅耆儒，于席中坐定。提举司、路府州县吏员，则雁行立于一侧，上司约束之，"必令整肃。"生员则退居所属学斋，由执事者分给胙肉酒米。整个仪式在参加者酒足饭饱之后结束。

朔望祭祀是文庙在每月的朔（初一）、望（十五）日举行的祭祀、讲经等活动。朔望祭祀是元朝文庙祭祀的重要形式之一，因为这一活动举行的次数多并且包括"讲书"的内容，所以其影响已经超过了单纯文庙祭祀的范畴。南宋时期，朔望祭祀逐步被地方儒学或书院接受下来，成为约定俗成的制度，即使没有地方官的参与，一些儒学或书院的朔望祭祀也是照样进行。元朝中期以后，随着儒士户籍的编订以及儒学教育各项政策的推行，朔望祭祀制度也逐步规范和严格。朔望祭祀的参加者主要有地方官、廉访司官、学官、地方耆儒以及大小学生员。祭祀的仪式与春秋祭丁相比，有些简略，因此，有些史料称其为"朔望释菜"（以上祭祀内容据武汉大学申万里论文《元代文庙祭祀初探》）。

第二节
凌云会馆和钟吾书院

书院制度最早起于唐代玄宗时期，袁枚《随园随笔》云："书院之名，起于唐玄宗之时，丽正书院、集贤书院皆建于省外，为修书之地。"真正作为有别于各地官学的教育机构书院，还当属从宋代开始大行其道，南宋以后形成的书院。全国四大著名书院——河南应天府书院、湖南长沙岳麓书院、江西庐山白鹿洞书院、河南登封的嵩阳书院，基本上都兴起于此时。古代宿迁的书院，在体量和影响上固然不能与这些大书院相比，但就其对宿迁一地人才的培养、教化的推广和文脉的昌宏而言，也是功莫大焉。

宿迁书院的变迁

从目前可以查证的历史资料来看，宿迁最早的书院建于明万历五年，当时宿迁城因黄河泛滥而迁徙到马陵山南麓，官方重修宿迁县学，并在新城的南门修建了凌云会馆（今宿迁市实验小学南校区）。明万历《宿迁县志》不仅载有凌云会馆绘图，还在《艺文》章节中载有一篇知县喻文伟写的《新建凌

《宿迁县志》中所载的宿迁学宫图

云书院记》，可见，凌云会馆便是当时的宿迁书院别称。

　　凌云书院是一处三进院落的官式建筑，讲究对称，有墙垣，设门厅和塞门，中心建筑名为明德堂，应是讲学场所。两庑分别名为日新斋、时习斋，作为自习和研讨的地方。后院主房为静思轩，两边附属建筑为教师斋舍。

　　州县所设的书院和各地社学一样，大都属于官方设立，由民间人士经划操作，因此，成为各个不同学派借以宣传自己主张的阵地，其学风较之官学更加活跃和自由，一些民间书院成了思想舆论和政治活动场所。明代最为著名的东林书院就是这样，因而遭到了明朝统治者三番五次的毁禁，权阉魏忠贤因之禁毁天下书院，从而造成各地书院向官学靠拢的趋势。清代以后，各地书院都被官方把持，其办学和讲学都趋于统一，严禁学派不同者借书院进行宣讲。州县书院基本上也和官学相同，成为当地培养科举人才的教育机构。

清《宿迁县志·学校》："学校废兴，固人才盛衰所由系也，故与学校相表里者，则有书院。宿之旧建者曰凌云。"凌云书院一直到道光年间还在使用，实际上已经成为地方上的社学，名曰毓秀社学，城区内外的童生等在这里进行教学活动。到后来，社学似乎也无法在此地办学了，毓秀社学就只好迁至马陵山南麓的义学里面。县志记载："历年已多故墟榛莽，朔望课士于义学。"

清道光三年，知县华凤喈倡修书院，号召邑内儒生士绅捐资。士绅陆景怡、捐献宅基地，叶峻嵋、陆绍元、马淑介、刘绍棠各捐银千两，江鹏远、陈自箴、陆先恺等各捐银五百两，黄廷珠等士绅各捐三百两至数十两不等，可见当时宿迁士绅百姓对于修建书院的热情极高。

钟吾书院选址在马陵山的南面山坡上。书院中心建筑为文昌楼，楼上供奉文昌帝君，楼下为厅事，左建紫阳阁，下居主讲，右建报功祠。前进为讲堂，再前为客厅、为二门，门内厅堂两侧，排列斋舍。东西各有南、中、北三院，称东南斋、东中斋、东北斋，西亦如之。东西共 80 间，为内斋舍。自二门至文昌楼，东西各建走廊，讲堂进退，雨雪无阻。二门外有东西斋舍 12 间，大门 3 间，大门前为照壁，有东西二栅栏门，内东西各有号房一口。

书院大门楹联为：

岱为四岳之宗，自梁父云亭以来，经凫绎龟蒙，磅礴马陵冈上，秀挺三台，应放登山眼孔；

河乃百川并灌，由昆仑积石而下，合汴沂淮泗，逶迤宿豫边城，澜回九曲，宜寻学海心源。

讲堂的楹联为：

与水不争能，力尽八年能注海；

开堂思肯构，目穷千里更登台。

这座新建的钟吾书院规模宏大，料取其精，工求其坚，"全部门庭斋舍，皆整齐对称，厅堂宽敞，阁楼巍峨"。书院投入使用后，地方士绅与县署官员共同拟定了《钟吾书院条规》，规定：每逢岁科考及乡试，皆甄别一次生童，正副课各取二十名，正课月给钱三千，副课减半。每月三课，闰月如之。有四课三优或三劣者，按所取原课第为升降。在课者皆住院，有亲丧者给假百日。期服者一月。涉讼者果系切己准出院候审。逾两月者除名。结案后，果无过犯，准到院候补。原课每过乡试，凡在课应试者，每人给钱四千。有朝考及会试者，每人给钱二十千。书院不得借作客寓，董事必须公举，住院经理其子弟不得参与。公款不得私储，不得挪移，每年出入款项皆须逐细报销。

由于钟吾书院教学设施良好，管理严格，吸引了来自大江南北的名流来校讲学授业。进士出身的王祖畬、杨欱仁等著名大学者，以及后来的臧增庆、卢瀚荫等名师，都曾在钟吾书院执鞭教学。

据县志中有关资料记载，清代宿迁江南乡试开考，至1905年废科举，共出进士8人、举人38人。清道光之前，也就是钟吾书院创办之前，康、雍、乾、嘉四代约160年，取进士3人。钟吾书院创办后，仅道光一朝就取进士3人；中举情况更是明显，康、雍、乾、嘉四朝共中举10人，而道光一朝11人，咸丰朝1人（因太平天国占领南京，江南乡试停12年，直至同治三年开考），同治朝12人。道光之后，登科之数大增。可见钟吾书院教学质量之高，对宿迁科举应试发挥了巨大作用。

钟吾书院因其规模宏大，影响深远，支撑了宿迁乃至苏北清代科举取士

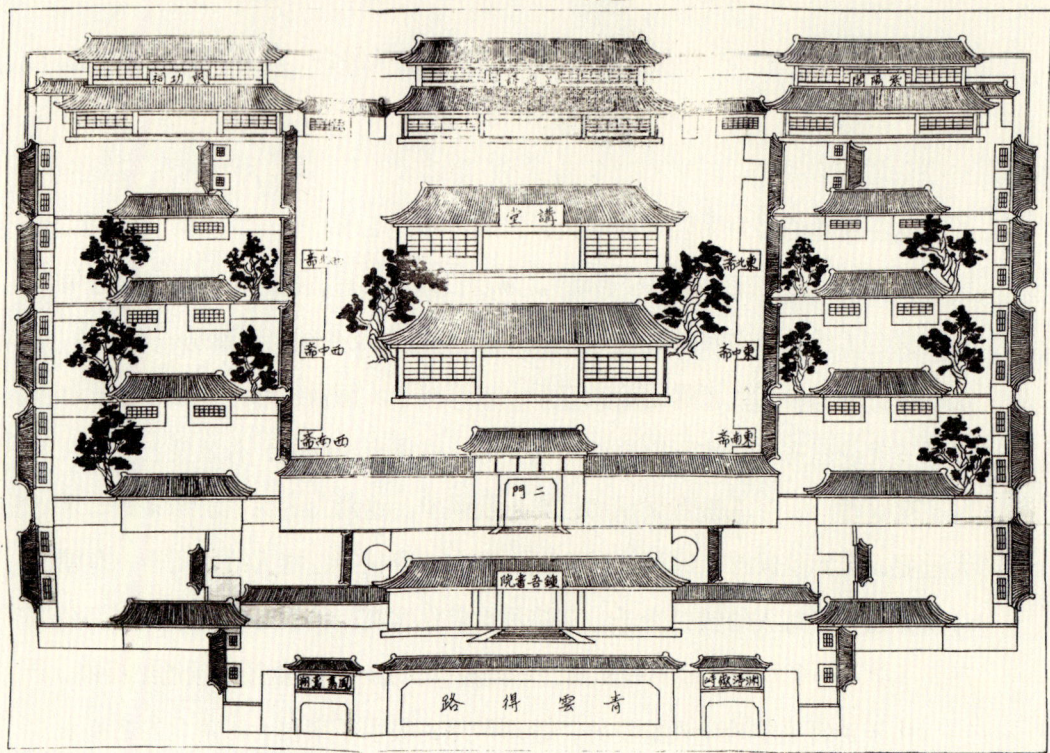

《宿迁县志》中所载钟吾书院图

教育，遂名列江苏省十大书院。对于培养人才和传播文化等诸多方面都有着举足轻重的作用，可谓是宿迁文脉的重要传承之地。

宿迁社学、义学的分布

宋元时期的官学，能够入学的都必须取得秀才的功名，而大多数尚未取得秀才和童生资格的适龄儿童和少年，都是在各地社学读书。社学之制起自于元代，属于半官方的民间办学机构，各乡选择通晓经书者为教师，教读内容基本以科举制度的明经取士为主。

明代继承了元制，各府州县乡均设立社学。明早期，宿迁县社学 59 所：县城东南隅 3 所，东北隅 7 所，西南、西北二隅各 4 所，中隅 5 所，孝义、安仁乡各 8 所，南人、北人二乡各 6 所，顺德乡 8 所。至明朝晚期，各社学合并为 25 所。

清朝初年，又增加皂河、文昌两所，共 27 所。具体社学名称及方位如下：

兴贤社学，在县城东北隅，旧厉坛前。

育才社学，在西北隅大街西。

培英社学，在西南隅旧县前大街。

储秀社学，在西南隅，旧县基内（今项王故里处）。

毓秀社学，在新城内凌云会馆（宿迁城南门内）。

以上社学五所，均为明代万历年间知县喻文伟建。

志道社学，在司吾镇（今新沂市马陵山镇）。

据德社学，在新安镇（今新沂市市区）。

依仁社学，在侍家林（今宿豫区侍岭镇）。

明德社学，在小店（今湖滨新区晓店镇）。

新民社学，在张山镇（今湖滨新区嶂山社区）。

博文社学，在口头集（今新沂境内）。

约礼社学，在安家集（皂河以东的骆马湖南岸）。

正心社学，在龙泉沟（今新沂市马陵山景区西）。

诚意社学，在刘马庄（今新沂市市区）。

致知社学，在街头集（今新沂境内）。

崇德社学，在堰头镇（今新沂境内）。

广业社学，在港头镇（今邳州境内）。

修德社学，在潼沟集。

游艺社学，在邵店镇（今新沂境内）。

明道社学，在陈戍集（今泗洪县金锁镇）。

存心社学，在张家集。

养性社学，在白洋河（洋河镇）。

明善社学，在归仁集（今泗洪县归仁镇）。

复初社学，在林子镇。

养正社学，在黑墩镇（今宿豫区曹集附近）。

崇本社学，在皂河镇。

文昌社学，在运河东（今文昌阁）。

明清时期，除了县学和社学之外，各地还多设义学，也属于半官方教学机构，即在官方出资支持下，由民间力量实施义务教学的学校。康熙三十九年，宿虹同知邓之灿捐资在县城西北隅购地创修义学，为继凌云书院之后城区子弟求学之所。道光三十年，分别在县城东北、西北、东南、西南四隅开设义学 4 所。同治元年，在城内和城外东北处增设义学 2 所。这样，设在县城内外的义学共有 6 所，境内四乡设义学 14 所，境内共有义学 20 所。

归仁集义学两所，其一为道光十四年，当地士绅江飞腾捐建，另一为同治年新建。

中和圩义学，在今皂河镇与窑湾镇之间的骆马湖区域内，即原安八图陆圩子，为当地监生陆瀚香捐助田亩，江兆麟等捐助房屋建成。

心一圩义学，在北一图，今宿豫区曹集乡以北，当地监生陆冠卿捐助家庙慈缘庵作为教舍设立。

其他义学各在仰化集、曹家集、崇义圩（今宿豫区来龙镇附近）、保全圩（今宿城区龙河镇）、公义圩（今宿城区耿车镇南）、小店集等地。

　　此外，在宿迁城乡还有许多私家兴办的学塾，本地称为私塾。明清时期，私塾遍布宿迁城乡，有关资料记载，当时城区的私塾有 20 多所，全县境内的私塾有 200 余所。私塾对刚入学的学生一般教以《三字经》《百家姓》《千字文》等启蒙教材，随着学生知识和年龄的增加，便教授《四书》《五经》。教学方法上多数是死记硬背，平时教规极严，如果学生不能完成作业，便施以体罚，罚站、罚跪或以戒尺打手。

第三节
宿迁古代科举及人才考略

　　科举制满足了农业文明、帝制时代的基本需求，为唐宋以来输送了大批名臣能相、国之栋梁。至少从宋代以后，中国政治基本上是文人的舞台，士大夫阶层的重要职业就是通过科举考试，进入政治，掌控政治。18世纪之前西方人对中国政治秩序的赞美，主要的都是因为科举制为输送了取之不尽的有教养有学识的人才。事实证明，科举考试积极的作用在于极大增加了社会的流动性，"朝为田中郎，暮登天子堂"，十万进士、百万举人，相当一部分来自社会底层。因此，宿迁古代科举及人才是宿城古黄河文化生态中不可忽略的一个环节，对此进行梳理和研究具有一定的现实意义。

科举考试

　　宋元时期宿迁儒学招生形式和规模已不可考证，在清代以后才有所记载。同治《宿迁县志·学校志》载：康熙三十一年，教谕毛世铨创建崇圣祠，原定学额为廪膳生20名、增广生20名。附生初无名额，顺治四年取40名，顺治十五年取 15 名，康熙二十年取 15 名，康熙二十八年取 20 名，自此定例 20 名。社学、义学和私塾一般只有几名至十几名学生，每年招收新生很少。

童 试 童试是参加科考的入门阶段，要参加县试、府试、院试三级考试。县试在每年二月举行，由宿迁知县亲自主持，连考五场，录取者方可进入府试。府试在每年四月举行，由各县所属的各府知府主持，经县试录取的童生可参加，府试录取后，即取得参加院试的资格。宿迁在明代和清代早期隶属于淮安府，故而府试和院试都需要到淮安府城参加。雍正九年，宿迁改隶徐州府，县内学子转而到徐州府参加科考。

院 试 清朝的院试每三年举行两次，由皇帝任命的学政到各地主考。通过院试的童生被称为生员，也就是通俗说的秀才，院试第一名称"案首"。取得生员的算是有了功名，进入士大夫阶层，可免除徭役，见知县施礼不跪。其中成绩最好的称廪生，由公家按月发给粮食；次一等称增生，第三等是附生，皆不给粮食补贴。很多读书人要经过许多年努力，才能通过最基本的县试和府试，更有得到童生身份后在院试中终生得不到秀才的功名。明清之际，白发苍苍的童生大有人在。

乡 试 明清两代的乡试每三年举行一次，在各省城举行。凡本省生员、监生、荫生、官生、贡生，经科考、岁科合格者均可应试。逢子、午、卯、酉年为正科，遇庆典加科为恩科。因其考期为农历八月，故又称"秋闱"，也称大比。按照钟吾书院颁布的条规，凡是书院有资格并参加乡试的生员，书院给钱 4000 钱。乡试录取名额由朝廷下达，全国录取人数在 1000 人到 1300 人之间。乡试考中者就称为举人，就可以领取俸禄，并有资格被任命为官员。

会 试 乡试后次年的二月初九至十五日在京师礼部举行的科考称为会试，又称"春闱"或"礼闱"。明清每科会试录取进士约二三百名，称为正榜进士。正榜之外，一般还有副榜，录入副榜的虽然不算进士，但可以授予学校教官或其他官职，获得国家俸禄。

殿　试　殿试为明清科考最高一级考试，在会试后一个月即三月十五日举行。殿试试题由内阁大臣拟定数道，呈送皇帝亲自圈定。殿试一律不予黜落，只给排定名次，前三名分别称为状元、榜眼、探花，为一甲，称为进士及第；第二甲若干，称为进士出身；第三甲又若干人，称为同进士出身。

科举考试的内容除了特制科目以外，明经、进士科考的内容主要是儒家经典著作。唐朝考试科目主要有策问、墨义、口试、贴经、诗赋等，宋代主要是经义、策问、诗赋等。到了明代以后，就只剩下经义这一门，就是以儒家经典中的文句命题，应试者作文阐明其中义理，称为代圣人立言。文章字数有严格要求，文章结构要有破题、承题、起讲、入题、起股、中股、后股、束股八个部分，故称为"八股文"。明清时期科考中，八股文成为科举考试的唯一内容，且成为考官考查学生的唯一标准。

明代宿迁科举人才

宿迁县在明清两代的科考中，共有文进士14名，其中明代6人、清代8人。

明代宿迁进士名录：

于德恭，洪武二十四年进士，任江西瑞州知州。

罗鸥，成化丙戌科进士，任江西按察司佥事。

沈环，成化壬辰科进士，任刑部主事，升云南按察司佥事。

潘洪，成化乙未科进士，任吏科给事中，升福建邵武府知府。

周镗，嘉靖二十五年进士，任刑部主事，历任河东盐运使。

陆奋飞，崇祯辛未科进士，任九江道参议。

明代宿迁举人名录：

王锐，永乐甲午科科举人，任山西浑源州知州。

许敬，宣德四年举人，任山东即墨县学训导。

罗溥，宣德丙午科举人，任直隶滦城县学教谕。

许敬，宣德己酉科举人，任山东即墨县学训导。

谢兴，宣德己酉科举人。

吴裕，景泰癸酉科举人，任河南鲁山县学训导。

潘清，成化戊子科举人，任河南卫辉府同知。

姜煦，成化丁酉科举人，任□□县知县。

潘洪，成化十年举人。

蔡涧，嘉靖五年举人，任朱亭县知县。

周镗，嘉靖二十二年举人。

高飞，嘉靖三十七年举人，任南河县学训导。

聂守中，嘉靖三十九年举人。

王尧臣，隆庆丁卯科举人。

陆奋飞，万历戊午科举人。

明代岁贡生名录：

洪武纪年：卞约任浙江宁波府学教授。晁肃、陈敷、李和任工部郎中。钟懋、王宣任山东日照县主簿。陈忠、陈谦、何恕、孙友任浙江崇德县县丞。

永乐纪年：乔林任直隶宁津县知县。张组任兵马司副指挥。王震、王艮任广东布政司经历。郭弘、孙良、蒋衡、张礼、邹珩、万昇、蔡观。杨赞任山西大同县知县。张敬任天策卫经历。徐迪任山东海丰县县丞。周嵩、乘骆任广东琼州府推官。臧琰、秦仪。

洪熙纪年：顾玉任直隶无极县学训导。

宣德纪年：张胜、李岩任山东滨州判官。顾英任光禄寺署正。姚翔任山西陵川县知县。纪俊任山东昌邑县县丞。

正统纪年：王缙任广东番禺县县丞。顾让任直隶柏乡县县丞。张凤仪任河南宜阳县知县。沈伦任云南大理府知府。谢显任府军前卫经历。桑荣任武城卫经历，升兵马指挥。汪珏任蔚州卫经历。

景泰纪年：沈佐任南京锦衣卫经历。罗绍宣任河南陈留县县丞。边顼、孙义。

天顺纪年：朱瓒、赵祥、戴宣、徐章。

成化纪年：王鉴、王兴、戚鹨、张锐、丁谏、周璁。李琏任□安县县丞。罗绍章任山东费县学训导。施惠任安居县知县。

弘治纪年：张震任福州左卫知事。徐熙任永城县学训导。江淳、吴政任归德州判官。许文任泌阳县县丞。陈璇任黄州府推官。徐玩任曲阳县主簿。陈汉奇、白鉴任蜀府教授。罗鹤、潘滋任山东靖海卫经历。

正德纪年：陶旺、潘淳任太康县学训导。吴泽、罗有声、汪辅。李淮任直隶唐县学训导。

以上明代贡生名录至正德年间为止。明代宿迁共有岁贡生149人，另有恩贡蔡鼎镇等3人、拔贡黄道明等2人。计贡生154人。

明代科考取士并非只有通过县试、府试取得秀才这一条正途，还有从县学直接进入国子监读书的方式取得功名。明正德《淮安府志·学校志》中载有宿迁县学进入国子监的名录如下：

王瑛任直隶武清县县丞。刘琼任湖广武冈州同知。朱浩、曹相任山西荣和县知县。施礼任江西袁州府经历。张进任河南确山县知县。孙礼任浙江永康县知县。赵璪任福建闽县县丞。彭志学任山东莒州吏目。朱荣任神策卫经历。周达任陕西宁义卫学训导。李璟任永年县县丞。谢衡任藁城县县丞。卞昇任江西淮府纪善所纪善。郑钰任湖广京山县典史。张现任临安县主簿。徐默任黄岩县主簿。徐鳌、时昇、任庐陵县主簿。王麟、徐确、宋文、徐均、艾缁、彭灿、李同仁、吴霙、朱坊、王纯、高仲芳、李芳、谢逵。

清代科举人才

终清一代，宿迁共有进士8人（不包括武进士），举人43人（包括恩榜6人），岁贡生122人、恩贡40人、拔贡27人、副贡17人。

清代宿迁进士名录：

徐用锡，康熙乙丑科进士，任翰林院侍读。

陈纲，雍正甲辰科进士，历任河南修武、直隶宛平等县知县。

高立冈，嘉庆戊辰科进士（恩榜），任翰林院检讨。

马品藻，道光辛丑科进士，任翰林院庶吉士，授刑部主事。

张广志，道光庚子科进士，任翰林院检讨。

苏怀白，道光庚戌科进士，任翰林院编修。

王季球，同治甲戌科进士，任河南即用知县。

力卓，同治辛未科恩榜，赐国子监司业，是年106岁。

清代宿迁举人名录：

徐用锡，康熙己卯科举人。

陈潜修，康熙辛卯科举人。

徐迟，康熙癸巳科举人。

陈纲，雍正癸卯科举人。

陈玉邻，乾隆乙酉科举人，历任陕西南郑、宝鸡知县，华州知州，太原知府。

陆勋，乾隆乙亥科举人，任四库誊录，官延津县知县。

鲍学富，乾隆乙酉恩科举人，任望江县训导，赐国子监学正衔。

黄勤修，乾隆甲寅恩科举人，历任镇洋、长洲县训导，苏州府教授。

蔡步衢，嘉庆戊辰恩科举人。

高毓琨，嘉庆戊辰恩科举人。

高立冈，嘉庆丁卯科举人。

刘鹏瀚，道光乙酉科举人。

臧纡青，道光辛卯恩科举人。

陆鸿文，道光辛卯恩科举人，历任赣榆县训导，镇江府教授。

张伟庚，道光辛卯恩科举人。

张銮，道光乙未恩科举人。

蔡绍闻，道光乙未恩科举人，任溧水县教谕，任□□县知县。

马品藻，道光庚子恩科经魁（即案首）。

程召棠，道光癸酉科举人。

张广志，道光己亥科举人。

苏怀白，道光己酉科举人。

张嘉树，原名张问明，道光辛亥恩科举人，任云南候补知县，署宣威州知州。同知衔，赏戴蓝翎。

高袖海，咸丰甲子科举人，署河南鄢陵县知县。

陈环，咸丰甲子科并补戊午科举人。

蔡雅南，咸丰甲子科并补戊午科举人，任漕运同知衔候选知州，赏蓝翎。

马仲美，咸丰甲子科并补戊午科举人。

王季球，咸丰丁卯科并补辛酉科举人。

鲍抡魁，咸丰丁卯科并补辛酉科举人。

黄亨业，咸丰庚午科并补壬戌恩科举人，历任仪征县教谕、溧水县训导、桃源县教谕。

叶道源，咸丰庚午科并补壬戌恩科举人。

陈尔贵，咸丰庚午科并补壬戌恩科举人。

力卓，咸丰丁卯科举人。

赵景泗，咸丰丁卯科举人。

马澍仁，咸丰癸酉科举人。

张凤池，光绪乙亥科举人。

沈德荣，光绪乙亥恩科举人，任教谕。

王佑卿，光绪丙子科举人。

王运昌，光绪乙酉科举人，任直隶州州同。

黄以霖，光绪辛卯科举人，任内阁中书，湖北省郧阳知府、湖南省提学使兼署布政使，花翎一品顶戴。

陆文椿，光绪癸巳恩科举人。

鲍梓生，光绪丁酉科举人，拣选知县。

臧增庆，光绪壬寅庚子并科举人，职用邮传部主事。

卢瀚荫，光绪癸卯科举人，拣选知县。

宿迁武科

以上所述都是宿迁县在明清两代科举考试中文科的功名。实际上，古代宿迁在武场科考中取得功名更是十分突出，这一点，应该是宿迁大地上的刚烈民风所造就。自古以来，宿迁就是名将辈出，武风极盛之地，从伍子胥、项羽，到抗金英雄魏胜、张荣，直到明代的抗倭英雄刘江，清代的保台抗日英雄杨泗洪，直到被称为中国人民解放军炮兵之父朱瑞将军，全部都是名震宇内的战将和英豪。就连民间曲艺苏北扬琴《打蛮船》中的主人公，也是城东码头上跺跺脚震动宿迁城的刘武举。故而明正德《淮安府志·风俗志》中称："宿迁县，下相古邑，伍员、项羽之乡，民生刚劲忠淳之气，里巷耕桑弦诵之习，俗尚好恶无不同者，而智勇之士居多。"清《徐州府志·风俗志》称："下相古邑，邹鲁遗风，刚直忠淳，侠烈劲悍，智勇居多。从古多瑰玮之士，好学崇礼。"

宿迁在武场科举上的成果也说明这一点。仅在清朝，宿迁就有 13 人取得武进士，而武举人更是达到 85 名。武生（武秀才）不计其数。

清代的宿迁学官中，每科录取的武童生 12 名，武生（生员）亦为 12 名。无论文科还是武科，他们都需要祭祀至圣先师孔子，当然，武生还需祭祀武圣关夫子。武举或武进士科考项目主要是骑马、射箭、技勇和兵法。其科考步骤和文科一样，都需要经过县试、府试、院试和乡试、会试等阶段。

童试分为三场：头场马射，驰马发三箭，全不中者下场不再继续参考；二场步射，连发五箭，仅中一箭者下场；第三场先试硬弓，次试刀石。这开头二场称为外场，第三场为内场，主要是默写武经，内容为历史上著名兵法学家的韬略兵法著作。这三场如果都通过了，即可成为武生（生员身份），下面即可进入院试阶段。在院试过程中，除了知府以外，还需要在各地的总兵官选用一名外地籍贯的武将协助学政主持院试。

通过童试，取得武生身份，方可进入武举考试，即为武科乡试。乡试由总督为监考，巡抚为主考，外场考官为邻近省份的提督、总兵。内场阅卷官为进士、举人出身的知州、知县四人组成。考试也分三场：马试，是骑马射箭，道旁设立三个箭靶，中三箭为合格；步射，为 150 步外的箭靶，九箭中三箭为合格。马射用的箭为 30 斤力弓，步箭为 50 斤力弓。乾隆年间后，马射改为纵马 2 次射 6 箭，中 3 箭为合格；步箭改为射 6 箭，中 3 箭为合格。以上两场合格后，还要进行马上射球的考试，骑马开弓射一球状箭靶，将箭靶射落为中靶，根据中靶的数量分为双好和单好。其他程序和童试差不多，考拉弓、舞刀、举大石和默写武经。通过武科乡试即为武举人，武举人可参加每科后一年的会试，以取得武进士的功名。

古代对于文武两种科考大都认为是"穷文富武"，指的是学习文科不需要太大的财力，温饱之外，能够支出学资即可。而学习武科就需要相当的家庭财富支撑，要吃得饱，穿得暖，还要专门聘请武师指导，需要家里备得起马

四、骑射用具和场地等等。因此，全国各地参加武场科考的反而不如文场多，但考中武进士以后，实授官职也比文进士高得多，早期武状元授参将，为正三品，而文状元不过是翰林院修撰，为从六品。不过，封建王朝大多崇文轻武，士大夫阶层都有些轻视武科出身的官员。

清代宿迁武进士名录：

陆又谦，顺治辛丑科武进士，任北直顺德营守备，后任漷县都司。

陆又抗，康熙庚戌科武进士。

陈王凯，乾隆癸未科武进士，累官至湖北宜昌镇游击，署施南协副将。

陈王谟，乾隆乙丑科武进士，累官至湖南岳州营守备，署衡州协都司。

张兆熊，乾隆壬辰恩科武进士，三等侍卫，历任广东罗定协副将，署碣石镇总兵。

陆绍清，乾隆癸丑科武进士，蓝翎侍卫，授山西楼营都司，江西守备升参将。

蔡邦庆，嘉庆乙丑科武进士，历任四川都标左营守备，安徽宿州、寿州等营游击，升参将，赏戴蓝翎。

蔡冠标，道光壬午恩科武进士，历任陕西留坝营守备，升参将，二品衔。

马从凯，道光乙丑科二甲第一名武进士，以花翎侍卫授河间府都司，累官至福建延平副将。

蔡履平，道光辛丑科武进士。

蔡元辅，道光甲辰科武进士，任宿迁汛把总，南阳营守备，赏戴蓝翎。

蔡镇一，道光庚戌科武进士，都司衔，赏戴蓝翎。

蔡崇正，光绪戊戌科武进士，蓝翎侍卫，山东兖州镇标中军守备。

科考正途之后的宦迹

通过查看明清两代宿迁进士、举人、贡生名录，可以发现，有些取得进士功名的人，终其一生默默无闻。如明代宿迁第一位进士于德恭，除了任职江西瑞州知州以外，在《明史》和各级地方志中几乎找不见他的任何信息。在其后的正统年间，宿迁的一个岁贡生沈伦却当上了比知府更高的云南大理府知府。很巧的是，在清代乾隆年间大理府的知府，也是今天的宿迁人，名叫王承猷，王承猷踏入仕途的起点，和沈伦一样都是岁贡生出身，但他同样当上了大理府知府，并署蒙化、开化二府，后调任湖北荆州知府，屡受朝廷嘉奖，直到年老归里，在家乡兴办集市，被故里乡亲称为王官集镇的开埠先贤（详见本书第二章第三节）。

除了在成功的道路上被动地消失，也有人主动地退出仕途。明代宿迁秀才孙履直，其父在兴化为官期间，他跟随左右，和兴化一带文人结社唱和，颇有文名。天启元年，以恩贡生进入太学，按例授予知县官职。孙履直以其父老病为由，希望回乡孝敬父亲。归里后，绝意仕途，闭门谢客，每天在家读书，照顾父母。四乡举荐他为宿迁乡饮酒宾介（古代礼制，乡饮酒宾介由邑内德高望重者担任），他也不做任何回应。宿迁县官闻其才名，很多次想要拜见他，但他都没有答应。平素和他往来的文人雅士都对他的德行赞不绝口。

明朝末年，宿迁进士陆奋飞悄悄地离开了宦游之路，隐居在家乡的白鹿湖中。陆奋飞辞官回乡不久，明朝覆亡，他在县西南的白鹿湖（白洋河以北）东面一个名叫柳洲的小湖泊里筑台而居，研究佛老之学，与兄弟子侄辈饮酒赋诗，优游10余年，著有诗集《云液草》。

宿迁在清朝第一位出现的进士徐用锡，曾经担任过翰林院侍读。徐用锡作为清代早期的理学名家，其学术成果卓著，在当时的学界影响深远。后世学界对他的文集《圭美堂集》评价颇高，因而被清代官方制定的《四库总目》

收入。徐用锡在书法艺术上造诣颇深，他的书作格调古雅，稳重劲挺，飘逸拔俗，不落窠臼。名儒杨宾在《大瓢偶笔》中评价他的书法："同人中书学大进者，莫如徐坛长。丁亥夏五，余偶过维扬哈氏，见座中一联，乃坛长书，对座半日不忍归。余与坛长别四五年，然其书遽至此，所谓三日不见，当刮目相看者也！"时人谓其书作与大书法家何焯、李光地齐名，被誉为"书坛三杰"。这样一位德高学优的理学名家，因受到其恩师姜宸英、李光地卷入"九子夺嫡"案的牵连，被康熙帝贬斥回乡，一生无法在朝堂上发挥自己的才干。乾隆初年，徐用锡得到了他盼望已久的开释回朝之恩谕，可惜已经年届八十，回朝不久就因病以原品秩归乡。

在清代宿迁取得进士功名的序列中，最后一位是同治辛未科恩榜进士力卓，当时已是一位106岁的老人。我们无法知道这样一位老人是怎样从宿迁的黄河故道走出，越过千山万水，历经府、院、省各级严酷的考场，来到了天子脚下，在天子明堂上实现了自己一生中最高理想。也许这个纪录不仅是宿迁之最，有可能会是明清科考历史上最为令人感叹的个案。是怎样的诱惑促使这位老人在科考道路上如此坚持不懈，在白发寿考的百岁之后，仍然意志弥坚。可惜的是，无论是咸丰年间还是光绪年间的县志资料中，都没有这位老寿星进士的传记，我们无法知道，究竟是因为他的年岁太大，朝廷开恩赏赐他的功名，还是他真正地一路考试而脚踏实地考到了朝堂之上。

清代嘉道年间誉满南北的藏书家、学者和诗人王相，生于宿迁城新盛街。王相被选为监生后，便不再进入科场，专注于诗词歌赋，金石书画等风雅之事，尽皆精通，且造诣非凡。王相一直重视对子孙后代的科考培养，以科举正途为主。晚年时候，他耗时两月，陪次子王禹畴赴徐州府参加府试，并被选拔通过进入院试。后又在六十高龄之时，亲自送禹畴进京会试。

王禹畴先任州判，后改内阁中书。同治初年，奉旨办江北团防，以军功加侍读衔，封典三品。另外，因为王禹畴的官职和军功，使其曾祖王铮、祖

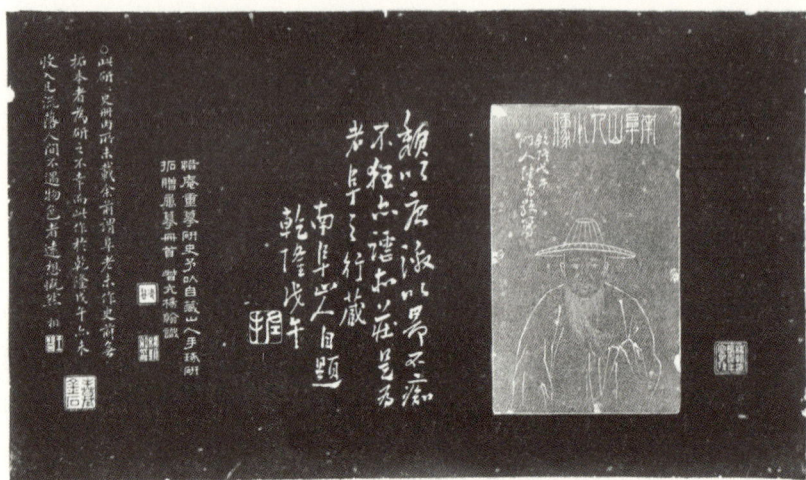

王相收藏的"南阜山人小像砚"（宿迁市博物馆藏）

父王治、父亲王相都得到朝廷封赠。县志记载，王铮因其曾孙衔加二级封，王治因其孙赏三品封，王相以子赏三品封典。

王相长子王炯，岁贡生出身，曾任翰林院待诏。王颐正，王相三子，县志记载功名为监生，官职是运河同知衔候选同知。王相家族在宿迁成为名门大户，与其家族世代皆有科举人才有很大关系，其后世在清朝末年到民国时期又涌现出王果亭、王敞、王肇泰等宿迁名人。

宿迁境内还有很多这样科考人才家族现象，如境内著名的蔡氏家族，在武场科考中，整个清代宿迁13个武进士，蔡姓有6位，而这6位蔡姓武进士竟然来自同一个"西山堂"家族，这大概与这个家族曾经出过一位一品大员蔡士英有很大的关系。蔡士英的祖籍为宿城区蔡集镇，其祖先蔡福海定居于此，蔡福海之子蔡洪赴辽西参军，蔡士英即是蔡洪的后代，跟随祖大寿降清后，战功累累，官至漕运总督。蔡士英多次回到宿迁续接家谱，认祖归宗，出资兴建宗祠，亲自过问宿迁编纂县志诸事，并对故里族裔多加提点，倡导习文修武的祖训。因此，其家族不仅在武场科考上出现众多的精英人才，在

文场科考中也有很多子弟夺得功名，并在
仕途上取得很大成绩，如嘉庆戊辰科举人
蔡步衢，同治甲子科举人蔡雅南，顺治朝
荆州知府蔡献瀛，乾隆时期严州府知府蔡
珠、西安府知府蔡琏等，都是通过科考进
入仕途。

蔡士英像

　　王官集镇的开埠先贤王承猷的家族，
堂号为黑树王，其先祖王应乾为明代进
士，万历二十五年任堂邑县知县。王承猷
为黑树王始迁祖朝瑞公第十一世孙，其高祖王维城为睢宁秀才，父亲王登瀛
因袭纳监。王承猷之子王琮，历任河南裕州、直隶安州、滦州、甘肃固原等
州郡的知州，并获朝廷敕封奉直大夫衔。这个家族世代人才辈出，明清两代
不仅出现进士王应乾和举人王应中，还培养出贡生20多位，秀才、监生、太
学生等上百人。

　　王官集镇朱海村的朱氏家族，来自江西婺源，其大堂号为紫阳堂。在当
地族人保存刊刻于清末的《睢宁朱氏正宗宗谱》中，记载这个家族的祖先正
是宋代著名大儒朱熹。这个家族定居宿睢之间的黄河岸边数百年，秉持耕读
传家的祖训，极为重视家族成员的教育和培养。明清两代，这个家族出现了
秀才、监生、太学生等初级功名的读书人近百人，有岁贡生朱景和、朱志愈、
朱永夫三人，其中朱景和名列《睢宁县志》人物传记。朱景和，字春皋，号
饮万，《睢宁县志》记载其为贡生，《朱氏族谱》载为嘉庆丙寅岁进士，约生
活于清代乾隆至道光年间，曾于嘉庆至道光时期倡修睢宁学宫，一力兴建学
宫魁星楼。

第四节
宿城近现代教育发展概观

如同所有事物一样，水久生虫，器久则坏，法久则弊。作为一项制度，科举制在最充满活力的时候也潜伏着危机，尽管这个制度本身几乎一直处在改革、调整的状态中，但发展到后来，仍然走向了僵化和败落，乃至"上不足以辅国家，下不足以资事畜"（严复《救亡决论》）。1860年中国开始向西方学习之后，加速了科举制度的终结。我国近现代新的教育，就是在这样的背景下迈出了第一步。

宿迁的近现代教育起步较早，缘于林世菁、卢瀚荫等一批具有进步思想的士子大力推动，他们对促进和发展宿迁的近现代教育事业做出了较大的贡献。

近代历史上的宿城教育

清朝晚期，清廷宣布废止科举制度，改兴新学。光绪二十七年，宿迁知县林世菁将钟吾书院改建为钟吾学堂，是为宿迁官立的高等小学堂，这是宿迁新式教育的发端。光绪二十九年，清廷颁布《奏定学堂章程》后，皂河镇开办了宿迁县公立崇本小学堂，窑湾镇开办了公立、敬业两个小学堂。宿迁县署先后在县城前马口、清节堂、积谷新仓等处开办官立初等小学堂。此后，仰化、洋河、埠子、晓店等大型集镇也纷纷开办公立初等学堂。光绪三十四年起，陆续有人在境内开办私立初等小学堂，各乡镇纷纷关闭社学、义学，开办公立、私立小学堂。

晚清时期，小学堂分为高等小学堂（只设高年级），学制 3 年；初等小学堂（只设初年级），学制 4 年；两等小学堂（高、初级都设），学制 7 年。晚清时期的初等小学有读经、修身、算学、史学、舆地、作文、习字、体操等 8 门功课，高等小学增设图画、理科。另外，有的视学校情况加授工商实业、外语等课业。

民国时期，学堂改为学校，分小学校（高初级都有）、初级小学校（只有初年级），规定小学一年级每堂课为 30 分钟，其他年级为 45 分钟。全县在校小学生人数最多的年份为 1931 年，总计 7296 人。全县适龄儿童 84716 人，入学率 9%。

宿迁中等教育始于光绪三十二年美国传教士鲍达理女士开办的教会学校，即私立崇实中学和私立培贤女中，位于城内太平街北首（今金港花园内）。宣统二年，崇实中学迁至城南圩门外（今市人民医院内），原校区归培贤女中。教会学校原先只招收教徒子女 30 人入学，后兼收非教徒子女，邳州、睢宁、沭阳等地亦有人前来就读。1941 年，太平洋战役打响，美日宣战后，传教士们回国，学校停办。

1922 年，宿迁教育界名流张梓琴在县城老仓后巷（今金港花园南区）创办私立怀仁中学，次年改为县立初级中学。1929 年至 1932 年，改为县立初级师范，1934 年，停止招收初师生，复改为县立初级中学。

1927 年，宿迁开办国立中央大学区立宿迁中学，校址在钟吾书院（后来的马陵中学校园内），次年迁至城南学宫（即后来的宿迁中学、钟吾初中）。1929 年，更名为江苏省立宿迁中学。1930 年后，该校增办玻璃职业班，改称江苏省立玻璃科职业中学（初中班仍继续开办），聘请专门工师，利用学生实习时间制造瓶罩杯盘器皿，并有磨花设备，所产热水杯最佳，年产 2 万件以上。1938 年日军侵占宿城，宿迁玻璃工业和玻璃工业的职业教育事业全部中断。

新中国成立初期的宿城教育

新中国成立到 1952 年底，是三年恢复时期。这期间中小学教育、成人教育发展较快。全县小学由新中国成立前的 406 所发展到 486 所，学生由 20007 人发展到 47233 人。宿迁中学在原有初中的基础上发展为完中，在大兴集创办一所三轨制初中，宿迁小学教师速成班发展成为初级师范学校。到 1952 年底，已有初级师范学校 1 所，初师 2 个班，学生 100 人；速师 3 个班，学生 149 人。有中学两所，17 个班学生 899 人。此外，还办起冬学、识字班、民校等 3000 多个班，参加学习达 43560 人。

在第一个五年计划时期，全县教育系统贯彻执行中央"整顿、巩固、充实、提高"八字方针，对小学教师进行整顿，共清退 100 余人。1956 年至 1957 年，小学在巩固提高的基础上略有发展。1957 年与 1952 年相比，学校增加 81 所、407 个班、学生 11620 人、教职工 394 人。中等教育在 1953 年后有较快发展。1955 年，宿迁初师改为马陵中学。1959 年，又发展了埠子、来龙、蔡集、三树四所初中，兴建宿城民办中学，新建宿迁县师范学校。到 1957 年，全县计有公立中学 7 所（完中 1 所），学生 3303 人；民办初中 1 所，学生 200 人；中级师范学校 1 所，学生 564 人。成人教育方面，从 1950 年开始，推行速成识字班，文盲经过 70 天学习，可认识常用字 1503 个，很多人从此脱盲，升入高级民校。在当时全县 13 个区中，每个区都有 1 至 3 所高级民校。

1958 年至 1960 年，全县教育建设进入一个飞跃发展阶段。小学发展到 742 所，学生 91381 人，适龄儿童入学率达 83.7%。中学亦有较大发展，大型初中发展成为完中，增办了龙河、王集、仰化、陆集、曹集、耿车 6 所初中；新办南蔡、晓店、皂河、井头、大兴、卓圩等 6 所民中。不久，又增办侍岭、关庙、晓店、洋北、罗圩、古城、皂河、黄墩、丁嘴等 9 所初中。到 1960 年 10 月，全县有公立中学 22 所（完中 2 所），学生 7238 人，民办中学 7 所，学生 1366 人。

1958 年，宿迁农业中学如雨后春笋，仅 4 月份就发展 86 所学校，学生 4252 人。省委从苏锡常等地动员初高中毕业生支持苏北，分配到宿迁 56 人，充任农业中学教师。1959 年，扬州财校又分配 30 名毕业生，农中师资队伍得到充实。1960 年 10 月，经过调整，全县共有农业中学 25 所，学生 4666 人。是年，宿迁师范增招普师 4 个班，合计 8 个班，学生 379 人。同年，在县人民医院创办宿迁卫校，招生一个班，学生 49 人。宿迁玻璃学校附设于江苏玻璃厂，年度招收 4 个班，学生 195 人。1958 年，开办宿迁体育学校、宿迁艺术学校、宿迁县社会主义建设大学，但都在创办后不久就停办。

1966 年"文革"前，全县共有六年制小学 632 所，五年一贯制试点小学 3 所，发展耕读小学 2216 个班，学生 42223 人。民中 2 所，农中 7 所，职中 1 所，进修学校 1 所，供销商业学校 1 所。新中国成立后的十七年间，共培养小学毕业生 65482 人、初中毕业生 15108 人、高中毕业生 2455 人、初师毕业生 362 人、中师速成班 362 人、中师毕业生 533 人，为高等学校输送新生 1036 人，远远超过新中国成立前各个历史时期所取得的成绩。

曲折发展的宿城教育

1966 年 6 月，伴随着全国各地形势的发展，"文化大革命"在宿迁发生，教学秩序很不正常。1968 年，农村学校由贫下中农推选代表参加管理，城镇学校由工宣队进驻。1968 年底，小学下放给生产大队办，学制普遍实行五年一贯制。中学改为初中二年、高中二年。升学实行推荐和选拔相结合，由过去按成绩录取改为按政治条件录取，学习成绩作为升学参考。

由于盲目发展，中小学都出现了只求数量不求质量的现象。十年间，小学增加 106 所，学生 79210 人。另有 508 所农村小学办起了戴帽初中版（也称帽中），公社初中也先后办起高中班，甚至有些小学也办成戴帽高中。至 1976 年，除去帽中外，中学发展到 35 所，学生 35078 人。

党的十一届三中全会以后，由于贯彻执行中央关于教育体制改革的决定和一系列方针政策，恢复了招生考试制度和中小学的学制，调整全县中小学布局，境内教育事业出现崭新面貌。1988 年，全市（县级市）有小学 461 所，教学点 68 个，在校学生 121763 人，入学率达到 99.1%，巩固率 99.4%，普及率 98.4%，毕业率达 97.2%，顺利通过省人民政府验收，成为基本普及初等教育合格县。

幼儿教育和特殊教育方面：1978 年，全县有幼儿班 93 个，入园人数 21000 人，入园率 4%。1988 年，全市幼儿园已发展到 149 所，888 个班，全市 3—6 岁幼儿 64300 人，已入园 41800 人，入园率 65.4%。1987 年，在宿迁城南小学开办聋哑班。1988 年采取分散办班、巡回辅导的办法，培养一批聋哑教师，全市共办聋哑班 18 个，招收聋哑学生 167 人，入学率提高到 67%。

普通中学在调整的基础上有了较大发展。1978 年后，通过压缩村办联中、帽中的方式，逐步扩大乡办初中规模，同时对高中进行调整，每片保留 1 所完中。1985 年以后，又将农村完中的高中、初中分开办理。1988 年，全市有完全中学 2 所，高级中学 4 所，67 个班，在校学生 4448 人；初中 50 所，学生 32782 人。小学毕业升学率为 68.4%，比 1978 年提高 31%。1990 年，宿迁市有大兴、皂河、来龙、埠子高中计 4 所，宿迁中学、马陵中学完全中学 2 所，共有高中班级 72 个、学生 4458 人。全市有初级中学 53 所，初中班级 688 个，在校生 37905 人，教职工 2063 人。

1980 年恢复王集农中。1982 年至 1986 年先后办起卓圩职业中学、市职业中学和玻璃职业中学，并在蔡集、曹集、果园 3 所普中附设职业班。1997 年，卓圩职业中学和王集职业中学（王集农中）分别改名为"宿豫县职业高级中学""宿豫县第二职业高级中学"。是年，境内职业中学招生 838 人，在校生 1819 人。

成人教育方面。1979 年，全县文盲、半文盲计有 73000 人。从 1980 年起，采取多种形式扫除文盲、半文盲，全县 473 个村有 460 个村办起业余高小班，参加学习人数达 15000 人。至 1985 年，全县已脱盲 26798 人，非文盲率达 87.1%。1986 年，经省人民政府验收，非文盲率达 89.9%，宣布宿迁为"基本扫除文盲县"。为巩固扫盲成果，1988 年底，全市建成成人教育中心 28 个，占乡镇总数 93.9%；村农民业余学校 436 个，占村民委员会总数 92.1%。

改革开放十年间，全市为高等学校输送新生 1215 人，为中等专业学校输送新生 1161 人。1988 年，全市共新录取本科生 132 人，比 1979 年增加 112 人。

高等教育和中等专业教育有所发展。1979 年成立电大管理站，先后设立电子、机械、语文、电气工程、党政干部、汉语言文学、档案、新闻、财会、物资管理等 10 个专业，共毕业 109 人。1988 年，经淮阴市广播电视大学批复，同意将该站更名为"淮阴市广播电视大学宿迁市分校"。至 1990 年，设有大专班、中专班和岗位培训班，招收专业有电子、机械、汉语言文学、经济、档案、财会等。1996 年划归地级宿迁市。1984 年，宿迁化肥厂兴办电视大学，从本县高考落榜生中择优录取44人，设无机化工与工业电气自动化两个专业，学制三年，1987年经考核毕业，由江苏省广播电视大学发给毕业证书，被该厂全部留用，1987年秋学校停办。

1983年下半年举办高等教育自学考试，共12个专业。首次报名参加考试117人，文科分党政干部、经济管理、中文、英语和法律五门专业。理科分工业民用建筑、农学、果树、蔬菜、微积分、统计和物价7门专业。至1990年下半年计报考11297人。1996年上半年报考人数2054人，下半年2132人。全年共4186人次报名参加本科、专科和中专学历30个专业的高等教育自学考试。

1979年，由县教师进修学校举办高师函授，1979年至1981年录取人数200多名。1982年录取82人，毕业213人，此后录取人数每年约为数十名，毕业人数不等。1982年至1989年，计录取488人，毕业415人。1989年停办。

1985年秋，江苏省宿迁师范复办，共12班，学生592人。宿迁教师进修学校除中师函授、教师轮训外，又开办了中师脱产班。1985年5月，县劳动局办宿迁技工学校1所，学生342人。1975年8月开办县卫生进修学校，先后举办农村医生培训班、护士班、医士班、检验班、计划生育手术班等各种进修班，学习期限有半年、一年、两年、三年不等。

中国·宿城
CHINA SUCHENG

第六章

无边光景

宿城古黄河的物质文化

　　物质形态的水文化，指的是以直观形态存在的水体以及与水事活动有关的实体形象所体现的文化内容，主要包括水工程、水环境、水景观及水工具等。这些都具有可视、可触的物质实体，又融入了人类的体力和智力劳动，是水文化最直观的表现。宿城古黄河的物质文化丰富多彩，有见证与水患斗争历史的治河工程及其遗存，有"皇帝治河"因宿迁而留下的诗文碑刻，有因水神信仰而造就的庙宇，有因湿地而酿成的美酒……用"无边光景"来形容，一点也不夸张。

第一节
英雄家乡存禹迹

在古代的涉及江河湖泊的诗文中，经常出现"禹迹"一词。相传夏禹治水，足迹遍于九州，后因称中国的疆域为禹迹，这是"禹迹"的第一种含义。"禹迹"还有一种含义，是指夏禹治水的业绩。发展到后来，"禹迹"则成为中国人民与水患抗争的业绩以及因此留下的物质形态水文化的代名词。即使是狭义的"禹迹"，在宿迁也并非阙如。泗水纵贯宿迁南北，是大禹治水的重点区域，"禹迹"的传说很多，被载入民国年间《中国古今地名大辞典》的就有马陵山口、泗水湾和禹王台。至于广义的"禹迹"，在宿迁更是不胜枚举。

归仁堤

素有鱼米之乡的淮泗平原，不仅是许多名人眷顾之地，也是许多重要历史人物归葬之处。明代开国皇帝朱元璋的祖陵也选在了这块风水宝地上。《泗虹合志·陵墓》载："明祖陵在泗州北十三里，地名杨家墩，墩旁有窝，太祖之祖长卧其处。有道士过之曰'葬此可出天子'，祖闻之以告其子，即太祖父也。后如其言以葬。"尽管是附会之说，但交代了朱元璋祖父的安葬地点。朱元璋一统天下后，于洪武十九年（1386）重葬其祖父朱初一、曾祖朱四九和高祖朱百六，次年在陵前建享殿。永乐十一年（1413）建棂星门及围墙。陵园呈长方形，筑有城墙三重：外为土城，周长 3 公里；中为砖城，周长 1.1 公里；内为皇城。建设历时近 30 年，营建时间之长、体制之宏伟，在诸代明陵中名列前茅。

谁也没有料到，数十年后，这块"葬此可出天子"的地方却成为洪水廊道，成为黄河泛滥的重灾区。在黄河为患的威胁下，城可迁而祖陵"不可徙"成为亟待解决的难题。

对于如何"保陵"的问题，明代河道总理潘季驯主要策略是"束水攻沙"，即在黄河南大堤遥堤之外再筑一条大堤，阻断以西以北南流的洪水，形成"二线束水"的防洪格局，这样既能缩小受灾范围，又能保证明祖陵的安全。这就是著名的"归仁堤"，又名"太皇堤"。大堤全线修建三个控水闸，一个是位于一堡的归仁闸，一个是位于四堡的安仁闸，一个是位于五堡的利仁闸，水位过高时可有序分流。

归仁堤的构筑，不仅保住了明祖陵不受洪水的直接冲击，也保住了泗州城。但归仁堤以上却成为一片汪洋，埠子湖由一个不起眼的小湖变成一个远近闻名的大湖泊。至明亡而堤毁，湖泊变为平陆。到了清代，总河靳辅再筑归仁堤，这当然与保陵无关了。

遥缕长堤

潘季驯著名的"治河六议"中，最重要的一议就是"筑堤防以杜溃决之虞"。在实践中，他首先完成了 3600 余丈高家堰的构筑和黄埔、崔镇两大决口的堵筑，接下来花大力气创筑遥缕长堤。

根据潘季驯的规划，黄河沿线数百里间所筑堤防的一个重要特点是遥缕并举，"重门御暴"，遥、缕、格、月诸堤成龙配套。此项工程动用夫役 80000 人，耗银 56 万两，历时一年，在万历七年十月完成主体工程。根据潘季驯在《河工告成疏》中的统计，在这一年的时间里，他们先后创筑土堤 10 万余丈，砌石堤 3300 丈，堵塞大小决口 139 处，建减水坝四座、车坝三座、拦河顺水等坝 10 道、涵洞两座、减水闸四座，疏浚运河淤浅 10000 多丈，栽种过堤柳树 80 余万株，其他较小工程不计其数。

在这次治河工程中，宿迁完成两大工程：一是堵筑崔镇决口，在决口处增建水坝一座，使为害多年的崔镇决口一举合龙。二是在崔镇以上的黄河北岸，分别建筑滚水石坝三座（以后又增一座共四座），每座口门宽 30 余丈，比正堤稍低二三尺，全部用条石砌筑。这次治河效果确实很明显，经过堤防的束水作用，徐州以下的黄河河床确实很快被刷深了，而且深度达七八尺之多，使运河的运载能力得到了较大改善。

骆马湖"水柜"

骆马湖自明万历时由数个小湖变为巨大湖泊后，周边水系紊乱，为害一方。清康、雍二朝对骆马湖进行了治理，其标志性工程就是把骆马湖建成保漕济运的"水柜"。

康熙十七年（1678）以后，总河靳辅"于拦马河递建六（减水）坝……相机酌放，以泄骆马湖之涨水。"（同治《宿迁县志》）康熙二十八年（1689），总河王新命建骆马湖口和支河口竹络坝，以调节黄、湖、运水量。次年，又建窑湾竹络坝，以调节骆马湖、中河水量。在此期间，还建郯城西北禹王台沭河竹络坝，基本阻断沭水进入骆马湖。雍正五年（1727），总河齐苏勒在六塘河头筑五坝，两年后又因坝挑五条引河并建二闸，是谓骆马湖尾闾，秋冬堵闭收蓄湖水，重漕入境则引湖水入中河济运。

雍正后期至乾隆初期，扩骆马湖口，浚六塘河道，并在六塘河上建永济桥，汇骆马湖尾闾引河之水。骆马湖的蓄泄功能得以加强，中河的漕运得以保障，清王朝的经济命脉得以大通。后人所谓"康雍乾盛世"，骆马湖可谓居功甚伟。

乾隆皇帝首次南巡时，在《骆马湖》一诗中写道：

> 济运输天庾，防霖安地行。
>
> 相机资蓄泄，惟谨度亏盈。
>
> 州渚江乡趣，凫鸥春水清。
>
> 六塘东达海，切切念民生。

这首诗的前四句，把骆马湖的"水柜"作用说得很清楚。漕粮乃"天庾正供"，漕运乃国之大政，骆马湖的功能，就是济运保漕，防止洪水冲击中河，让漕船平安行驶。枯水则蓄，盛水则泄，小心谨慎，测量涨落，既不让骆马湖无水济运，又不让骆马湖洪水冲击中河，阻断漕运。此后直到咸丰五年（1855）黄河北徙、大运河断，骆马湖一直保持乾隆所说的这种功能。

支河口竹络坝

京杭运河宿迁至皂河段河湖交错，水势凶猛，运道繁杂，是运河沿线事故多发地段，因此成为"治河保漕"的重点。这里留下了许多河工遗存，经调查并结合文献记载，此段仅 10 公里的河道上，尚存上坝、下坝、董坝、龙虎坝、竹络坝、四草坝、石篓（坝）、六塘河大坝等 10 余处堤坝遗址。因史料的缺乏本文仅对支河口竹络坝详加考证，其他诸坝均列表于后。

坝是拦水或巩固堤防的构筑物，竹络坝是坝的一种，是指用竹蔑编织成笼，内装卵石或块石成为筑坝构件。竹络坝的构筑是先制作竹络，竹络是用竹蔑编织而成，形式为网状圆（或椭圆）柱体，络眼呈六边形，大小视填石直径而定。竹络直径常在一尺以上，长度视用途而有所不同，最长的可达数丈。在筑坝或护岸施工时，先将竹络置放于指定位置，而后充填卵石或块石，要求填石饱满，石料大小搭配均匀。构筑时将这些竹络以滚动的方式放到指定位置，同时以木桩固定。一个个竹络依次堆砌至一定高度即成为竹络坝。古代竹络广泛应用于修筑河工建筑物，如丁坝、堤防、护岸、海塘，以及水工建筑物中的分水坝、导流堤、溢流堰等。竹络坝从其用途上可分为三种：一种是蓄水坝，著名的都江堰就是以竹络构筑的蓄水大坝；另一种是用于抢险工程堵塞决口，如汉代河南濮阳黄河决口即采用竹络坝堵口；第三种是加固堤防，这是最常用的一种。

康熙年间，在宿迁至皂河段骆马湖南岸与黄河接壤处，即支河口建竹络坝，另于此坝东建骆马湖竹络坝。《皇朝通典》卷五之《河工》载："（康熙）四十四年，上南巡，阅视河工，谕从前骆马湖口设竹络坝，湖水大则从坝流入黄河，河水大则溢流入坝内。"建这两个竹络坝的作用有二：一是泄蓄骆马湖之水。支河口筑竹络是继六塘河筑坝工程之后，用于泄蓄骆马湖之水的又一重大工程；二是泄蓄黄河之水。彼时中河虽已经开通，但由于新开的中河较为狭窄，运输繁忙季节河道拥挤，漕船通行缓慢，那些回空之船或轻载的船只仍需向原黄河运道分流。由此可见，泄蓄黄河之水同样是"保漕"。因此，支河口竹络坝承担着既保湖又保漕的双重任务，骆马湖竹络坝的作用应与此相同。

从《中运河示意图》来看，支河口竹络坝的位置和张家庄运口并列在一南一北的同一条中轴线上，且相距较近。据此推测，竹络坝建成后，张家庄运口（支河口）不仅是漕运枢纽，而且还是骆马湖或黄河的泄洪廊道。自此，支河口成为更加重要的关津要塞。

宿城区堤坝遗存一览表

名　称	基本情况介绍
上　坝	位于双庄镇上坝村，构筑于运河和黄河共用大堤之上，由于位居下坝上游故名上坝。这里是运河、黄河、骆马湖相距最近的地段，站在大堤之上三河尽收眼底。在这里筑坝的目的，据推测主要是防止黄河之水浸灌运河。
下　坝	位于双庄镇曙光村下坝组西侧，由于它在上坝的下游，又构筑于黄河南岸，故名下坝。从现场走访调查情况看，下坝为一石坝，又是构筑于缕堤之上。在缕堤之上构筑石坝有两点可能，一是堵决口而形成的石坝，二是因处于险工险段而筑石坝，有待进一步考证。
董　坝	位于双庄镇董坝村四组运河堤南坡下，据这里的老人介绍：从前听说这里有个石坝，但没有人见过，1960年前后村里搞农田基本建设，取土时发现大量石头，有的取回家建房，有的卖给石灰窑，同时还挖出木桩、木板，瓷器等。后来全村人都来挖，被挖成一个大大的坑也没有将石头挖完，这个坑现位于村民王振习住宅西旁。估计这里可能就是传说中的董坝。经考证，这里东距史料记载的董家沟不足100米。村民将其称为董大沟。康熙年间董家沟是黄河和运河的连接点，南来的漕船从清口进入黄河行至这里时转入董家沟而后入运河北上，因此这里又称"董口"，历史上是个关津要塞。董坝应与董家沟有一定关系。
龙虎坝	位于宿迁市第一人民医院东北角，现为一大水塘，据说是当地老百姓扒石头和木头而形成的。经考证，这个大坝当与史料记载的陈家沟有关。
石篓坝	位于运河文化大桥和运河南大堤交会处的西北角，现有一个数十亩的大水塘。据村民介绍，相传这个水塘就是过去用石篓装石头构筑大坝的地点，石篓村也由此得名。之所以成为水塘是因为中间的石头被取走。从一直沿用的地名看这里可能就是骆马湖竹络坝的遗址。石篓，在未装入石头之前称竹篓或竹笼，而装入石头之后则可以称为石篓或石笼，它是构筑竹络坝的基本构件，石篓可能就是竹络坝的代名词。因此初步判断这个石篓大坝可能就是史料记载的骆马湖竹络坝。

第二节
南船北马留宸翰

在全国重要水运航道的沿岸，有很多城市都被称为"南船北马之地"。古代所谓的南船北马之地，意味着南来的行人大都沿水路乘船而来，而从北方过来的行人都是骑乘车马而行，南来的至此舍舟上岸换乘骡马车轿而北去，北来的至此须乘舟南往。如果从全国版图上来看，古代南北旅行行程最长而其旅行记录又保持最完备的旅人，毫无疑问是清代的康熙皇帝和乾隆皇帝二人了。当我们查看康熙和乾隆祖孙二人南巡的文献记载，仅就清代官方在京杭大运河航道的档案记录来看，真正的南船北马之地应该是宿迁。有水利专家认为，清代的治水可以说是"皇帝治水"。他们在南船北马之地的宿迁留下了大量的诗文（往时把皇帝的诗文、墨迹称为"宸翰"），足以成为这一观点的佐证。

清皇室南巡大量预备工作从宿迁做起

康熙帝和乾隆祖孙二人的南巡，都是由北京向江南而来，在到达宿迁之前大都循陆路而行。康熙第一次南巡之前，河道总督靳辅因为山东郯城通往宿迁的官道上有山谷沟壑特别多，不方便车马通行，故而专门为康熙南巡在宿迁县北部山区修建了数座大型路桥。《大清一统志》载："五花桥，在宿迁县北，中河南岸；西宁桥，在宿迁县中河北岸。二桥皆本朝康熙中河臣靳辅所建，南属马陵山，北至高山头，长十余里，为往来孔道。"《宿迁县志》载："康熙二十三年，圣祖南巡阅河，靳辅因坝建桥，在东南者曰东奠、曰德远、曰镇宣，在西北者曰西宁、曰澄泓、曰锡成。俗名五花桥。"从这些记载上来看，这应该是宿迁境内最早的公路桥了，其规模浩大，长达 10 余里，为六座桥组合而成。

《乾隆南巡图》局部

在清代官方的运河图上，可以清晰地看到宿迁城以北的这一桥梁组群。

清皇室南巡，从康熙开始，都是到宿迁顺河集后，才改乘船直达长江口。乾隆十六年钦差向导统领大臣努三兆奏章称："臣等钦奉上谕……驾幸御道……由京从赵北口过山东，拢济南府，经由泰安府到江南属宿迁县之运河顺河集码头。旱路一千四百九十里，分为二十四站。由顺河集码头登舟，阅看沿途所有……"

宿迁不仅是清皇室南巡的重要换乘节点，也是南巡目的地江南的起始点。因此，在康熙皇帝和乾隆皇帝到达宿迁之前，江苏（江南省）全省重要的文武官员，包括两江总督、河道总督、漕运总督、江苏巡抚、江宁布政使等重臣都要到宿迁汇集，在此等候皇上驾临。宿迁顺河集行宫除了皇帝驻跸的作用之外，还有一个特别的用途，就是驻扎留守人员，并负责畜牧南巡队伍从北京带过来的奶牛、肉羊和骆驼、骡子、马匹。清代淮安文人黄振均所著《金壶七墨》记录了乾隆最后一次南巡之时，"圣驾"大队人马尚未至江苏，督、抚、河、漕诸大吏就开始到宿迁准备迎驾，有司官员"备器玩、运花石、采绘雕镂，争奇斗巧"，布置行宫营盘。道、

《钦定南巡盛典》所载乾隆南巡行途

府地方官吏则忙于"治河渠，平道途，修桥梁，缮城廓"。乾隆在行宫驻跸，则"棹歌远扬，金石铿锵，宫商缥缈"。而御舟自宿迁运河南下，但见运河两岸旌旗远张，新制黄龙旗迎风招展。銮驾所至，"列校云驰，羽盖捎星，霓旌晃日，扈从文武，络绎河干"，地方官员和百姓夹岸迎送，"红女黄童之众匍匐瞻望，麇集而无哗"。船队驶过，"但见一片黄旗，安流顺发"，其场面之宏大可谓千古奇观。

清皇室南巡与黄河河防

康熙和乾隆南巡的重要目的之一是河防，康熙帝认为："河道关系漕运民生，若不深究地形水性随时权变，惟执纸上陈言，或循一时成说，则河工必致溃坏。"所以，他对于最为关心的河防工程，必须要身临其境，实地考察，才能明确治河的得失，得出合乎实际的结论。在乾隆的《南巡盛典》中，仅《河防》的内容就占了11卷。其中对于宿迁一带的黄河、运河、六塘河、骆马湖等水系的堤防、河工设施记载尤为详细。徐州、宿迁一带的河工与漕运密切相关，因此，康熙、乾隆都对此处的河道高度重视，在这里反复与河道及地方官员商讨对策，并做出各种谕示。

康熙帝由山东境内的陆路进入宿迁，当时的江南省大小官员齐聚宿迁恭迎，康熙帝遂有《示江南大小诸吏》五言长诗：

东南财赋地，江左人文薮。

时巡历此疆，民事日探剖。

民俗贵淳庞，纷奢讵能久。

澄清属大吏，表率群僚首。

……

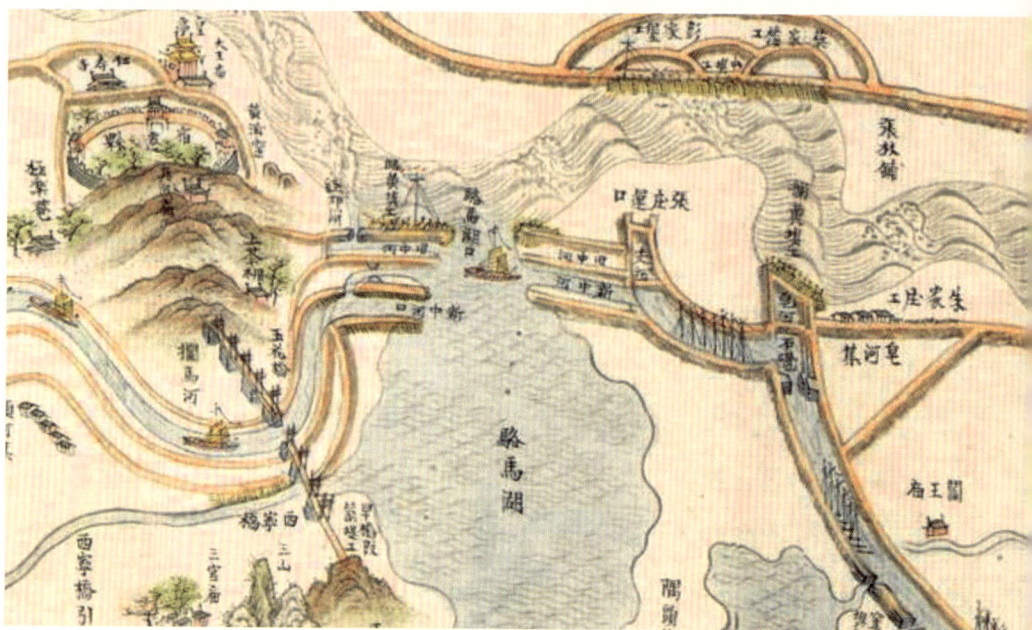

康熙时期宿迁的黄运河图

乾隆时期宿迁的黄运河图

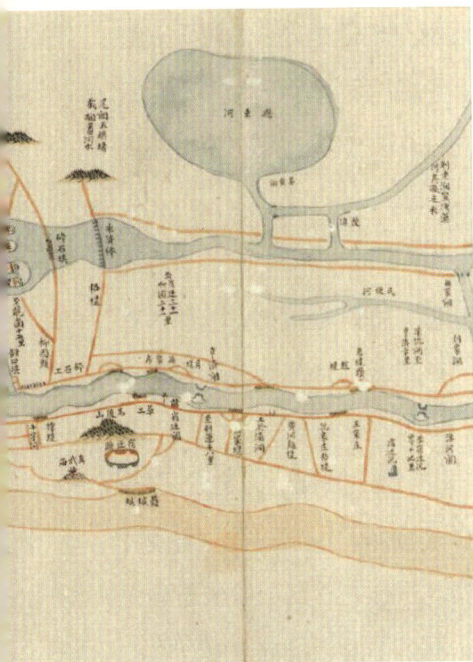

乾隆帝第一次南巡到达宿迁境内后，首先便依照康熙旧韵，作《恭依皇祖示江南大小诸吏诗韵》。在其后的历次南巡中，反复步此韵赋诗，向前来迎接圣驾的地方官员表达了对于江南省（江苏省）的重视，叮嘱他们要关注民生，抚恤百姓。同时，乾隆也在诗里表达了自己来江南并非是游山玩水，而是为了省方问俗，视察河防，体察民情。

康熙首次南巡重点考察了宿迁黄河北岸的堤防，指示靳辅对宿迁萧家渡的堤坝进行巩固。康熙第二次南巡，在宿迁沿河堤巡视黄河、中运河、骆马湖堤防、河工，尤其对于黄河与骆马湖之间的十字河、湖水出口拦马河等水利工程十分关注。康熙第三次南巡，二月驻跸宿迁，巡阅宿迁河工险段归仁堤等处堤防。康熙第四次南巡，"由宿迁县五花桥渡中河，遍阅堤工"。康熙第五次南巡，在宿迁看到两岸人丁兴旺，树木茂盛，认为"河事已大治矣"，提出"河工已经告成，善后之策更为紧要"。康熙第六次南巡，再次肯定靳辅开凿中运河的功劳。

乾隆的六次南巡也都将河工大政放在首位。《南巡盛典》记载，乾隆帝至宿迁以后巡阅的地点全部都是河工重点工程，"由顺河集码头登舟，阅看沿途所有，朱家闸、九里冈、骆马湖之引河等处河工。近黄河至徐家渡水路一百五十四里，分为四站，经由河堤阅看惠济闸、运河口木龙等处河工"。

皂河龙王庙行宫与乾隆南巡

宿迁市皂河安澜龙王庙为国家级保护文物，其宗教文化渊源可追溯到唐代。根据地方历史文献记载，此庙原本属于始建于唐代的堰头龙泉寺下院，在漫长的历史时期里，该庙的宗教性质和祭祀主体几经演变，至清初成为官方举行黄河之神国家祀典的专祠。由于该庙地处黄、运两河相交之处，是清皇室南巡回銮时的必经之地，康熙和乾隆皇帝历次南巡皆在此庙驻跸，诣庙瞻礼，拈香御祭。

清朝皇室对于皂河龙王庙的高度重视，不仅仅是因为这座庙宇在黄河之神祭祀礼仪中的重要意义，还因为此庙处于黄运两河相近之处，乾隆皇帝在安澜龙王庙《御制碑文》中说，"其地前控大河，后临运道，洪流湍波，远近奔汇，号为最险"，其河防工程的重要性不言而喻。因此，康熙皇帝和乾隆帝在诣庙瞻礼的同时，还要对黄河水利工程进行现场考察。

乾隆第三次南巡时，再次驻跸皂河龙王庙，写下了《龙王庙再叠旧作韵》五言古诗："德水方遵陆，图因阅运河。兰舟溯洄溜，桂棹羲清涡。放淤兼官绩，升香谢荐歌。千秋垂圣额，三度此钦过。予意望非别，神庥冀曰何？安澜佑黎庶，洪渎永宁波。"在首句"德水方遵陆"句后，乾隆帝自注道："上次南巡回跸，由顺河集登陆。今则乘舟直至德州，更与沿途阅视运河情形。"在第五句"放淤兼观绩"后自注道："是日小驻，御舟登岸，诣庙瞻礼。兼阅夏家马路放淤工程。"这个注解非常明确，乾隆皇帝当日住在皂河，并亲自到龙王庙中参拜黄河之神。《钦定南巡盛典卷五十二·河防》对于皂河夏家马路的

乾隆皇帝南巡亲自巡阅的夏家马路放淤工程

记载图文并茂，乾隆帝分别在二十七年和四十五年，两次亲临此处指导河堤工程，做出放淤和岁修的指示。夏家马路工处于皂河镇东南龙岗村小庙自然村到七堡村河湾处，位于安澜龙王庙东南。从记载和图形上看，夏家马路分为工头、工中、工尾，这三处全部修建放淤渠道，与运河相通，且在工头建有金龙四大王庙，工中修建有御碑亭等建筑。

　　诗中第七句"千秋垂圣额"下有自注："庙悬皇考御书额。"句中"皇考"即乾隆的父亲雍正皇帝。这说明安澜龙王庙中不仅有乾隆帝和康熙帝的御笔题匾，还有雍正皇帝的题匾，但题匾内容和记载均已无考。此句后的"三度此钦过"诗句，是乾隆皇帝自我表明：迄此为止，已经三次来过皂河安澜龙王庙。此句"三度此钦过"，可以证明，他每次回跸都亲自到过此庙，不过第一次驻跸之时，他没有题诗，只是为此庙题写了庙名和楹联。《徐州府志·宸瀚志》中记载：癸亥，遣官祭宿迁县皂河龙王庙，御书皂河安澜龙王庙匾、额、联："敕建安澜龙王庙"，"福佑荣河"，"惠泽澄涵资利涉，神功普应叶安澜"。

南巡回銮

清皇室南巡路途即将结束的时候，皇上以及负责南巡事务的钦差王大臣和总理行营事务大臣，就开始安排各种有关南巡途中开销费用、随跸扈从大臣奖惩、赦免南巡沿途州县罪犯、皇上各种指示贯彻落实和回銮路线安排等具体事务。

乾隆首次南巡回銮之际，在四月五日就下达谕旨："赏给拉纤河兵钱粮一月，自京随来水手网户赏给钱粮半月，江南水手头领赏给二两银锞一锭，水手等仍赏给一两银锞一锭"，对于管理和督帅河兵水手的河道总督、漕运总督两人也分别给以赏赐："高斌、张师载管理挽纤河兵，一路随从，诸事实心办理，所属河工人员亦俱能黾勉出力，甚属可嘉，高斌著加一级，张师载著加顶戴一级，作为从一品，其河工办差人员俱著各加一级"。对于沿途各河工水营汛兵，执行南巡具体任务者，多加两个月钱粮，没有参加执行任务者，加一个月钱粮。第二次南巡中，除河兵水手赏赐照旧以外，又对管河官员给予恩赏，河兵守备各赏给金牌一面、银牌两面；千总、把总等赏给银牌三面；效力千总把总赏给银牌两面；六班河兵等赏给银牌一面。

对于沿途各地前来进献迎驾诗词歌赋的文人，如少詹事习隽、编修叶长杨、庶吉士韩孝基等，赏赐绸缎、貂皮等物。其中有一位秀才俞育，奉旨进献《治河方略》，亦赏赐绸缎、貂皮、荷包等物品。还有一些原来被参奏罢官的官员，也乘机前来迎驾，以表示衷心，乾隆帝大都给予赦免原来处罚，乾隆十六年谕旨："上谕此次接驾入内，革职御史范咸、员外郎陈祖勋、知府金以诚、姜士伦、同知徐志岩、州同乌申、州判张宗洙俱着加恩赏给原衔。"第二次南巡时，又下旨："今春南巡，接驾废员内，酌量情罪较轻者，加恩分别赏给职衔，用广行庆施惠之典。"此外，乾隆还对于江苏安徽浙江境内各府州县的一般罪犯给以赦免："江苏安徽浙江三省军流以下人犯，俱著加恩，各予减等发落。"

乾隆此次南巡，还对于沿途的老年士民多加恩赏。"朕问俗省方，翠华所至，黄耆台背策杖欢近，虽已于途次各加恩赐，而优恤高年，推恩宜渥。著各督抚查明经过州县，男妇七十以上者，照从前恩诏之例，分别赏赉。"

乾隆不仅对于表现优秀者给予奖赏，即使普通随行人员，也考虑到南方物价高于北方，俱都给予补贴："此次随朕南巡人等，虽俱赏有帮贴、路费、俸禄、钱粮、官马，但内地行走与口外不同，其一应物价不无昂贵，势必稍需余费。著总理行营事务大臣，将此次随来大臣侍卫、官员、执事人兵丁，及存住在顺河集人等，作何加恩赏赐之处，分别定议具奏，所赏银两于两淮盐政存贮公项银内动用。"

乾隆在第一次南巡时候，就对于宿迁境内的民生状况多加留意，吩咐地方官员给予赈济，第三次南巡时又颁发谕旨："宿迁一带州县地方，濒临大河，向来岁收多歉薄。现在巡行省视，见闾阎气象较前似觉稍舒，而生计未能优裕。时值春和，农功肇举，尚需加恩接济，着该督等从优酌借籽种，俾得从容东作，以冀有收。该部遵谕速行。"

从水路到旱路的回銮路线

诸事处理结束，南巡队伍就开始踏上回京路程，原先南来的銮驾队伍和随跸人员，都必须在江南乘船回到宿迁。至宿迁后，原先江南各地提供的船舶就回归各府州县。乾隆十六年四月，内阁奉上谕："此次随从人等，至顺河集登陆后，所用船只仍应各回生理，但恐闸口壅滞，多被拦阻，伊等穷苦船户，回空既无雇值，又致停泊久候，何以资生？著派侍郎雅尔图、嵩寿会同将军西尔们、总漕瑚宝来往顺河集一带，将此项回空船只，于二三日内，令其尽行过闸，以示体恤。"

乾隆二十二年第二次南巡回銮时，乾隆帝和皇太后从江南乘船来到宿迁，即分开回京。皇太后仍然从顺河集行宫开始踏上旱路，经山东、河北回京；乾隆帝则沿运河北上，经徐州、山东回京。乾隆帝此次回銮船行运河后，即往皂河安澜龙王庙祭祀河神，拈香瞻礼，并阅示皂河夏家马路放淤工程。以后南巡历次行程均按照此例，故有皂河龙王庙五次驻跸并钦题御诗之举。

乾隆在年届七十五岁时，亲自撰写《御制南巡记》。他在此书中宣称："予临御五十年，凡举两大事，一曰西师，一曰南巡。"所谓西师，指的是乾隆年间平定准噶尔叛乱，收复天山南路和大小金川。他将六次南巡视作和"西师"相当的丰功伟绩，可见其对于南巡之事极为看重。故乾隆历次南巡皆有详尽记录，除了在《实录》《起居注》等清宫档案中有翔实的文字资料以外，还有高晋主持编纂的《钦定南巡盛典》，图文并茂地记录了乾隆南巡的各项事宜。同时，乾隆帝还令宫廷画师绘制了大量的《南巡行宫图》《名胜图》《南巡道里图》等写实画作，其中就包括宿迁境内的行宫、大营等。

宿迁作为清皇室十二次南巡的必经之地，在清皇朝这段鲜花着锦般的盛世乐章中，占有不可或缺的辉煌一页，境内与之相关的历史遗迹数不胜数。仅就河工一项，康熙和乾隆亲自巡阅并予以指示的河工重地，就有骆马湖、六塘河、运河、黄河、十字河、永济桥、支河口、皂河口、朱家闸、朱家口、拦黄坝、临黄坝、竹络坝、夏家马路等数十处，而境内流传至今的民间传说和故事轶闻更是俯仰皆拾。从文化角度来说，清皇室的十二次南巡给宿迁境内的历史文化留下了一笔十分丰富的文化遗产，也留下了一份无比重要的历史实证资料。

第三节
水神庙宇胜迹多

作为天地万物的本源的水，带给人类的祸福远远超过其他自然物。对水的依赖、畏惧和自我保护的生存意识，使人类在很早的时候就产生了对水的崇拜观念。中国地域辽阔，民族众多，居地分散，先民们信仰与崇拜的自然物有较大的差别。一般情况下，人们总是把与自己生活密切相关的自然物作为信仰与崇拜对象。因此，居于大江大河河谷平坝的人多祭祀河神、江神，居于湖泽附近的人多崇拜湖神、渊神，居于海滨的人多敬拜海神。这里面也包括因对治水英雄的崇拜而神化其能力和功绩，并把他们奉为神灵进行祭祀，祈求保佑。历史上的宿城为众水所聚之地，曾经在这里建造的诸多水神庙宇，同样显示出宿城水神崇拜的历史悠久，意识强烈。

金龙四大王庙

金龙四大王姓谢名绪，东晋太傅谢安的后裔。他是一位忠于汉族正统王朝的贤士，为保持民族气节殉国赴死。相传他死后转升为神。谢绪贵为皇亲，排行老四，生前曾隐居金龙山，成神后便称为"金龙四大王"。

宿迁早在明清时期沿河两岸建有多座金龙四大王庙，见下表：

名称	时代	地点	史料记载	现状
宿迁金龙四大王庙	明代	宿迁城西南黄河堤	万历、同治等《宿迁县志》	消失
大王庙	清代	宿迁中渡口	同治《宿迁县志》	消失
大王庙	清代	宿迁东关	同治《宿迁县志》	尚存
大王庙	清代	宿迁小杨庄	同治《宿迁县志》	消失
金龙四大王庙	明代	皂河西直河口	万历《宿迁县志》	消失
安澜龙王庙	清代	皂河镇	同治《宿迁县志》	尚存
龙王庙	清代	埠子镇	同治《宿迁县志》	消失
大王庙	清代	朱家海	出土庙碑记载	消失
小岱庙	清代	蔡集牛角淹	有遗址	复建

金龙四大王崇拜是明清时期伴随着京杭运河的全线贯通和漕运的兴盛而产生的一种新的民间信仰。元至明清，朝廷供需仰给东南，而物资运输主要依靠京杭大运河。《明史河漕志》载："漕为国家命脉攸关，（漕船）三月不至则君相忧，六月不至则都人啼，一岁不至则国人不可言者……依漕为命矣。"然而，以徐州为中心的上达山东下抵淮河的一段漕河由于是"借黄行运"，运道决口不断，漕运屡屡受阻，对当时的国计民生产生了重大影响，因此，治河护运成为朝廷的要务。但对病入膏肓的黄河进行治理并非易事，在当时人力所不能及的情况下只得求助于神灵。这时，谢绪便登上了神祀的舞台。

谢绪有着强烈的反元意识，在明朝初年的政治背景下将其打造成神是符合统治集团的利益的，于是便有了徐州吕梁一战中，谢绪的英灵骑白马率湖水助阵明军的神话。最早记载这一神话的是明代朱国桢，他在《涌幢小品》中言："金龙大王，金兵方炽，神以戚畹，愤不乐仕，隐居金龙山椒，筑望云亭自娱。咸淳中，浙大饥，损家资，饭绥人，全活甚众。元兵入临安，掳太后、少主去。义不臣虏，赴江死，尸僵不坏。乡人义而移之祖庙侧。大明兵起，神示梦，当佑圣主。时傅友德与元左丞李二战于徐州吕梁洪，士卒见空中有披甲者来助战，虏大溃，遂著灵应。"那时黄河泛滥威胁最重的是山东，几乎每次决口都会导致张秋以南运漕的阻塞，必须进行治理，而每次治河保运工程朝廷都少不了祈求金龙四大王的庇佑，因而大王崇拜最先起自山东。景泰四年（1453），敕令在张秋沙湾建造感应祠，祭祀大河神，大河之神左侧陪祀者即是"护国金龙四大王"。景泰七年（1456），又将金龙四大王从感应祠中陪祀的角色中超拔出来，另建金龙四大王祠，单独祭祀。沙湾的金龙四大王祠是官方记载的山东运河流域出现的第一座漕河神庙。从这时起，金龙四大王就被列入了国家正祀之中。嘉靖四十四年（1565），嘉靖帝命朱衡建庙于鱼台县新河堤上，奉祀谢绪。隆庆六年（1572）六月，派兵部侍郎万恭前往鱼台致祭，正式敕封河神谢绪为"金龙四大王"。

城西大王庙

　　城西大王庙又称宿迁治西南庙或宿迁金龙四大王庙。据明万历《宿迁县志》记载，宿迁先于明隆庆年间建了一座大王庙，地点在"新治西南"，兵备副使冯敏功、知县宋伯华督建。新治是指明万历四年从现项王故里处北迁二里的万历新城，即现在的老城区。至清初，随着黄河泛滥重心的逐步下移，金龙四大王祭祀也由北向南延伸，当时漕运最危急的宿迁随之成为金龙四大王祭祀重地，大王庙摇身一变为皇家祭祀庙宇。《清通典》载："顺治三年，封浙人谢绪为显佑通济之神，庙祀江南宿迁县。"《钦定大清会典则例》载："顺治三年，以黄河著异，加封金龙四大王为显佑通济之神。……庙祀江南宿迁县。"至康熙四十二年，这座庙被正式列入大清祀典。《清圣祖实录》载：康熙

乾隆行宫

二十三年，康熙皇帝第一次南巡视察江南堤工，至桃源县众兴集时，令内阁学士兼礼部四郎孙在丰前往这座庙宇"致祭于金龙四大王之灵"。据《同治宿迁县志》记载，这次致祭留下了康熙帝《敕祭文》于庙内。

康熙二十四年，靳辅对这座金龙四大王庙进行了改建。康熙《宿迁县志》对此有较为详细的记载："总河靳辅捐资……改建于城西南堤上。大殿五间，勇南王张将军、九龙将军配祀，东廊房五间，西廊房五间，东西耳房各两间，

戏楼三间，东西二门。御制看河阅工诗碑亭一座，门楼一座，红围墙一周，木坊三座，影墙一座。"至康熙四十二年南巡时，又令"宿迁等县黄河金龙四大王庙皆入春秋祀典"。

安澜龙王庙

　　安澜龙王庙位于宿迁皂河镇。雍正五年，总河齐苏勒在皂河附近再兴治黄、治湖工程，雍正皇帝敕令在宿迁县重修神庙。这一破例之举可能来自许多原因，但主要原因还是与朱家海决口堵决之后出现"河清祥瑞"有着直接关系（详见本书第二章第三节）。

　　齐苏勒之所以选择这里也一定是经堪舆先生看过的。强权政治下的封建社会，所谓"普天之下，莫非王土，率土之滨，莫非王臣"，齐苏勒为当朝二品大臣，上疏奏准后，首先强行将这座庙宇"收编"，于当年五月兴工修建，仅用了六个月的时间，即当年十一月修成。齐苏勒奏称"大殿添新补旧，复加修整，并改造大门、仪门、配殿，廊房外面周砌围墙，修造钟鼓楼以及建立牌坊，盖造东西道院。"所需费用由户部动用内帑（皇室私财）抵销。重修的皂河龙王庙，与"豫省"金龙四大王庙规模相同，但省了一半的银两，据《世宗宪皇帝朱批御旨》载："豫省庙即武涉河神庙耗银 8000 余两，而重修皂河龙王庙耗银仅 3999 两。"

　　皂河庙重修后，原来民间主祀的自然神东海龙王，让位于清王朝"春秋祀典"规定的人格神金龙四大王，以护佑黄河安澜，漕运通畅。东海龙王及其他龙王神位仍在，不过已经屈就偏殿，作为附祀之神，分享残羹余烟了。从此，皂河庙继宿迁县治西南庙之后，成为祭祀金龙四大王的全国"第一庙"。

　　乾隆继位之初即御书祭文发往皂河龙王庙祭祀，表达"朕敢夙夜敬勉，以拜神无疆之赐"的虔诚之心。乾隆十六年（1751）乾隆首次南巡驻跸宿迁，遣官致祭于县治西南金龙四大王庙。其后五次南巡，皆于皂河登岸，诣庙瞻礼，拈香祭祀，并挥毫赋诗，勒于御碑。以《安澜龙王庙》为题的诗作即有六韵、叠旧作韵、再叠旧作韵、三叠旧作韵、四叠旧作韵，除叙述皂河一带河势及灾患，多有对河神"显圣"的褒扬，对祖考"圣德"的称颂，更多有祈求神祇护佑黄运安澜的"虔祀精诚"之辞。

其他水神庙宇

张将军庙　位于小河口镇，祭祀的水神为张襄。相传张襄坐船往扬州途中，被船主杀害。张襄托梦给母亲和亲邻，嘱报官。后来果然抓获凶手，官府按凶手提供的线索，将流寇、河霸一网打尽。消息传到京城，皇帝大悦，赐给张襄"将军"的称号，并在当地为其建庙，而后还经常派遣官员前去祭祀。康熙帝加封张襄为"勇南王"，并重建张将军庙。自此，张将军庙不仅香火旺，而且名气也越来越大。小河口淤废后，张庙便成为这里的代名词。新中国成立后，这里的行政建制仍叫张庙村。2001 年改为双河村。

九龙庙　同治《宿迁县志·古迹》载："九龙庙在城西北运河滨。"即今运河南岸的石篓村和董坝村的交界处。

镇黄刘王庙　同治《宿迁县志·祠祀》载："在西堤上，祀桃源刘真君，乾隆间敕封静水王，祷雨辄应，同治十三年里人重修。"

朱山大王庙　同治《宿迁县志·祠祀》载："在顺德乡，元时水怪杀人，相传朱山大王除之，因祀于此，今废。"

第四节

古黄河畔是酒都

　　"酒里乾坤大，壶中日月长。"历史悠久的酒文化孕育出了宿迁的传世酒香，走进宿迁的街头巷尾，空气中仿佛也在弥散着淡淡的酒香，凉凉的、净净的，让人只想静静感受这座承载着厚重酒文化的酒都风情。古黄河带来了频繁的水灾，也带来了丰厚的地下水资源和黄土高原的泥沙，让水乡变成米粮仓，让宿迁成了即使在世界上也是难得的优质湿地酿酒区。好水才能酿好酒，宿迁声名远播的两大名酒——洋河酒、双沟酒，在美酒水源上具备天然优势。两大名酒的产地不仅生态美景宜人，悠久历史也赋予当地独特的酒文化。

悠远酒香源流长

　　宿迁酿酒的历史可以追溯到新石器时代。在公元前 4500 年至公元前 1000 年的龟墩遗址（泗洪县梅花镇赵庄），发现了大量酒具。从出土的酒具看，当时大多数的社会成员有饮酒的爱好，而且酒已经参与到祭祀活动中。在新石器时代晚期的宗墩遗址，发现了大量的陶制酒具和祭祀用具，这不仅佐证了江苏地区悠久的酿酒文明，而且说明：新石器时代，宿迁先民已经用高规格的酒具和礼节来饮酒，并进行酒文化沟通活动。

2009 年，在原市中医院旧址考古发现了一处明末清初的古酿酒作坊遗址，内有与酒有关的器物和大量的酒糟。酒糟里面有黑色稻壳状的东西，历经 300 多年，稻壳看上去还是很明显，还有高粱等作物，这些都是烧酒必备的粮食原料。

清光绪年间，洋河镇上酒坊多达 27 家。20 世纪 30 年代，镇上有广泉聚、广全泰、广庆德、广丰园、逢泰、祥泰、泉泰、康泰等酒坊。清宣统年间，洋河大曲在南洋劝业会上荣获金奖，双沟大曲被评为国际名酒第一名。1915 年，洋河镇三义酒坊所酿之酒在美国旧金山巴拿马国际博览会上获铜制奖章。据民国年间的《哲学辞典》记载："洋河，所在居民尚制酒，以酿高粱酒名。"在那个激荡起伏的大变革时代，洋河、双沟两大民族品牌名酒，凭借精湛的酿造技艺、独特的口感品质，赢得了荣耀和尊重。

宿迁地区近代工业的诞生也大都与酿酒有关，酒厂可谓宿迁现代工业文化的摇篮。1928 年 11 月，南京国民政府工商部在上海举办中华国货展览会，来自江苏、上海、河北、广东、江西等 23 省（市）展出各类展品 13271 件，其中宿迁、泗阳、沭阳等苏北各县参展商品大都为白酒、烟草、柳编筐等国货。

以洋河酒为代表的宿迁名酒还成为民国时期，白酒中最早和最大的"铁路运输"受惠者。据《清、民国铁路发展史》记载，1908 年，贯穿南北的津浦铁路开工，1912 年贯穿东西的陇海线开工，近代的两条铁路大动脉——陇海线和津浦线都经过徐州，作为铁路枢纽，徐州成了周边地区的物资集散地，其中宿迁名酒洋河酒，通过铁路运输畅销全国。据民国酒业历史资料显示，民国时期宿迁地区获得的各类名酒奖牌，遥遥领先其他产酒地区，宿迁成为

民国时期宿迁酒坊街头卖酒

当之无愧的白酒核心产区，同时产量也远高于其他地区。

抗日战争爆发后，酿酒业也遭受重创。在中国共产党的领导下，宿迁地区先后创立了淮北和淮海抗日民主根据地，根据地大力发展酿酒业，并将所酿美酒销往上海、南京等大城市，换取紧俏的抗日物资，从而延续了宿迁酒脉。

新中国成立后，国家实行酒类专营，将私营酒厂全部收购、合并，组建国营酒厂，从生产到销售的全过程，实行国家计划管理。1949 年初，宿迁县政府在新盛街周聚源槽坊基础上创建宿迁酒厂，为宿迁第一个地方国营工业企业。在 1979 年第三届全国评酒会上，洋河大曲荣膺"中国名酒"称号，成为"中国八大名酒"之一。在随后 1984 年、1989 年的全国第四、第五届评酒会上，洋河大曲又荣获国家名酒称号及金质奖，实现了"三连冠"的辉煌成就。1990 年，洋河被中国轻工业总会指定为浓香型白酒的标杆，并参与起草了仍在行业实行的"国家浓香型白酒标准"。

1984 年 4 月，著名经济学家、社会学家费孝通来到洋河酒厂参观考察，发出"酒都"的惊叹，回去后写下了《闻香已醉，未品先酣》的数千字美文，成为赞美洋河为"酒都"的第一人。地级宿迁市建立后，洋河酒厂成为市属重点企业，迎来重大发展机遇期，开发了号称"白酒地下宫殿"的百年地下酒窖，储藏白酒行业最古老的原酒。1998 年，费孝通再次到苏北考察，专程到洋河酒厂参观地下酒窖，再一次用"酒都"来赞扬宿迁这片美酒产地。

2009 年 11 月 6 日，江苏洋河酒厂股份有限公司在深圳证券交易所正式挂牌上市，成为江苏省白酒行业首家、宿迁市第一家国内中小板上市公司。

洋河地下酒窖

2011年3月20日，洋河、双沟强强联合，组建苏酒集团，苏酒集团成为中国白酒行业技术实力最强、生产规模最大、现代化程度最高的集团之一。

2012年8月，宿迁市正式被中国轻工业联合会和中国酒业协会授予"中国白酒之都"称号。至2019年底，苏酒集团年产量30万吨，原酒储存能力达100万吨，不同时期生产、不同年份的原浆酒储存达70万吨以上，规模产量均位居全国第一。

为宣传展示酒文化和擦亮酒都名片，从2014年开始，宿迁市每年举办隆重的封藏大典、谷雨论坛、头排酒开窖节等大型体验活动，通过"小众名流大传播"的形式，让更多人认识中国白酒之美，领略中国酒都之精髓。2018年4月，中国酒业协会评选出"世界三大湿地名酒"——苏格兰威士忌、法国干邑白兰地以及中国名酒洋河双沟，并第一次提出"湿地名酒产区"概念。2018年9月29日，中国酿造史研究中心揭牌仪式暨名酒史学术研讨会在

酒都公园

宿迁举行。

宿迁——一个闻名全国、享誉世界的"中国酒都"，正带着酒的香醇、酒的力量、酒的魅力，昂首阔步，一往无前。

琼浆美酒佳酿多

除了闻名遐迩的洋河、双沟等白酒，宿迁还有葡萄酒、啤酒。美酒佳酿，丰富多彩，绘出了一个时代的醉人风光。

1957 年，宿迁县委、县政府立足本地农业为主体及生产玻璃的石英砂矿藏丰富的实际，积极探索经济发展新路子，大胆地绘制了建设"玻璃城，水稻县，苹果黄河、葡萄山"的宏伟蓝图。这一宏伟蓝图不仅在当时起到了指导和鼓舞全县人民发展生产改善生活的作用，而且对此后宿迁的长期发展也产生了深远的影响。

"葡萄山"种植的是酿造葡萄酒的优质葡萄，俗名小黑葡萄，为中国古老优良酿造葡萄品种，当时洋北半壁店（今船行）一带多处连片棚架栽培，后来被命名为"宿晓红"葡萄。商务印书馆《中国土特名产辞典》收录有"宿晓红"条目。1964 年，国家轻工业部、农业部等四部委在经过实地考察和论证的基础上，批建了由轻工业部两期投资达 220 万元的宿迁葡萄酒厂。1966 年，由轻工业部广州轻工设计院设计的年产 500 吨原酒的宿迁葡萄酒厂建成投产。中央书记处农村政策研究室，农村调查领导小组办公室编辑出版的《全国农村社会经济典型调查资料汇编 1979—1984》记载了宿迁葡萄酒厂曾经的辉煌：目前这个县已有一个轻工业部设计投资建造的规模较大、设备先进的葡萄酒厂。该厂用良种葡萄"宿晓红"加工的红甜葡萄酒，1980 年被评为轻工业部优质产品，并列为江苏名酒之一；用其他葡萄生产的甜白葡萄酒，1981 年获省轻工四新产品三等奖；金梅牌干白葡萄酒，1984 年被评为轻工部优质

马陵山葡萄酒

产品，荣获铜杯奖。

　　到 1985 年，马陵山牌葡萄酒已连续三年被评为江苏名酒。宿迁葡萄产业发展到了巅峰期，葡萄栽植近万亩，总产达 400 余万公斤，葡萄酒厂年产达万吨，产值超千万，利税过百万。马陵山牌葡萄酒成为和洋河、双沟并列的"江苏四大名酒"。但是，由于市场营销机制等问题，马陵山牌葡萄酒销售每况愈下。自 1986 年起，省糖烟酒公司不再统一调拨宿迁葡萄酒，酒厂无法适应市场经济大潮，步履维艰，到 1993 年，宿迁葡萄酒厂正式破产。

　　时间回到 1979 年，宿迁葡萄酒厂增设了啤酒车间，生产"宿迁"牌啤酒，年产啤酒 1400 吨，产值 63 万元。1981 年，啤酒车间升格为生产经营独立核算的全民所有制企业，从宿迁葡萄酒厂析出，命名宿迁啤酒厂，年产 1 万吨。1982 年，宿迁啤酒厂将主打产品"宿迁"牌啤酒更名为"凤凰泉"啤酒。

"凤凰泉"啤酒深得消费者青睐，全国各地前来进货的客商络绎不绝。据老厂长吴良鹏回忆，当时外地客商想来进啤酒，都要在门口排队等上一个星期。到1990年，凤凰泉啤酒年产量达14720.17吨，产值1766.42万元，利税149.25万元。1991年，在全省四年一次的省优评比中，"凤凰泉"12度、11度啤酒再获省优，10.5度清爽型啤酒名列第一名。1993年，宿迁啤酒厂兼并了宿迁葡萄酒厂，再次投资1973万元扩建年产5万吨生产线，以满足市场需求，当年生产啤酒2.83万吨，销售收入4619万元，利税751.2万元。同年，"凤凰泉"系列啤酒荣获第一届香港国际名酒博览会特别金奖。1994年，宿迁啤酒厂年生产能力达8万吨，销售收入4794万元，利税1460万元。凤凰泉啤酒产销量一度独占苏北啤酒市场鳌头，产品甚至远销华北、西南、东北市场。

计划经济向市场经济转轨初期，宿迁啤酒厂仍然沿用计划经济体制下的一套做法，至地级宿迁市成立时，宿迁啤酒厂已经出现经营危机，凤凰泉

凤凰泉啤酒商标

啤酒风光不再。为了摆脱困境，宿迁市大力推进凤凰泉酒业机制创新，先是"靠外"，组建中外合资江苏凤凰泉啤酒有限公司；接着"引强"，2000年与山东青岛啤酒股份有限公司达成托管意向；最后实现"融合"，2001年3月，由青岛啤酒集团整体收购，成立青岛啤酒（宿迁）有限公司，为青岛啤酒股份公司的全资子公司。当年公司投资1000万元，对生产设备及设施进行改造，并于7月投产，借原有的青岛啤酒品牌，盘活了曾经有过骄人业绩的凤凰泉啤酒资产。"靠外引强、融合发展"，为宿迁的酒业机制注入了新的活力与模式，借鉴国外成熟的生产、管理、营销机制，让"凤凰"涅槃重生，宿迁凤凰泉啤酒实现了华丽转身。

饮酒习俗乡风浓

　　宿迁是南北交通的重要节点，南北方不同的生活习俗在宿迁地区交融。宿迁的饮酒风俗既有南方商贾带来的影子，更有北方饮酒豪爽的风骨。随着社会的发展进步，宿迁饮酒习俗也随着时代的发展而演变。

　　古时，宿迁的饮酒有一套约定俗成的规矩。逢年过节、婚丧嫁娶都要用酒敬神、祭祖。官方一般有专用的成套祭祀酒器，民间则是平常待客饮酒用的酒壶、酒杯。不论是何种酒器，祭祀时都要斟满酒，双手举起酒杯向神灵祷告，然后从左到右把酒一条线洒在地上，寓意已经敬给神灵饮用。平时晚辈给长辈敬酒，一定要倒满酒杯，晚辈站起来"一口闷"，长辈只需酒沾唇示意即可，晚辈酒干后才能吃菜。

　　自古以来，"无酒不成席"在宿迁城乡形成了牢不可破的规矩，饭桌上没有酒就称不上宴席。宿迁酒席桌旧时为方形的"八仙桌"，每桌坐八人，按辈分、年龄、身份和与主人的亲属关系排定主次贵宾。主贵宾坐正面上席，次贵宾坐对面副席，其他人分坐两边。席上设"酒司令"（斟酒者）一至二人，坐于侧席位。酒司令由主人任命或自荐，一般为主人的至交、晚辈，以年轻、善饮、机灵能言者胜任。酒司令须熟知或通过察言观色，对各人酒量有大致了解，以便做到公平有度，不偏不倚。

酒席上赏罚也有许多名目，罚酒有"入席三杯""滴酒三杯""摸壶三杯"等，对不按时入席者、应干杯而故意留有残酒者、未得到酒司令同意而擅摸酒壶者，均要罚酒三杯。此外，说错话的、破坏"协议"的，也都是罚酒的由头。另外，一壶斟至某人恰好斟尽，则谓之"有喜"，或曰"巧酒"，某人须喝了此杯，再开新酒斟满再喝一杯，叫作"壶头壶尾"，这便是赏的"喜酒"了。席上还有"酒无二斟"之说，酒司令给人斟酒，不存心照顾，也不能补斟。第一杯酒斟齐后，首先要举杯同饮，谓之"门盅"。"门盅"一般为两杯或四杯，除特殊情况外，来客都必须同饮此酒。"门盅"喝完之后，对陪要分别敬两位上席主宾酒，最少是敬两杯酒，有好事成双之说，也有敬四杯酒和六杯酒。敬酒必须全桌都敬到方为有礼，有"宁冒一庄，不冒一家"之说。敬酒人为了表示诚意，要"先干为敬"，一口把酒杯中酒喝完，还要把酒杯倒过来给大家看一下，不会滴下一滴酒，显示出真情、爽快。被敬酒的主宾碍于情面，也会"一口闷"。出于礼节，先被敬酒的人还要回敬，回敬喝得酒杯数一般和受敬的相同，不然也会被视为失礼。

敬酒还须有由头，如同乡、同学、战友、同事、同行、同龄、同姓、长辈、年尊乃至初次见面、初次同桌、同一条板凳、兄弟的朋友、爱人的同事……都是敬酒的由头。所谓"酒桌之上无真理，条条大路通酒杯"，无非是巧立名目，要陪对方喝足喝好，而且使酒席上增添许多欢快的气氛。

酒喝到高兴的时候，所有由头都用完了，如果还没尽兴，就玩"杠子老虎鸡"和划拳游戏，输家喝酒，赢家欢呼。总之，只要坐到餐桌上，"吃饭"只是一个托词，最终目的还是喝酒。

改革开放以来，随着宿迁酒业的快速发展和人民生活水平的迅速提升，

宿迁文明 20 条

几千年一脉相承的酒文化达到了迸发期，酒场上推杯换盏，你敬我让，热情强劲，真诚豪饮，"一口闷"形成愈演愈烈的风气。

为了倡导健康、文明、节俭的酒文化，戒掉过分劝酒的陋俗，2015 年，宿迁市组织开展《宿迁文明 20 条》文明公约征集与推广活动，其中第 10 条"不过分劝酒"倡导、引领了宿迁人的酒场文明风尚。不派酒成为当下宿迁人的饮酒常态，客人是否饮酒，饮多少酒"主随客便"。当然，主人"礼到人不怪"的敬酒礼节还在延续。

2020 年 1 月 10 日，市委宣传部、市文明办牵头制定的《人情新风"宿 9 条"》正式发布，一至三条分别为"婚事新办，丧事简办，小事不办。""随礼往来一二百，不把人情变成债。""请客要适度，宴席不铺张。"从单一的酒桌文明，走向规范、引导、创新饮酒风俗。

第五节

四野绿云笼稼穑

水是农业的命脉。国以民为本，民以食为天，而食又从水土中产生。清康熙年间著名大臣慕天颜说过一句话："兴水利，而后有农功；有农功，而后裕国。"这句话极有见地，深刻阐明了治水、农业生产和经济发展、国家富强的关系。古黄河边的传统时代，宿城人按照自然的节序进行劳作。同时，人们积极的涉水行为也在不断地改善水环境，从而与四季气候一起，塑造了宿城人的生活生产方式，不断推动着宿城农业文明的繁荣。

土产方物

关于宿迁土产，明万历《宿迁县志》载："按鱼盐草木之类著于《禹贡》者不少矣。盖方土所产，祭祀宴享恒必需之。"县志中把宿迁土产分为谷类、木类、蔬菜、花类、草类、果类、药类、羽类、毛类、麟类、虫类、货类等12个种类。

我们把当时与生活联系紧密的蔬菜类、鳞类列出：

　　蔬菜类：芥、芹、葱、韭、薤、茄、菠、蔓菁、芫荽、萝卜、王瓜、菜瓜、丝瓜、冬瓜、南瓜、西瓜、瓠葫、蒌蒿、莙荙、苋、荠、马齿、污兰菌、白菜、扁豆、莳萝、玉环、黄花菜、红花菜、藤蒿菜、地瓜。

　　鳞类：鲤、鲫、鲂、鳊、鳜、白鲈、鳗、鳝、鲇、螺蛳、蚬、河豚、虾、蟹、蚌、鮰、鳅。

　　对比于今日，我们可以看到地方物产的顽强生命力，明代时所食用的蔬菜和鱼类，到了今天我们仍然食用。在鳞类中只有河豚一项在今日的宿迁已经不见。今天宿迁的国家地理标志产品如瓜蒌、金针菜等都能够找到相关的历史依据。

　　民国时期，宿迁本地特产有洋河大曲、窑湾绿豆烧、邵店草帽、顺河集鸡蛋、杨集草纸、大兴集金针菜、骆马湖小麦、归仁绿豆饼、大同水晶山楂糕、益美甜油、埠子车轮饼、王儿沟沙缸、曹集萝卜、大蒜等。

　　地方物产中数起最有特色、令人记忆尤深的物产则是骆马湖"三宝"了。所谓骆马湖三宝并不是什么珍稀之物，就是骆马湖地所生产的蒌蒿、小蒜和荠菜。

　　蒌蒿（本地人称驴蒿），是多年生草本植物，其茎叶可以作为蔬菜使用。蒌蒿粗豆腐是颇具地方特色的菜品。其制作方法是将蒌蒿洗净，用开水烫一下切碎，再用一些黄豆磨成浆糊，连同蒌蒿一齐放到锅里煮熟，加盐调味，便可以食用了，又叫小豆腐。其美味特别，吃了还想吃，营养丰富，又可以祛除风湿，尤其是将做好的粗豆腐滤干净，用猪油上锅翻炒一下，其味妙绝，令人垂涎三尺。

　　小蒜，是一种春季在麦田里自然生出来的野菜，叶子像韭菜，更像牙蒜，叶子细长，茎像蒜苗，根部长出的蒜头比黄豆较大，能食用。旧时，春季到骆马湖挖小蒜是一地方特色。小蒜挖回家后，拣出黄、枯、死叶等杂物，用清水洗净后放阴凉处晾干，可以拌凉菜、清炒、制作成包子馅都行，也可以制作成咸菜，味美无穷，令人回味。

荠菜，和小蒜一样，也是一种可以食用的野菜。辛弃疾曾写过"春在溪头荠菜花"，苏东坡盛赞它"天然之珍，虽小甘于五味，而有味外之美"。荠菜可清炒、凉拌或者和着豆腐制成丸状物，或者裹着面皮制成荠菜卷。过去宿迁城内有一家包子店，用骆马湖荠菜配猪肉做成的草狼包子为本地一绝。

也许所谓"三宝"都是旧时农家在青黄不接时养家糊口的食物，但却养活了多少农家子弟！至今让宿城百姓回想起来仍然百感交集，只是"三宝"中的小蒜在今天已不常见。

耕作制度

对于宿城而言，虽然黄河泛滥对地方经济造成了莫大的破坏，但是为什么一代代宿城人还要在此繁衍生息呢？有一个重要的原因：黄河泛滥后往往会造成大面积的淤积土地，而且淤积土地的肥力和河流的含沙量有很大关系。一般而言高含沙量会造成泛滥区的沙化，黄河的一般含沙量在 3.3%，洪水时期在 14%—40%，最大含沙量达到 58%，我们可以设想黄河从黄土高原奔腾而下，经过中原腹地，到达宿城时含沙量会逐渐减少，小的含沙量往往会产生淤肥效应。骆马湖、黄墩湖等湖荡地带以及归仁集东南近洪泽湖湖区一代，属于老淤土，多灰褐色，有黏性，又因为每年湖水上淤，肥力极大，最宜三麦，产量极高。古黄河两堤由北向南地带，一直延续到归仁堤一带，成为红淤土，湿而有黏性，细腻有肥力。正是因为过水之后土壤肥力增大，才有了"黄河不留骂名"的俗语。

自 1855 年黄河北徙后，宿城古黄河区域的土壤肥力急剧下降，同时出现沙化和盐碱化现象，老百姓的生活水准急剧降低。直到新中国成立后，开展大规模旱改水和农田水利治理，才得以好转。

　　传统时代，这一区域耕作粗放，多为一年一熟为主、搭配部分一年两熟或两年三熟。一年一熟主要是种植小麦、玉米、高粱等，如骆马湖的湖地，秋天种植，经过一冬，芒种前后收获。夏季雨水多，骆马湖无法耕种。部分土地可以一年两熟，如大麦、小麦、菜籽、蚕豆等农作物秋分下种，经过冬季，第二年的芒种收割，称为春田，亦称六陈。花生、芝麻、山芋夏至前后种植，白露前后收割，称为晚秋。当然高粱、小米、水稻也可以清明下种，立秋收割称为秋田。若遇到旱灾，为了补救民食，处暑前后仍可以种植萝卜、胡萝卜、荞麦，入冬收获，此属例外。其他的杂粮和油料作物主要种植面积较少，一般都在田头地脚搭配种植。

　　在宿城的传统主食中，小麦一直占有重要地位。骆马湖作为季节性湖泊时，土地广阔，骆马湖收小麦是农忙时节中最为经典的场面。

旧时收麦图景

户口赋役

　　宿迁的赋役制度从明代开始有明确的记载。万历《宿迁县志》记载宿迁县景泰三年户6848、口58990，弘治五年户7482、口152110。此时的"户"是纳税单位，而"口"是实际人数的单位。此县志记载万历年间户7765，口140484，官民田地为8723顷69亩7分7厘。没有标注年份，根据此县志编修印刷时间为万历五年，此记载的户口应为万历初年数据。从以上数据中不难看出，宿迁户口数字在明代百余年间几乎增长缓慢。究其原因，是因为明代土地兼并严重，徭役负担过重，正如县志记载："日者宿迁以来，田则沼矣，而粮犹故也。丁则亡矣，而差犹故也，力则诎矣。"为了逃避徭役，对里甲户丁的统计自然多有不实。

　　到了明代中叶后，政府在赋役方面的重要改革是实行"一条鞭法"，在役银编征方面打破了过去的里甲界限，改为以州县为基本单位，将一州县役银均派于该州县之丁粮。编征时一并考虑民户的土地财产及劳动力状况，"量地计丁"是当时编征役银的基本原则。根据嘉庆《宿迁县志》记载，明万历初年审定丁额为18875丁，万历二十四年为14758丁。后代后期基本沿用祖制，变化不大。

　　清朝建立初期，税赋新增了薪饷、匠班、缺丁等银，造成民困，顺治七年登记在册的宿迁赋税人口仅有8167丁。到了康熙南巡后，在地方官民的力争下，康熙皇帝对宿迁赋税予以减免，此后宿迁户口增加较快。到了乾隆四十年，登记在册的丁额已有258061丁，可见宽政之后，人口繁衍之迅速。到了光宣年间，行新政，御外辱，国家财政压力随之增大，地方增派较多，杂税猛增。

　　民国以来，田赋沿用前清旧制，分丁赋、田赋及漕米三项。田赋即古之田租，丁赋即古力役之征。因以丁为标准，常须变动，故并丁于田，统分两

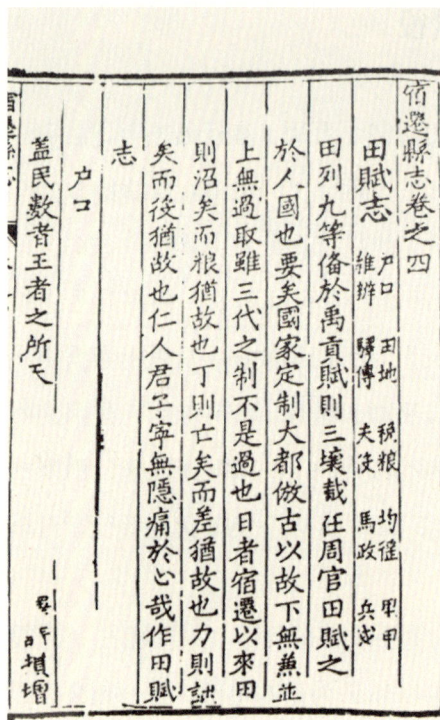

《宿迁县志·田赋志》

期征收银两，称上下忙。漕米为清朝漕运南方之米，以供给北京王朝之用，故于江南等省加征米石。本县虽原属江南省，但不产米，遂征收代金，缴由省司代办交运。入民国后，转运制度已废，但名目尚存，征款如旧，因起征多在冬季，又有冬米之称。全县地亩在清代曾经清丈，但以河道湖泊，坍塌涸淤，地亩不时变更，而清文册籍亩数成为定率，致使实田与粮田不相符合。

第七章

万紫千红

宿城古黄河的精神文化

　　在人类文明史上，水从来都不仅仅是自然物质，就其对城市文化的作用而言，水是自然与城市融合并和谐发展的永续动力。试观我国古代城池，没有一个城池不是临水的，水几乎决定了城市的人口集中、物资交流、交通枢纽、出入方便、居住安全等方方面面，更对城市的品位风格、精神面貌、文化属性起到关键的作用。由于地理和历史的原因，古黄河流经的宿城成为文化的过渡地带。远古时代是华夷交汇地带，华夏与东夷不同文化形态交相辉映。此后，随着黄河夺淮，特别是南北运河开通以后，南北文化进一步交融。古黄河把宿城区域文化包罗在一起，留下了丰富的精神文化。

第一节
古黄河塑造出的城市文化

　　一座城真正的完美不在于她拥有什么，而在于她是什么，而决定一座城"是什么"的本质力量是城市的文化。城市在漫长的历史积累中形成了自身独有的文化特色，这种城市特色是区别于其他城市的显著特征，最初形成于城市的自然环境，并在历史的积淀中不断演绎独有的文化情境，同时逐渐发展并沉淀出城市文化的历史凝结。宿迁城市之滥觞，可以追溯到春秋时期的钟吾古城。由于黄河变迁，宿迁城经历了多次迁移。以历史的眼光来看，黄河在催逼宿迁城迁移的同时，也帮助宿迁城市文化不断地完善和升华。

城池：喻公马陵筑新城

　　据明万历《宿迁县志》："本县自昔无城。明正德初，山东贼南犯，御史张公命知县邓时中南自新沟北至马陵修筑土城，建四城楼：南曰临淮，北曰通泰，东曰镇海，西曰会洛。"

　　淮安知府邵元哲在《迁宿迁县记》中记载："万历丙子……宿迁为洪涛

荡，民居半圮而入于河，县治圮者过半，且及政事堂……乃迁县于马陵山椒焉。城以土筑，而砖其堞，袤广四里，门三：东曰迎照，西曰拱秀，南曰望淮，城北据堪舆家言，不可门，亭其上，曰览胜。"

以上说的万历丙子即是万历四年（1576）。由于黄河决口，洪水浸淹宿迁城，时任知县喻文伟拿出自己在任内的所有积蓄，变卖了身边财物，仅仅凑够了四百两银子。他游说官员，取得知府邵元哲支持。通过他们的努力，漕运总督吴公发漕粟帑金拨银 3200 余两，按察使舒公、盐运使王公支持 2900 余两作迁城费用。经费基本解决后，他又身先士卒，亲自带领勘察人员寻找县城新址，最后决定在原县城北二华里的马陵山南筑新城（今宿迁市老城区）。

城墙：东西南北多变迁

县志中最早的宿迁城，及明正德年间知县邓时中所建，以土筑而堞以砖垒，周长 4 里，城墙高 1 丈 5 尺，址阔 3 丈。顶砖铺阔 1 丈，雉砖砌高 3 尺。同时，又在城外筑起护堤。县城建成后的第二年秋，黄河洪水从新县城边走过，县城和居民安然无恙，从累年水灾中走出来的百姓们欢欣雀跃。

万历四年，宿迁城迁建于马陵山麓后，因土壤疏散，城墙多处遭损，此后知县赵敬宾、孙湛、莫应奎以及聂鋐相继修葺。

万历二十二年，何东凤调任宿迁知县，见土城多处塌坏，便捐俸薪，聚财粮，修整城墙。为使城墙永固，改建砖城及四个城门：东曰阳春、西曰镇黄、东南曰迎薰（俗称小南门）、西南曰河清（俗称大南门）。城门上均建有城楼，楼高出城墙一丈有余，皆仿宫殿式，四倒庙，展角，出檐约六尺，下有走廊；门名皆石刻横额金字，字面向外，颇为壮观。后来随着城市人口不断增加，城内建筑、道路不断增建，又将望淮门改为迎薰门，在南城墙西半边

宿迁城城墙

新开辟河清门。同时，将原先城门用砖筑加城门楼。这是有史料记载的宿迁城第一次使用外包砖为城垣主体。

进入清代，宿迁城池多次修缮加固，规模最大的一次是乾隆三十二年，知县沈松龄在明代城墙的部分基础上重新进行了修建。城池变为"周围三里，共四门：东曰朝阳、西曰镇黄、大南门曰河清、小南门曰迎薰。高二丈一尺，厚三尺六寸，垛口八百四，水关二。"

到了咸丰年间，宿迁城楼隍堞因年久圮损，知县胡荣本、王献琛、教谕徐宗敬、州同张梦元等人对其进行了重修。

清代中叶，为防御捻军进攻，里人叶兰皋、朱庆唐等又在城外增建土圩，长一千六百余丈，并建有哨门、吊桥、炮楼、涵洞等附属设施。圩门有北圩门、东北门、东圩门、小东圩门、南圩门、西圩门、水西门以及西北门。

光绪十九年，城墙破损，知县萧仁晖进行了续修。宣统三年，王光毅等进行了复修。新中国成立后，由于城市建设需要，1951 年拆除了东城墙，后相继拆除了南城墙；1972 年西城墙拆除后，宿迁结束了具有城墙的历史。

交往：使者眼中宿迁城

最早路过宿迁的外国人，有史可查的是马可·波罗，他在《马可·波罗游记》中称：宿迁是一个很大的城市，"第三日晚便可见到一座城市，名邳州。这里出产一切生活必需品，并向大汗提供大宗的岁入。从这里向南行二日，经过一些富裕的地方，到达西州城，这是一个很大的城市，工商业十分发达。居民全是偶像崇拜者，对于死者实行火葬。他们使用纸币，也是大汗的百姓。他们所产的谷物和小麦的数量一样很多。以后所经过的地区，也发

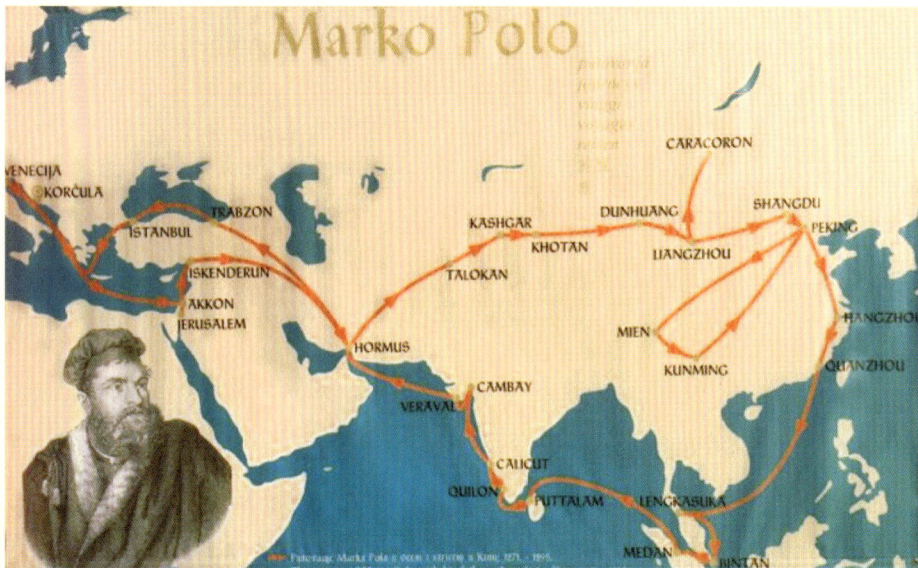

马可波罗旅行图

现了许多城市、市镇和城堡，并有许多好看又实用的狗。小麦产量也很丰富。这些地方的人民和刚才所描写的那些人民一样。"在《马可·波罗游记》不同版本的翻译中，均标明文中所记的西州就是宿迁。《马可·波罗游记》中有关宿迁城市规模、经济状况、民风民俗等方面的记载，对宿迁人而言是一个弥足珍贵的文字资料。

日本高僧策彦周良（1501—1579）先后于嘉靖十八年、二十六年作为日本遣明使副使和正使到中国，他的《入明记》中有大量有关宿迁的记录。如记载钟吾驿的状况是：岸口有小门，面揭（匾额书写）"关河"二字，里揭"奉节"二字，驿门竖额"钟吾驿"三大字。又，县门竖揭"宿迁县"三大字。又，右侧有小堂宇，额"旌善"二字。记载项羽庙：庙在岗上，冈外有一小门，横揭"灵应行祠"四大字，入此门则有石桥，过则有庙门，揭"楚王祠"三大字。庙前贴纸，揭"西楚霸王"四大字，中央坛上安项羽塑像，右侧书云："力拔山，气盖世，千古英雄。"策彦周良对宿迁市井也格外留意，专门记载了路旁

策彦周良像

的酒店和商铺的招牌，"路边卖酒店多多，帘铭书云：味招云外三山客，香引蓬莱八洞仙。消万斛愁怀，壮三军胆略。神仙留玉佩，卿相解金貂。任意零沽，零买应时。如此之类不可胜数。"策彦周良随使团前后三次经过宿迁，在宿迁境内停留 13 天之久，他对宿迁市井城繁荣的记录，尤其是对早已消失的宿迁旧城的描写，弥补了历史资料严重不足的遗憾。

明代弘治元年正月三十，朝鲜济州岛推刷敬事官崔溥因回乡奔丧，遭遇风浪，被飓风吹到中国境内。明朝官员押送他从宁波北上，船行运河，于二月份来到宿迁。在这里，他记下了二月十九自古城驿站到伍家沟，经白洋河、陆墩、小河口，至钟吾驿，驿站前有皇华门、蜚英门、双桂门等情况，并记载了驿站北面就是宿迁县，有递运所等。

约翰·尼霍夫像

清代顺治年间，荷兰使团约翰·尼霍夫的《荷使初访中国》记载了宿迁的情景："该城位于一座丘陵脚下，运河右岸，距离桃源县八十里。我们到达该城时，看见该城右边有一座宝塔，建造得又高又美。"《宿迁县志》中只记载了古代宿迁有松林塔院、竹城塔院两座佛寺，但对于这两座佛寺中有没有宝塔则未涉及，约翰·尼霍夫的记录则证实了宿迁城的东面确有宝塔。

乾隆三十年，越南人阮辉莹，作为越南使节到中国纳贡，他在《奉使燕京总歌并日记》中记录道："城外有项王祠，有虞姬像在侧，匾'英雄情种'。江埠左有寿天禅林，匾'昙云妙谛'。一路地势旷渺，人村甚远，只有曲麦无他。树木于两岸堤上，三四小庐，或是堡房错落，朴陋不有庸社，但堤路间柳阳向风尔。县城临流有宿关税务厂，系是委员所管，匾'宿迁县关'"。

1897 年的《字林西报》记载了一个传教士初到宿迁的感受，他从运河缓缓而来，面对宿迁高大的城墙，不由赞叹"这是一座伟大的城市"。

公园：城市走进近代化

马陵公园　马陵公园是老宿迁人最有记忆的休闲之地，其名称显示着悠久的历史。"马陵"二字出自马陵山，而公园则是晚清以来中国城市近代化所特有的标志。

1934 年，宿迁县长张酉藩在马陵山西边整理渠塘沟壑，辟建公园。将马陵山西边的一条渠塘整理为"一勺湖"。在湖东岸建一草亭，起名"餐秀亭"，

马陵公园真武庙

马绍中撰联曰："朝朝暮暮群贤毕至，年年月月秀色可餐"。整修了马陵山上原来的真武殿、望河楼等建筑，把西望河楼改为瑞璇图书馆，馆内悬挂《倪瑞璇行吟图》、人像和山水布景；东望河楼改为杨公亭，亭中悬挂杨泗洪画像及名人题咏。于是，此处开始被称为马陵公园。

1934 年夏，国民党西北军骑兵一师师长张华堂来宿迁驻防，对马陵公园进行了改建和扩建。新建环园公路、篮球场和三间华堂图书馆。

马陵公园的建设让宿迁走进了近代化，宿迁城市建设从此进入了公共时代。

宿迁前贤有《马陵公园赋》曰：

> 地襟运水，脉拱重岗。望征帆而东飞千里，看层楼而高出八荒。瑞草常荣，齐带露而滴翠；奇葩竞秀，每经风以流芳。骚人记韵，墨客吟香。马陵千载而弗朽，公园万古亦常光。美酒盈樽，时欲饮而尽醉；高堂满座，将论汉而谈唐。丕振英风，频来不速之客；时逢胜友，乃下八尺之床。曲水晚舟，听渔歌之欸乃；回廊幽巷，率过客而彷徨。曲栏杆前，足怡情之悦目；修竹林里，堪却暑以乘凉。时弄笛而云遏，将抚琴之风扬。悬长天之玉魄，笼万象而如霜。裹妲娥之轻纱，著天孙之云裳，使人情迷心畅，酒醉诗狂。生仙风之两腋，欲凤蓍而龙翔。真苏省之异境，诚宿邑之妙场。

项王故里　历史上的项王故里称"项羽里"，《江南通志·卷三十三》载："项羽里，在宿迁县旧治北内里梧桐巷。"唐宋时期，梧桐巷里立有项王牌坊，后因黄河泛滥而毁。元明时期复建，至清初又毁。清康熙四十二年，宿迁知县胡三俊等在项羽手植槐旁立碑一座，碑高六尺、宽二尺，碑面浅镌"项王

项王故里

故里"四个大字。同时，建庙一座。

张华棠驻宿时，发展公共事业，在兴修中山路、马陵公园、西城门外体育场的同时，也修建了项王故里，在古槐旁建槐安亭和草厅三间，命名为"英风阁"。

1935 年，宿迁县长张乃藩倡导筹资，由宿迁人方建中在槐安亭旁建六角石瓦亭一座、石桥一座，在草厅原址上重建英风阁，陈列项羽纪传、昔贤诗文和时人题咏。院内种植垂柳和松、竹、桂、菊等树木花草，辟为公园，供游人观赏。

第二节
宿城古黄河的民俗文化

　　总有一种思绪流淌于流年的记忆中，总有一种记忆沉淀在年轮的睡梦里。每一个宿城人的记忆中、睡梦里，都住着一座城，住着一座水光潋滟，青翠欲滴的宿城，住着一座朴素大方、温柔体贴的宿城。一朵花有一朵花的姿态，一座城有一座城的风情。"寻常一样窗前月，才有梅花便不同"，泗水、黄河、运河丽影叠加下的宿城，犹如梅花掩映的"窗前月"，摇曳着别样的风情。宿城的风土人情、民风民俗，牵扯着宿城人多少年来难以言说的情愫，好似掌心上的纹路，斩不断，抹不去，成为不可磨灭的印记。

南北汇通的饮食文化

　　宿城自从黄河流经后，特别是经历了"以黄代运"时期，这一区域南北交汇更加频繁。宿城的饮食也是如此。淮红戏《叩百子》中有一段关于孕妇拣嘴的描写，从中可以一窥宿城人的饮食世界：

正月十六扣百子，二三月里拣了嘴，闲了饭，拣了嘴，一心想吃好东西。想吃那扬州空心子，春萝卜，醋拌豆芽调藕丝；烧茄子，烧付子，丝瓜架瓜毛豆粒；香椿头，荠菜根，韭菜芽子黄菜心；枸杞豌豆番瓜须；非非菜，独帚头，榆树钱子茼蒿叶；山木荠，小苜蓿，戚戚芽芽小豆腐；嫩芹菜，炒肉丝，蒜苗烧肉煨蹄筋；清蒸肉，糖醋鱼，白水鸡蛋调蒜泥；拍黄瓜，调粉皮，抓把大的盐水鸡，麻酱又调四季眉，还想吃生焰那活跳的元宝鱼。

再吃些小菜子：众兴十样锦，淮城咸杏仁；溢美八宝菜，宏源莴苣皮；宝应咸鸭蛋、界首香干子。这些东西还不算，还想吃松江府里的酱荸荠。

再吃些小零食。第一炉的汤面饺，草狼荤包子；火食饼，金刚棋，茶酥烧饼小碎子；花糖糕，烤红芋，极乐庵的大卷子；敲白糖，捏糖人，冰糖球子糖枣子；五香面蚕豆，油炸花生米；转心莲，大瓜子，炕白果烧栗子。这些东西还不算，还想吃金山寺里酱豆子。

吃零食，有名色。戴五炕馍饼，孙三辣汤有鸡丝；黄狗猪头肉，凌荣轩的豆卷子；沈老大刀面，周大干饭香稻米；赵瘸子来籽子，于秃子油火食；罗祖堂后面三不饱，花糖糕面鬼番团子。

还要吃蒸炒肉配松子，炸丸子蒸腰子，顺口溜溜烩首子，白菜绣球烧羊子。天上飞禽吃几顿，百灵舌头画木子，野鸡子，野鸭子，斑雀、链雀、黄翁子。

这些东西还不算。吃山珍，动海味，山珍海味有意思，猪肉炖鲍鱼，金子银鱼海蜇皮；猴头燕窝烧鱼翅，海鱼瓢子干虾米；五香春和银耳，鱿鱼淡菜海马子；蛏干面，火腿丝，加块冰糖有滋味。

还要吃些面东西，鹅油饼，酥锅贴，鸡丝面，油卷子，雪白汤圆米丝子；蒸干饭，香稻米，虎皮酱瓜咸莴苣；豆腐卤，鲜香椿，小菜碟子多加香油糖蒜汁；吃羹饼多加核桃仁，吃个地雷还要啃个大黍棒槌；吃娃娃鱼材料齐，五香大头菜，辣椒酱大蒜泥；香甜油醋花生米。这些东西还不算，还有味精对芫荽。

还想吃又酸又甜鲜橘汁，吃黄瓜，一池水，吃小瓜，有名色；大金杯，甜如蜜，猴头酥，黄疙脆；羊角蜜，新产品，关老脸，紫堂色；吃西瓜，吃三相，白皮黄瓤黑籽籽；洋糖浸，和蜂蜜，吃在肚里凉阴阴，从头凉到脚后跟。

再吃些鲜果子，桂圆肉，菠萝蜜，枇杷果子羊奶橘；大葡萄，小枣子，怀远石榴砀山梨；麦黄杏，酸癞子，鲜桃要吃掉汁的。

从唱词中可以看到宿城饮食的丰富，既有山珍海味，时令鲜果、兼有各地特产，举不胜举。

泥土味、人情味的歌谣

民间歌谣在古代为乡野俚曲，是不登大雅之堂的民间文化。自古以来也还有不少文人是比较重视民间歌谣的，除去《诗经》之外，汉晋以后的乐府诗，唐代文人根据民间歌谣样式改编的竹枝词等，都充满了民间趣味和民间智慧。宿城一带在传统的乡土社会里流传甚广的民间歌谣，大致以童谣、情歌、劳动歌谣为主。

童　谣　宿迁一带流传甚广的哄小孩睡觉的歌谣："唧唧唧，老猫籍。"虽然只有这一句，但其中包含的文化含义值得深入考证。相传，这老猫籍的称呼还是两千年前彭城人对于楚霸王项羽的称呼，项羽的口音对于彭城人来说，相当于现代徐州人对于我们宿迁人的看法，自然是有些猫音。在徐淮一带，对于各地方言口音的划分是"南蛮、北侉、东猫、西找"，所以当时徐州人在很长一段时间里大都称呼霸王为"猫子"。为了区别于其他江东子弟，又用了霸王的名字"项籍"，将之称为"老猫籍"，一直流传到今天，甚至在霸王的家乡宿迁，因为长期属于徐州治下也被称为"老猫籍"。

童谣《小板凳》："小板凳，驮衣裳。驮不动，喊张郎。张郎盖瓦房，瓦房一漏水，湿了大姐花裤腿。大姐大姐你甭哭，婆家花车来接你。什么车？花花丽丽车。什么牛？牤犍老式牛。拾草的、剁菜的，剁去家，包饺子吃。包的大，老婆婆骂；包的小，老婆婆吵；包的不大不小才正好。搁得高，老鼠叼；搁得矮，老鼠踩；搁床下，掉尿罐。摸一把，胶粘；吃一口，鲜甜！"这是一支寓教于乐的童谣，简单明快，将一些基本的人生道理包含在表面看上去蛮不讲理的文字逻辑中，使人记忆深刻。

从歌谣中提到的事物来看，这首歌谣应该流传了四五百年以上。本地迎娶用牛车的习俗产生于纯粹的农业社会，古代宿迁人出门用牛车是一件很牛的事。因此，牛车又称大车，车上蒙有彩席花布，迎娶的时候还挂有红绣球彩带等物品，这也就是歌谣里"花花丽丽车"的来历。大车轱辘硕大无朋，走起来唧溜溜作响，所谓乡村小路上永远的车辙印，大都是牛车的痕迹，但这样的乡村风景早已从现实生活中消失了。

与《小板凳》相比，《小轮船》的年代就比较晚了。"小轮船，摆四方，一气摆到河当央。大米干饭调洋糖，小米干饭调肉汤。端起碗来想俺娘，俺娘不吃穷人饭。金大爷、银大爷，来到俺家歇一歇。"这里面的轮船、洋糖等事物表明，这首童谣应该起源于清代末期。

还有些儿童游戏时唱的歌谣也很有趣味，比如"龙门龙门几丈高？三十六丈高。骑大马戴雪刀，走过龙门抄一抄。"这是对古代赶考学生通过考场时抄身制度的模仿。古代将贡院等考场大门称之为龙门，为防止作弊，凡赶考人员都要仔细抄身，以防夹带。地方上将其演化成儿童游戏，对于这些儿童的求学上进之心也是潜移默化的影响。

情　歌　在民间歌谣中，情歌占据了很大的比例。宿迁的民间歌谣《小五更》大多数的歌词都是述说光棍汉对爱的向往，《十劝郎》则是女子向往爱情自由的咏叹，民歌《四季游春》唱的是男子怀念情人干妹妹，流行于皂河、蔡集一带。同样流行于宿迁西北乡的情歌《四季相思》，则着力于女子怀春的描写。

有一首民间情歌，虽说没有记录歌谱，但标明了词牌名为《满江红》，这在苏北地区民歌中是常用的曲牌。这首情歌名叫《珍珠倒卷帘》：

一轮明月当空照，二八佳人心内焦，三更天后花园里我来到。可怜奴，四肢无力实在难熬。五言诗，吟不尽奴家心内恼。六壬课，求不出何时信来到。七弦琴，越弹越是凄凉调。八行书，写不尽你我离别之交。九重阳，你上京都去赶考，奴送你十里长亭难舍难抛。你言道：至迟不过十月朝。到如今冬去春来九尽寒消。眼看那，八月中秋来到丹桂花儿飘。七月七，牛郎织女渡鹊桥。可怜奴，六秋亭台懒淡逍遥。五更鸡，止不住在奴的天井里叫。四寒虫，叫得奴心血来潮。三江水，洗不尽奴的心内恼。心中愁上二眉梢。奴有心，拼上一命将你找。唯恐怕，海角天涯路远山遥。

这首歌谣采用从一到十、从十倒一回环往复的咏叹格式，将一个在家里期望情人赶考归来的女子内心深处的盼望、焦躁、不安等情绪表现得淋漓尽致。歌词工整典雅，可以看出文人加工过的痕迹。

劳动歌谣　民间歌谣包罗万象，古黄河塑造了宿城地理环境复杂多样，造就了民间文化的多样性，就拿劳动歌谣来说，古代建筑的夯歌，耕牛号子，运河两岸的纤夫号子，骆马湖、洪泽湖的渔家歌谣，拉网小调，山区丘陵地带的开山歌，洋河双沟的酒歌踩曲歌等等，另外各种仪式庆典上的礼俗歌谣如《迎花轿歌》《献茶歌》《拜堂歌》《敬酒歌》《送房歌》《撒帐歌》《戳窗户歌》《上梁歌》《祝寿歌》《造船下水歌》《贺喜歌》等等，不胜枚举。

游 戏

游戏是流行于民众生活中的嬉戏娱乐活动，多为儿童游戏，有一些项目老少皆宜。宿城一带的老游戏有玩苍龙、踢板脚等传统流传的经典游戏。

玩仓龙 农历年前后就有玩仓龙这种游戏。仓龙是用彩色布做的，约一尺多长。孩子们手里拿着仓龙，到各户大门口拜年，嘴里念着：

仓龙！仓龙！来拜年，老板家里万顷田。

仓龙！仓龙！摇摇头，老板家里盖瓦房又盖楼。

仓龙！仓龙！舒舒腰，老板家里步步高。

仓龙！仓龙！摇摇咿，老板家里有万担米。

这时主人便拿馒头或其他年货给他们，孩子们再到别家去要仓龙。

杆 球 参加游戏者共五人，每人手持齐眉棍一支，粗细适合于自己使用者佳。工具是木球一个、比拳头大些。以猜拳方式，输了去赶球。球场约十五尺至二十尺见方，每角各有一个窝。发球起点在城方外二十尺处，向城内赶，余四人各站一角，准备攻赶来的木球。如木球被赶到窝内，赶球的人可休息，并视四角各人动态，用自己棍子抢对方的窝。球赶到窝中，窝即是被抢了，顾窝者也就输了，则换对方来攻。攻的人手持木棍，在对方棍子离开窝时，迅速将自己棍子一头"顶"置对方窝内为赢。守城四人将自己棍子立在球窝内，一面还要赶来攻的木球，并且要躲避来的球撞、碰到自己身体，或者球滚到窝内。如果被球撞到自己身体、脚、腿部、衣服都算输。守的人可乘机将球打远点，使球无法进城，而攻的人可攻快球，使守的人措手不及而赢这场球。

踢板脚 参加人员多为十来岁男孩、女孩，大家席地而坐，双脚伸直，其中较大的孩子念着："踢！踢！踢板脚。板三乐、三乐板。桃花碗、金碗、银碗，卷起你的臭脚。"（收一只脚）然后从头一边数，一边收，最后只剩下二只脚。手在两脚中间又唱："噢平噢，噢到底不是他就是你。"手指到的脚便收起，最后所剩之一脚为胜。唱歌的时候手摸着每一只脚，以表慎重。

蹦　钱　参加人员二人以上，先约好，每次以一枚或二枚铜板为输赢。第一步，随个人任意将铜板蹦得远近。蹦的方法，用右手由下向上，顺墙丢去，而铜板向上呈弧形飞去落于地。各人站在自己所蹦的铜板附近，等参加人员都蹦完了，以离墙较远的为先。由较远的一人将铜板捡起，打第二名的铜板，若没打到，第一名就被淘汰，否则第二名被淘汰，以此类推。最后一人没人打，或者没打到，是不输不赢，叫"保太"。打的方法，用自己的铜板直接碰到、落在对方铜板上，或由地面滑过去碰到都可以。输赢的条件、标准也可临时约定。

打　梭　两个人参加，事先约定谁先攻，用具为约两尺至两尺半的打梭棍，梭约五寸长，中间粗两头细。视环境大小，就地划两尺左右四方城，中间一个小窝。守的人先把梭放在城的一边或拐角处，再用棍把梭打跳起来，随手再将梭挑打出去。而攻的人跑去捡起梭，投向城内，投一次，打一下，也可在空中挑出去，不可续打二次，也可不打，视距离而定。如果打中了，守的人速即向城中跑。若在中途被攻的人用梭打中了，守的人就算死了（即输了），换对方来守。守的人把梭打出去，随即跑回城，双脚分开或呈骑马式，梭在未落地前，两脚可自由活动，否则就换对方守。梭丢在城内，不能打，用棍一头把梭顶出城外（一次为限），可续打一次，若未顶碰出去，算"死了"。

赛　驴　驴以黑的为佳，俗语"如被鳖儿咬，要等黑驴叫"。乡间小康人家喜欢玩走驴，以有几尺腿子定其快慢。走驴要打扮，绣鞍、丝缰、串铃、铜衔、皮鞭，其在走，不在跑，好的可每时行二十至三十华里，日行一二百里。有走驴人家喜夸耀，故有赛驴之事，目的不在夺标、得奖、拿钱，只要大家说声"果是好驴"。

走　马　宿迁地处平原，又处于温带，比较适合养马，民间养马多为富家，或以耕田打场，或者拉车骑坐。走马即为代步之马。走马与跑马不同，跑马是两前蹄同时扒，两后蹄同时蹬，动作仅有两个；走马则四蹄分为四个动作，所以颠簸度小，人在马上相当舒服。俗称训练走马为盘，盘者使马但走不跑，需专家为之，约半年可成。既有走马，就有所谓的赛马，宿迁赛马的历史比较悠久，赛马的时间主要是在乡镇逢会期间。

斗鹌鹑　宿迁的斗鹌鹑，在清末民初盛行。斗鹌鹑有一定的地点和时间，场中置大桌一张，桌上铺纸，以物作垣，时间多为三、八两日，一月之中可以连斗六次。好鹌鹑能斗数十、数百嘴，值银数十百两，若旗鼓相当，恐怕两败俱伤，中途可以叫和，撒下饲料即可停斗，顾俗称斗活嘴，必须分出胜负叫斗死嘴。

质朴有味的乡土生活

乡土生活的点点滴滴，无不饱含着宿城的风情，装满了宿城人的记忆。

卖货郎　货郎担担子，两头各有一箱子，箱子中有分隔，隔中有格子，各置货物，不下数十种，以扁担挑之，每箱四系，两箱八系，此种行业俗称为八根系。卖货郎到村头，摇起货郎鼓。村中男女老少闻声而动，围着卖货郎的担子，挑挑拣拣，讨价还价，好不热闹。

卖油郎　宿迁乡中儿歌："卖油郎，敲梆梆。你家女儿嫁到俺庄上。"乡人买油用瓶，

卖油郎

口小，颈长，腹大，可装一斤多。卖油郎的本事在于倒油，油端子有一两、四两，先将漏斗尖端放到瓶中，然后用端子提油，倒入瓶中。如果是老手，可以不用漏斗，端子距离瓶口一二尺，对正下滴，由滴成线，线由细而粗，顷刻瓶满，而其口绝不沾油。

驴驮贩　乡间搬运粮食多数用驴，也有用骡马的。驴行泥水中不如马，载重不如骡子，然而吃苦耐劳，则非骡马所及，行远者可走百里以外。虽以赚钱为目的，但是能够起到互通有无的作用，在乡间也是不可或缺的。从事此种行业的，各有一两头驴，或者三四头，多结伴而行，途中互相照顾。有时候，一队也有数百头驴的，活动时间多在秋凉，上有雁阵，下有驴队，也是农村的一大景观。

剃头挑子

剃头挑子　剃头匠也是担着挑子，挑子一头凉、一头热，凉的一头是只上窄下宽的方凳，凳腿间夹着抽屉，下头的分别放置剃头刀子、条剪子、洋剪子（手推子）、细砂磨石、镜子、梳子、拢子、篦子、耳挖子之类理发工具。热的一头是个长圆柱笼架，下生小木炭火炉、炉口坐烧水的火罐，上面放置一个大沿黄铜洗脸盆，盆外由笼架向上延伸，竖起一根上端安装十字形四角上翘木质刁头的"旗杆"。刁头上终年悬挂着乌黑油亮的长条形荡刀布以及洗脸手巾、布围子。剃头匠必须会十八般技能，即推子理、剪子掏，分头、背头、平头、光头……什么头都难不住。剃头、梳编、刮脸、剃须、掏耳朵、剪鼻毛、清眼目，样样精通。按、摩、捶、捏，对头、面、颈肩部进行按摩也都得会。甚至在推拿正骨上，也不外行。

第三节

宿城古黄河的文学艺术

　　刘勰《文心雕龙》云：“山林皋壤，实文思之奥府。”文学艺术是人类的创造。但必须以社会生活为源泉。“水”作为人类社会最基础的生活内容，与文学艺术创造之间存在着活跃的互动关系。文学艺术家的创作通常得“江山之助”，从而促成文艺作品的产生。文艺作品一旦产生，就具有超越性，超越了水景、水工程等本身的空间限定性，使其审美形象在社会上广为传播。这些栽入文艺作品的水景、水工程等因此而增加了文化内涵，提升了文化品位，大大增强了社会知名度和影响力，并跨越时代，为后人了解和欣赏。宿城地处邹鲁之地，钟灵毓秀，文风颇盛，虽然由于兵、水灾害频繁，明代以前诗文作品所留甚少，而明清以来的文艺家和文艺作品亦蔚为大观。这些文艺家和他们的作品得古黄河之助，传古黄河之魂，其影响之大、之深远不容忽视。

诗文揽胜

清代文学家瞿源洙在《送陈生游宿迁序》一文中，写宿迁风物，如在目前：

宿迁为风姓之国，盖宋人夺其故疆，迁宿于此，故后人号为宿迁。其地边淮荒落，与徐戎淮夷杂居，故宋人视为弃地，而迁宿焉。然迄今数千年，而风土变异，焕然与昔日异焉。睢泗通流，沂沭交汇，黄河挟千里奔腾之势，合济汴汶以南注诸淮，而宿迁实当其卫。漕艘贾舶号呼而上下者，帆樯交击于关津，怒驹飞鞚夹道而杂驰者，不绝于城郭之侧。盖居水陆之通衢，屹然为巨镇。故其气亦恢张轩豁，有边塞雄武之象，而奇杰之士遂间世而一生。

其在春秋之季，则有伍员。秦汉之时，则有项籍。宋之南也，则有魏胜。夫雍澨五战而覆楚，巨鹿九战而亡秦，其勇气塞天壤矣。至若魏胜拔起裯人之中，以一人扫女真倾国之众，摧坚陷阵，万人胥却莫敢当其锋者，独非奇男子哉，而一心尽节于赵氏，不若李全之朝南而暮北也，盖骎骎与韩岳比烈矣。

今吾子授经斯地，过下相城及子胥故里，而询如意车遗迹，不必升圯桥而问黄石，望芒砀而怀赤帝也。游行村巷中而弓声剑气必有赫然震动耳目者，则豪勇之气飚发潮兴，当与黄淮之洪流并涌，作为文章其亦有云蒸龙变，呼吸河海之思乎！则斯地之助子良多也，亦谨其所以养之者而已。

　　这篇文章可谓是熔铸经史，从源头上把宿迁的历史、地理、人文概括得恰如其分，宿迁的精神气质也得到了几近完美的表现。

　　提到宿迁风物之美，不能不提"宿迁八景"。"八景"是我国古代约定俗成的一种风物景观，也是人文文化的一种历史体现。作为代表性的八处景物常常是某一名胜地、或者扩大到某一城市或地区的著名景物的集合，并多为它们的历史和人文的重要反映和象征，历代文人墨客也多集中予以题咏描绘。八景的选择、命名和题咏也成为一种特有的文化现象。

　　"宿迁八景"出现于何时，目前没有明确的记载时间。明万历《宿迁县志》中记载了何九州、李巽臣、吴隐、徐维超四位诗人关于宿迁八景的诗歌，以后续修县志中，皆有记载。但此县志记载的宿迁八景诗并不是最早的描写宿迁八景的诗歌。目前所见最早的八景诗应该是明代东瓯人士董瑠所写的《宿迁八首》，此八景诗写于洪武八年，在存世最早的万历《宿迁县志》却没有收录。

　　董瑠，字伸石，平阳人。正德岁贡，官至刑部主事。父伯高。教育之甚勤。年十二，父卒。及长，筑"风木亭"以寄哀思。洪武八年为国子生，日从中都凤阳国子学监官贝琼、临淮教谕郑真游，甚见爱赏。著有《布鼓集》，诗见《东瓯续集》卷七，题作"宿迁八首"：

宿迁八首

宿豫早春

淮阳昨夜东风早，晓来吹绿平原草。

陌头细柳郁金枝，万户千门觉春好。

仙人试策黎眉骕，典衣沽酒来东家。

欲从何处访春色，南园桃李开新花。

峒峿清晓

天鸡飞上扶桑树，峒峿苍翠连烟雾。
溪回柳暗春花明，行人仿佛桃源路。
我来采药追仙踪，排云直到东南峰。
四顾茫茫海天阔，乾坤万里开双瞳。

白鹿渔歌

平湖秋水清且闲，长天影落苍波间。
白鹿渔郎棹歌发，荻花吹雪秋漫漫。
玻璃万里浮空翠，一叶中流不知处。
余音袅袅天欲昏，金乌飞下西山去。

苍基莲唱

苍基水色明如镜，南风不动荷花靓。
荡舟采莲谁家姝，荷花红粉光相映。
菱歌清唱声悠悠，见人还复含娇羞。
须臾日暮荡舟去，郎君马上空回头。

龙泉夜雨

雷公夜半声喧阗，江中吐气成飞泉。
腥风吹作半空雨，檐花细落空阶前。
洒竹萧萧欲成雪，竹屋寒灯渐明灭。
江南客子未归来，夜深欹枕愁如结。

马陵秋月

西风卷地烟云开，海月飞上青天来。

六合茫茫夜如昼，马陵山下猿声哀。

将军深入中山道，谁怜白骨埋秋草。

英雄千载水东流，长见山中秋月好。

草堰耕云

堰头夜雨开新晴，田家父子勤春耕。

黄犊前驱疾如马，白波满地如云生。

普天之下皆王土，力田终朝岂辞苦。

西风他日值秋成，禾稼如山积场圃。

梅村煮雪

梅村昨夜飞寒雪，梨花淡映梅梢月。

花边野客诗思清，折足铛中煮琼屑。

功成九转飞丹砂，须臾滚出黄金芽。

七碗翛翛毛发爽，乘风便到仙人家。

需要说明的是，以上所录"宿迁八首"，每一首都是或前四句押平声韵，后四句押仄声韵，或者前四句押仄声韵，后四句押平声韵。这种奇异的组合在古代诗歌中极其罕见，既非古体，更不可能是七律。也可能是同一景点都写了两首诗，编书的人把它们硬凑在一起。录此存疑。

历代宿迁县志中所留存的吴隐、李巽臣、徐维超等诗人所写的宿迁八景诗，常见于宿迁各类文史著作中，兹不赘述。

历代以来的治理宿迁的父母官中，留下诗歌的不多，王嗣奭无疑是其中著名的一位。

王嗣奭（1566—1648），字右仲，号于越，浙江鄞县人，明代文学家。王嗣奭是第一个把杜甫尊为诗圣的人，他的代表性著作为《杜臆》。

明熹宗天启三年，五十八岁的王嗣奭任宿迁知县。到任后，王嗣奭深入民间，遍访疾苦。作《尜犹老父词》：

> 理财先理民，民富君不贫。今之理财者，百计剥贫民。民穷已彻骨，民隐向谁陈。叨余令公犹，惕若负山蚊。昔余下车初，政及省耕辰。间里尽萧条，四野半荒榛。保赤奉遗训，疾苦屡咨询。番番三老父，菜色结衣鹑。长跽前致词，致词抑何云。三老致词毕，欲哭声复吞。我闻发长叹，为浑涕已洵。

此年秋末，王嗣奭有感于百姓疾苦，作《问农》诗：

> 九谷俱观艾，三农已涤场。
> 如何询疾苦，犹未减逃亡。
> 荒久新逢熟，逋多旧索偿。
> 丰年富人得，窭户只灾伤。

王嗣奭在宿迁不足三年，集任内诗为《腹留草》一卷，收诗88首，记录了其为官宿迁期间发生的事情，成为宿迁文化的一段传奇。

明代进士，先仕途而后隐的陆奋飞是明清之际的著名文人，著有《云液草》三卷传世，其诗意旷达，出入佛老之间。吴伟业为《云液草》所作序言中云："余同年友冲霄，道弋志乎三涂，学牢笼夫百氏。曾假寓新安山中半载，山峰千出，泉流溘溘，中涵奇石两岸松，虽六月不暑。公尝坐卧竟日，或豪饮、或处谈，止见白云流，不见清泉度。恍云能生液者，遂自订其藏稿。石有峭壁，书一联于其上云：弄琴流水，坐看红叶漂来；放鹤巉岩，忽睹白云骤起。可想其韵致。"

试读陆奋飞《小游仙二首》，可窥其妙：

银石琼莓紫玉阑，水花微荡小秋湍。

碧龙缰挽时相狎，唾出灵珠掌上看。

天河钓叟携云明，月钩为饵勺为脍。

自浣肺肠尘土尽，止留心雪一团水。

本书前面有关章节提到"叩阍"的张忾，一直作为地方名士详细记载于《宿迁市志》等地方史志作品中，对其上疏请命、私著县志诸事多有记载，但对其诗文及传统学问成就论述较少。民国年间由宿迁翰墨林石印出版的张忾著《学量堂逸稿》，包含有文集 2 卷、诗词集 1 卷、持往编 1 卷、补天集 1 卷、韵学解 1 卷，共 6 卷。其中，《诗词集》共收入诗词类作品 200 余首，整卷书分为三个部分：《抱膝吟》，以怀古、记事诗为主；《啸庐杂诗》，以亲友赠答诗为主；《居巢杂诗》，主要为其流放巢县时所作

张忾著《学量堂逸稿》

诗歌；《西行杂稿》，以纪游诗为主。张忾对自己的诗歌创作进行了说明，如《抱膝吟》自序中首先写出了自己创作诗歌的原因："余不知诗亦不喜为诗，凡

历代作者诸家选本亦仅能识其姓名，涉猎其篇章，未尝刻意以求之也。古人有言诗以道性情，三百篇中忠臣孝子思妇劳人皆以自抒其胸臆，即至里歌巷谣揽物兴怀亦莫不性情出乎其间。"说明他写诗乃舒张真性情，言其心志。

乾隆帝师徐用锡，少年时即被称为"马陵奇才"，他除了是当时理学的代表人物，还是一位书法家、诗人。前文已有所述，兹补录其长诗《朱海行》：

> 雍正三年六月半，朱家海子水平岸。
>
> 星火一勺试可扑，司事乘夜正荒宴。
>
> 河决一百四十丈，贫弱男妇死鲁莽。
>
> 可怜天子不知谁核数，岂止万家田庐随漂荡。
>
> 君不见，邵阳人民误死兵，贼臣隐匿八百名。
>
> 赫然之怒屡按问，一一赐恤合邑且免征。
>
> 此地死者自安命，独诧生者重不幸。
>
> 当事爱惜大农钱，抑配稿秸万牛送。
>
> 哀哉牛乃农之天，匍匐冻饿哭霜田。
>
> 虎胥鹰役忍不顾，驱迫留索巧万千。
>
> 薪苏踊贵不可说，高门白日突无烟。
>
> 岁宴堵筑合龙口，向夜流渐掃复走。
>
> 蚁附夫役随断绠，水面红灯甫脱手。
>
> 平时腰鼓躁春雷，相逢面面如死灰。
>
> 疑向犁锄事东作，定看沟壑转饥羸。
>
> 中牟武陟决后河身高，今年例较水实尺寸不满槽。
>
> 朱海已下高倍增，况复搜刮各工储料无秋毫。
>
> 杞人之忧非一端，洪泽洪流逾半年。
>
> 淤填淮泗何以容，淮扬一发千钧悬。

苦忆园林动春事，柳暗花明成锦绮。

去年柳陌看花人，转眼潜寐泥沙底。

沧桑陵谷在达者官，咫尺君门信万里。

　　此诗具有诗史性质，详细记载了雍正三年黄河在朱海决口一事，我们可以从中复原出往昔黄河决口的灾难场景，为今天朱海的建设提供有益的历史参照。

　　《宿迁县志》记载："宿迁之称诗者，始徐用锡，而陈玉邻继之。际时隆平，其诗率流连胜赏导扬中声。裒之晚出，传其父学益之，以深造泛滥百家归于雅正。又值潘德舆氏崛兴，淮表大昌其诗。孔继镥、鲁一同复羽翼之诗教，遂如日再中。裒之服膺潘氏之说有与继镥一同相切磋，诗益造上，以杜为初基，以陶为归。……遂为宿迁诗人之冠，其后陈环、叶道源辈有承继之。"

　　陈玉邻，字樾斋，一字庶康。乾隆三十年举人。历任陕西南郑、宝鸡知县，华州知州，山西太原府同知，署太原知府。勤于从政，尤爱诗古文。著有《琴海集》《秦晋诗存》《樾斋诗稿》《南庶集》《铸影轩蝉调集》等。

《榕村雅集》图局部（泉州博物馆藏）

王炯，字褧之，以字行。善继父志，在乡里多行善事。著有《续乡程日记》《芬响阁初稿》《寒江诗录》《集陶》等。

陈环，字子循，同治三年举人，能文工诗，晚年主讲于彭城书塾，好藏书，日夕诵读，至老不倦。著有《古香阁初稿》《古香阁诗》等。

叶道源，字仲来，号心渠，同治九年举人。少孤贫，卓荦不羁，以教授养家，工诗词、古文。著有《新修菏泽县志》《大瓠山房诗集》《史诗》等。

宿迁古代的女诗人也不遑多让，除了前文已介绍的倪瑞璇（详见本书第二章第三节），董淑贞也值得关注。

董淑贞为宿迁武生董端溪之女，天生聪慧，三岁能默记，五岁随兄读，刚读了几首唐诗，就能模仿作诗。十二岁，离开学堂学习女红，但从来不忘吟咏。可惜她遇人不淑，经常遭到丈夫的虐待，郁郁不得志。下面两首诗，就是写她与亲人欢聚不免离别，又要重回自己的生活，想来不免怅然：

悲别诗二首·记中秋夜同诸妹与三妹言别

今夕知何夕，深闺意若痴。
悲声联痛语，泪眼对愁眉。
话别宵偏短，言情语转迟。
何如天上月，圆缺惯相随。

月斜半夜天，群季勿凄然。
欲把亲心慰，还须身自怜。
人生终有此，无复恨悁悁。
惟惜明朝别，堪悲月似年。

23 岁，董淑贞就早早过世了。舣园氏在其诗集《文绣斋诗草》中惋惜地说："窃谓女史天资聪慧，颖悟过人。若加以学力，当不在随园女弟子下。岂造物之忌才耶？抑红颜之薄命耶？"

在词的创作上，一般古人往往诗词俱佳，清代宿迁比较有影响的词家有陈玉邻、陈环。据《陈氏家谱》记载，陈玉邻为陈环的曾伯祖父，他们的词集代表作有陈玉邻《雨萧集》、陈环《海棠香国词》。

民国以来，若论词学研究及词的创作达到一流水平的，不能不提到宿城的戚法仁。戚法仁曾经为王国维《人间词话》作序，即近现代文学史上所称"戚序"者。戚法仁的词以《南国红豆词稿》为代表。兹录戚词一首：

满庭芳·窑湾夜泊

淡月窥人，残蛩破梦，一舸又赋孤征。叩舷独啸，霜露霓旌。隔岸纸昂渔火，寒波荡星斗无声。看乌鹊南飞绕树，哀角起荒城。

堪惊十年梦，江南春老，豆蔻飘零。叹萧疏官柳，犹自青青。漫捩吟香玉笛，应念我旧曲重听。空回首，苍穹难问，潮汐为谁生。

在各种体裁的文学作品中，小说是一大宗。从现存史料来看，自清代以来，宿迁小说家也代不乏人。

清代优贡臧秉衡，曾著有《续聊斋志异》，可惜他英年早逝，书已散佚。

清代贡生张树桐，曾留学日本宏文学院，回国后，曾任南京《中华民报》笔政及《宿迁民报》主编。著有小说《卢梭魂》等。

小说家朱西宁（1926—1998），生于江苏宿迁。著有短篇小说集《狼》

《铁浆》《破晓时分》等；长篇小说《猫》《旱魃》《八二三注》《猎狐记》《华太平家传》；散文集《微言篇》《曲理篇》《日月长新花长生》等。朱西宁的小说《旱魃》，以宿城古黄河为背景，从宿城一带的古老传说取材。诺贝尔文学奖得主莫言为 2018 年广西师范大学出版社出版的《旱魃》作序说："朱先生是我真正的先驱。我庆幸现在才看到《旱魃》，否则将失去写作《红高粱》的勇气。《旱魃》是一部继承了中国古典小说宝贵的白描传统的杰作。"

徐速（1924—1981），生于宿迁县南蔡乡徐圩村，抗战时毕业于中央陆军军官学校，1966 年创办纯文艺杂志《当代文艺》月刊，坚持了 14 年之久，对 20 世纪 60 至 70 年代中文文学的发展做出重要贡献。著有小说《清明时节》《星星之火》《星星·月亮·太阳》《第一片落叶》《樱子姑娘》等。小说《星星·月亮·太阳》从作者年轻时候古黄河的黄沙漫漫写起，以抗日战争前后为背景，描写青年徐坚白与三名不同性格的美丽女子之间的情感故事。

书画撷英

在书法艺术上，徐用锡、汪桂祥，陈韶华等影响较大。徐用锡的书法艺术，前文亦有涉及，他在书法理论上也卓然成家。徐用锡的主要书学思想在《字学札记》中，对后世学书者影响较大。自从刊刻以来，很多书家都对此传抄，如现代著名书法家张宗祥为了学书，就抄过《字学札记》。

另有一位书法名家陈韶华，字景虞，一号曼秋，书宗魏碑、《瘗鹤铭》及李邕，名噪于邳、睢、桃、泗诸县，当时有"无陈不成款"之说。陈韶华的书法曾在美洲巴拿马赛会上得金质奖章。

此外还有陈书樵、徐慕农、窦燕客、胡石侬等众多名家。

在绘画方面，明万历《宿迁县志》载有明代道士观音子（宿迁望族高姓的族人），擅长花鸟画，天下万般水陆花草，鸣禽飞鸟，在他的笔下无不栩栩

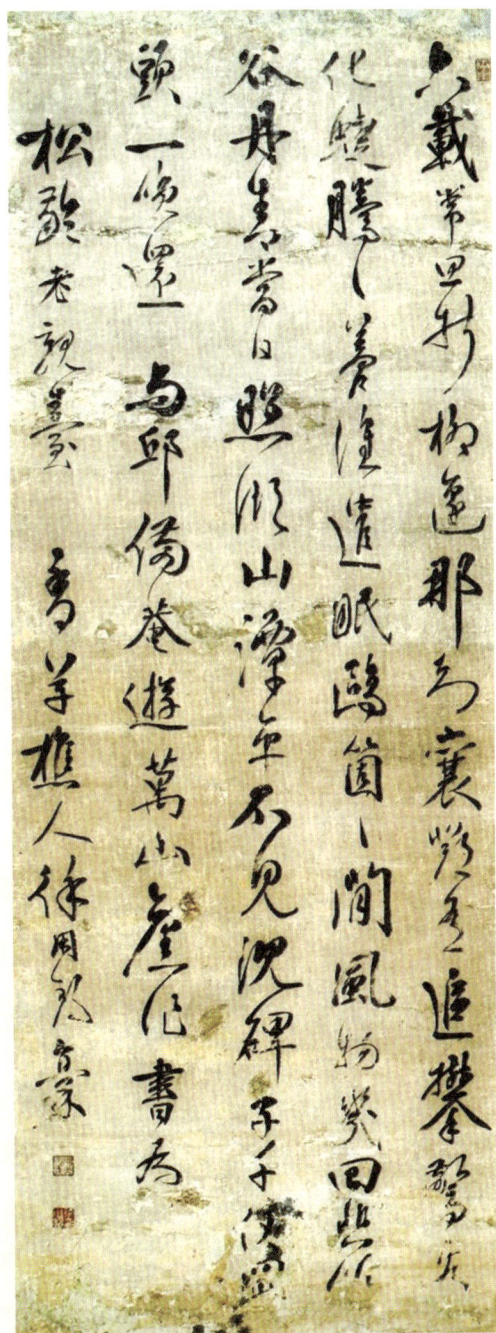

徐用锡书法图

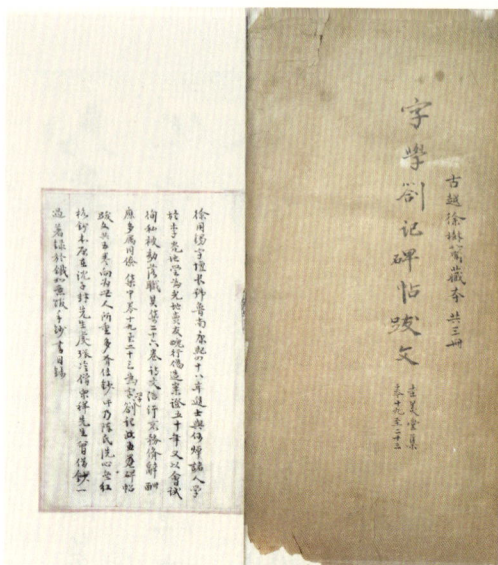

徐用锡《圭美堂集·字学剖记》陈氏洗心堂红格抄本（张福贵藏）

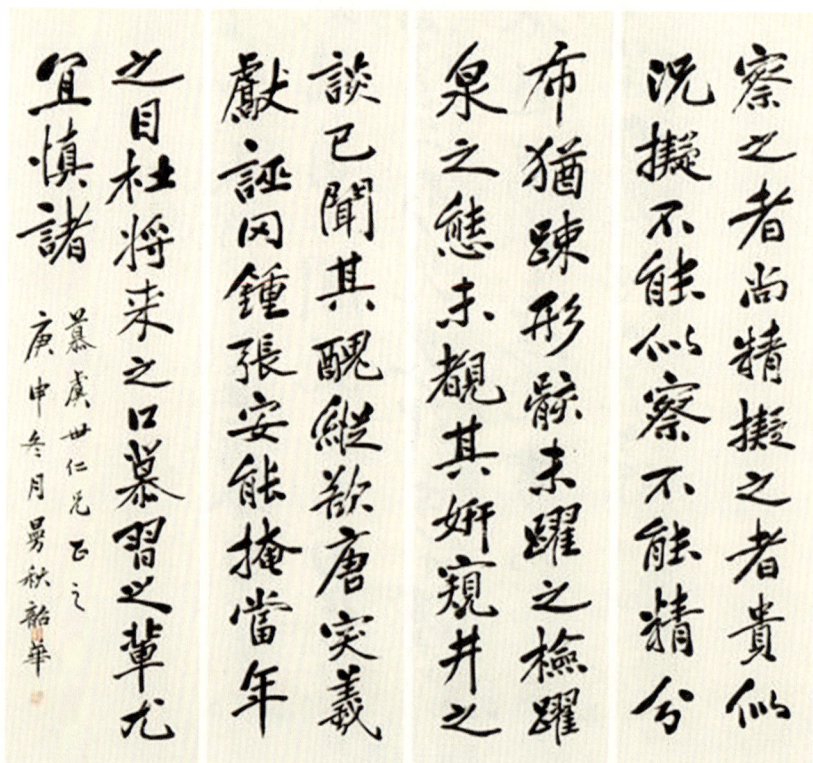

陈韶华书法

如生，其画艺震动京师，有达官奉旨至观音子处求画，观音子不胜其烦，遂回老家宿迁。

侯大仙，本姓张，是明朝末年崇祯的皇后娘家弟弟。入清后，为避追杀遂改以侯为姓。康熙初年，侯大仙逃至宿迁县东湖一带隐居，县志载其"善画，笔意超妙，人因称之为侯大仙"，惜无作品存世。

明清之际，据史料记载，宿迁还有张继文、叶亦大、蒋木生、卓滋、程景岚、陈兰等画家。

新中国成立之后，宿迁出现了两位中国画大家：苏葆桢、范子登。

苏葆桢（1916.5—1990.6），宿城区埠子镇苏圩村人，其父系清末秀才，开办私塾教书，喜书画。苏葆桢自幼受其父熏陶，以善画闻名于乡里。后师从徐悲鸿、张书旂、傅抱石等大家，学生时代即开始创作，并举办个人画展，作品荣1941年全国美术作品展览青国美展和国际画展。作品流传遍及亚、

苏葆桢国画《硕果丰盈》

非、欧、美的许多国家。苏葆桢在他长达半个多世纪的绘画生涯中，留存下了多姿多彩的作品，其卓著的成就，为新中国花鸟画的发展留下了重要的一笔。特别是他从 20 世纪 50 年代就开始创造的墨彩葡萄图，历经 30 余年的反复提炼，最终达到融中西绘画技艺于一炉的境界，为现代花鸟画坛开拓出了一片新天地。

范子登（1926—2006），本名婴，字子登，宿城人。范子登 8 岁即开始学画，12 岁拜东台画家孙瘦石为师，后入广东省李凤公办的私立丽泽国画院学习。毕业后，先后师从徐文镜、郑石桥、赵鹤琴及卢鼎公等书画大家。1949 年定居香港，先后创办"拥翠画院"和"粉殿画会"。1958 年再创办"圣若瑟英文学校"，长期在香港从事教育工作及艺术创作。范子登擅画山水花鸟、人物、佛像，早期多工笔作品。中年以后醉心于方壶、青藤、清湘、八大，他常说："不入古人法要，不知古人法药，焉言推陈出新，古为今用，贵在创新。"晚年他更重视心灵与笔墨的神会，喜欢画风竹墨荷等大写意画，所作泼墨山水造境奇胜，清雅脱俗、笔墨多变、出神入化、快意

范子登国画《荷》

潇洒、灵动生辉，为艺林推重。范子登 60 年代崛起于香港，被誉为全能画家，其作品在海外及香港、台湾等地享有极高的盛誉。他的一些人物作品《中华圣母》《海星之后》等先后被罗马教皇宫廷博物馆，伊朗皇室和美国及港、台等文物馆珍藏。画坛一代宗师张大千曾高度评价范子登为中国画画得最好的三个画家之一。

戏曲风采

宿迁人非常喜欢看戏，不论乡下还是城市，倡导者众多，不遗余力。宿迁俗称"大戏"的就是"皮黄"（西皮、二黄戏的合称），也就是后来说的京剧。宿迁大戏演出多在城里或者较大乡镇逢会期间，亦有逢会盛典喜庆、庙会以及家堂会等，没有戏台的地方就用木板搭建戏台，宿迁城里的奶奶庙（天后宫），戏台最为壮观，戏台雕梁画栋，而且还有看台，十分讲究。

清末民初，京剧在宿迁颇为盛行。当时县北有仇圩戏班，以仇行钠先生为主；邵店班，以圣寿寺僧为主；马家班，以马家为主。仇圩班成立于民国初年，仇行钠嗜好大戏，兴趣所致，便组建了训练班底，服装道具均购自上海和苏州等地，并邀请名伶演出，戏班的衣食费用均由其个人承担。仇圩班为家庭娱乐所有，不以营利为目的，民国初的七八年的时间里，一直在宿迁演出。待仇行钠去世，后继无人，演员也就星散了。很多剧团想购买仇氏家中的戏剧道具箱底，其后人为了保存先人遗粹，未曾出售。

同一时期，宿迁县城里有王敞在极乐庵草园内组建的光明大舞台，吴天乙在城内小关庙组建的新新第一台。两个舞台南北对峙，为县城内京剧极盛之时，名伶胡少安曾在此登台演出。

当时深受宿迁人欢迎的大戏有《取荥阳》《焚纪信》《鸿门宴》《霸王别姬》《落马湖》《侍云路大闹港山集》《打瓜园》等，多为歌颂宿迁先贤或以宿

《落马湖》戏曲年画

迁地方事迹为题材的原创型剧目。

　　在京剧还没有在宿迁流行的时候，宿迁就有了梆子戏、昆曲、徽调，至于何时到的宿迁，已不可考。宿迁还有小戏，又叫"肘骨子"或者"走鼓子"，但此戏词粗俗不雅，大多数在文化落后的小村庄空地演出，配合音乐和小锣小鼓，文场以琵琶、三弦伴奏，有谚语称之为"肘骨上戏台，落腿落脚的"。这种小戏的表演内容多为民间琐闻、男女爱情，也有些从大戏或小说中演变改编而来，风格以调笑滑稽为主。小戏虽然属于"下里巴人"类戏曲，但在宿迁的乡间大受欢迎，剧本有《安安送米》《王小二赶脚》《蓝桥会》《大劈棺》《赵美容戏嫂》《打乾棒》等。

第四节

宿城古黄河的红色文化

红色文化是党在长期艰苦奋斗的革命斗争中孕育形成的光荣传统和优良作风，是中国共产党人永葆本色的生命源泉。习近平总书记高度重视红色文化传承，反复强调"中国革命历史是最好的营养剂"，"共和国是红色的，不能淡化这个颜色"。宿城革命是中国革命洪流中的一部分，血与火曾经在宿城古黄河大地上浸染，宿城人民用生命和鲜血铸就了辉煌的历史丰碑，沉淀了永不磨灭的红色记忆。

血与火铸就的红色记忆

1915 年 9 月 15 日，陈独秀在《青年杂志》创刊号上发表《敬告青年》一文，宣告了新文化运动的开始。1917 年《新青年》第二卷第六期杂志上就刊发了宿城女青年张绍南的《哀青年》一文，文中这样写道："青年，青年，予对之辄作无涯之感想。佛言大千世界，芸芸众生在苦难中。耶氏欲唤醒世人出黑暗宇内。我青年所处之境遇，与所负之责任，非若是乎？"

《青年杂志》创刊号

张绍南照片

到 1919 年，新文化运动以磅礴之势席卷全国，也在宿城掀起了汹涌澎湃的浪潮。5 月 19 日，在学校师生推动下，宿迁军政警绅商工学界 5000 余人在城西体育场举行声援北京五四运动大会。崇实中学教师孙光斗发表慷慨激昂的演说后，摘下草帽，厉声说："这是日本货，不能用。"并拿出自带剪刀，剪断草帽上的缎带，将草帽扯碎，猛掷于台下，全场热烈鼓掌。一时间，"坚决抵制日货""严惩卖国贼曹、陆、章""誓死收回山东一切权利"的口号声响彻云霄。大会致电中国驻巴黎和会代表，吁请拒绝和约签字。会后举行游行示威，队伍高唱钟吾学校音乐教师秦席之谱写的歌曲："欧和失败生死关，青齐丧利权。倭奴狂喜我心酸，国民尽服颜。四万万人发冲冠，长城壮宿迁。魏胜、刘江、项羽还，重整旧河山。"歌声激昂慷慨，反帝爱国口号声，接连不断，把宿迁人民的爱国热情推向高潮。从此拉开了中共宿迁地方组织铸就初心、领导工农群众谋求解放的序幕。

1921 年 7 月，伟大的中国共产党诞生。一批深受五四运动影响的宿迁青年，在外地参加中国共产党。他们先后回到宿迁，从事党的地下活动，唤起了宿迁学界及社会各界人士的觉醒，发展了一批新党员，相继建立党支部和中共宿迁县委。自此，宿迁人民的革命斗争有了领导核心，宿迁人民的革命事业成为中国新民主主义革命事业的一个组成部分。

从 1927 年秋至 1929 年 5 月，宿迁党组织得到较快发展。1928 年 3 月，蔡贡庭、蔡少衡、马伦 3 人研究成立中共宿迁县委，初步决定由马伦任县委书记。首先成立中共大兴区委，又在吴沟、马园、洋河等地发展党员，建立中共吴沟、马园、叶庄等支部，并成立中共洋河区委，计辖 9 个党支部，167 名党员。这是宿城古黄河沿岸成立的第一个党的组织。

宿迁地方党组织成立以后，在党的领导下开展了土地革命，武装反抗国民党反动派，组建自己的武装，发动农民群众举行暴动。

1929 年 2 月，宿迁发生极乐庵小刀会暴动。小刀会将县城团团围住，四乡刀会也陆续前来增援，人数达数万，双方夹城对峙三昼夜。中共宿迁县委一直密切关注刀会暴动，并组织党员和农协会会员参加。在刀会相约再次攻城时，县委决定掌握暴动领导权，利用刀会力量，趁机夺取政权。县委书记马伦领导大兴地区刀会，配合其他刀会再次攻城。此时县城仅有警队和商团防守，见刀会势力强大，无力抵抗，遂由商团队长王仰周出面，答应坚履前约，重修被毁庙宇，释放在押会首和僧人，由双方共同维护治安，保护商家居民安全。县委在城厢遍贴"打倒土豪劣绅""取消苛捐杂税""把土地分给农民""老百姓的事由老百姓自己管"等标语，号召人民自己管理政权，并派员与诸会首协商，共同组建工农政府。

在宿城刀会暴动影响下，皂河、埠子、大同、义勇、邵店以及邳、睢等地刀会纷起暴动。在此期间，县委及时将大兴地区刀会恢复为农民协会组织，使党的力量得到保存壮大和发展。党员由 604 人发展到 780 人，区委组织由 4 个发展到 6 个，支部由 36 个发展到 40 个，农民自卫武装发展到百余人。

1930 年 7 月，宿迁县党组织决定成立行动委员会，并决定大力发展武装，在宿南举行暴动，建立苏维埃政权。马园是宿南较大的地主圩寨，有一支较强的保家武装。共产党员汤涤非利用与马家亲戚身份发展马伯扬、方大才等 20 余人入党，建立马园党支部。县委成员许立民、耿建华在马园小学以教书为掩护，领导马园支部开展抗捐税和抗练丁费一系列斗争，提高党员的觉悟和战斗力，奠定了较好的群众基础。县委为了扩充红军游击队，决定 6 月中旬发动马园暴动。马伦、汤涤非、许立民等率领红军游击队及部分农民武装包围马园。由于内应未能按原计划打开圩门，而圩外暴动武装又没有重武器，壕阔水深，无法接近圩门，终未能攻开圩寨。

宿城各地暴动虽然没有成功，但在一定程度上打击了地主阶级和国民党反动派，同时也扩大了党的政治影响，使人民群众知道，宿迁地区已有了共产党的组织与活动。

1930 年后，党领导的各地暴动遭到严厉镇压，马伦、徐怀云、赵雪门等革命志士相继牺牲，宿城革命走向低谷。

1931 年"九一八"事变后，全国抗日活动风起云涌。12 月 3 日，宿迁士绅黄以霖在上海与黄炎培、马相伯、韩国钧等组织江苏省国难救济会。1932 年，宿迁县委委员全太昆在皂河发展党员，建立中共皂河特支，发展叶可泽等党员，带领农民进行抗日宣传和抗捐抗阻斗争。皂河季梦九成立宿迁私立中学，学校有老师数人为中共党员，在学校建立党支部，进行反帝反封建抗日宣传。由于国民党当局的残酷镇压，全县党组织遭到极大破坏，全县 800 余名党员中，有 600 余名脱党或叛变，其余党员转移他乡或转入地下，一直到抗日战争爆发。

1937 年"七七"卢沟桥事变爆发，全国全面抗战开始。宿城知识界涌现一批热血青年，如县中教员张一平、项里初小校长陆海川、钟吾小学教员倪培修、孝廉堂小学教员蔡西野等，他们自发结合起来，分析研究党的抗日政策，讨论宣传和组织群众抗日的具体办法。他们利用课堂阵地，慷慨陈词，以"国家兴亡、匹夫有责"来激励青年学生抗日热情。从上海回来的爱国青年许里人在《宿迁日报》发表文章，号召青年团结起来，共赴国难，激起了广大青年的爱国热情与报国杀敌的决心。张一平编印的《抗战吼声》救亡歌曲集传遍千家万户，抗战歌声在宿迁大地上唱响。

1938 年，成立苏皖特委。同年，山东陇海南进支队建立，对宿迁的党组织建设和抗日工作起到了重大作用。1938 年 3 月，苏皖特委派陈少南（宿城耿车人）到中共宿迁县委工作，组织青救团，建立地下党支部，推动宿城抗日活动开展。

抗日战争时期，宿城古黄河流域主要属于泗宿、睢宿边区活动范围。在泗宿边区由八路军苏皖纵队领导抗日军民进行斗争，先后组建了蔡玉辉的"宿迁大队"、叶道友的"运河大队"、武海峰的"抗日大队"、韩月波的"青年大队"，与日伪顽展开了艰苦卓绝的斗争。

武家圩保卫战 1939 年 7 月，宿城、洋河日伪军 500 余人进犯武家圩。武海峰闻讯，立即集中圩内武装群众 200 多人凭圩拒守。下午 4 时许，日军向武家圩连发数百发炮弹，房屋被毁，圩墙倒塌。武家圩从青壮年到六七十岁老人，全部上阵，将几门土大炮装足了药，当日伪军在炮火掩护下直扑圩门时，圩内土大炮齐发，一下子炸死日伪军 18 名。当晚 9 时许，敌人向武家圩发起第二次进攻，武家圩放出第二排炮，又炸死炸伤 10 多名日伪军，余敌逃遁。深夜 11 时左右，武家圩群众连夜转移。次日，日伪军进圩烧民房数百间。此次毙伤日伪军 100 余人，武家圩保卫战使宿城之敌不敢轻易南犯，为建立泗宿北部政权创造了条件。

坝窝阻击战 宿城西部为原睢宁县二区及八区和宿迁县一区和五区一部组成的睢宿边区，其范围北起古黄河北堤，南到海郑公路，西起朱海，东到宿迁城，南北 40 里，东西 60 里，是华中通往山东根据地的重要通道。此地区在党的领导下先后成立青救团、东江大队、抗敌自卫团，英勇打击敌人。1939 年 10 月，叶可泽领导的邳宿睢抗敌自卫团改编为陇海南进支队独立团。11 月，独立团在坝窝村（现属王官集乡）驻防。当天获得情报，宿城日军配合皂河日伪军 100 余人，分乘 4 辆汽车，将往王官集一带扫荡。独立团决定在坝窝设伏，袭击日军车队。次日黎明，独立团就做好战斗部署。下午 1 时许，敌 4 辆汽车驶到黄庄西头，离坝窝大豁口只有 100 多米。独立团抢占黄河大堤。敌人疯狂地与我争夺，独立团毙伤日伪军多名，激战至下午 2 时许。这次战斗，大大鼓舞了睢宿人民的抗战情绪，对发展睢宿抗日武装，建立睢宿民主政权，起到一定作用。

1941 年皖南事变爆发，国民党在宿城制造白色恐怖。中国共产党决定进一步发展抗日根据地，在宿南成立运河特委连接泗宿抗日根据地，在宿西建立睢宿工委，巩固睢宿抗日根据地。1943 年，睢宿工委决定成立运河区，管辖唐圩、王营、七堡、邓庄等地，并先后成立朱海区、苗圩区、杨集区等基层政权。

1945 年 8 月 15 日抗战胜利，8 月 18 日宿城解放。宿迁分属于淮海和淮北两大根据地，以运河为界，运东设宿迁县和单独设立的宿北县隶属于苏皖六分区；运西设泗宿县和宿迁县，隶属于苏皖七分区，运西的原杨集区归泗宿县，皂河区归邳睢县，其余归睢宁县。

宿城各区迅速恢复生产，巩固民主政权，进行战备教育和动员，扩大人民武装，进行反奸除恶运动，随后进行土地改革运动，使基层党组织迅速扩大。

宿北大战　1946 年 6 月全面内战爆发后，国民党军以重兵进攻华东解放区。12 月，为配合国民党政府召开国民大会，国民党计划以 12 个整编师（军）28 个半旅兵力，分四路进攻鲁南、苏北，妄图切断中共在山东与华中的联系，聚歼华中主力，在年底以前"结束苏北战事"。陈毅、粟裕指挥山东野战军主力和华中野战军一部协同作战，在宿迁以北地区全歼整编第六十九师师部和3个半旅共2.1万人，开创了一次歼敌3个半旅的范例。这是山东野战军和华中野战军会师后的第一个胜仗，初步积累了大兵团协同作战的经验。

光耀古黄河的红色精神

中国共产党在长期的革命战争中铸就了抗战精神、新四军精神、淮海战役精神等，代表了近代以来中国先进文化的前进方向。宿城具有深厚的革命传统，孕育了抗战精神、新四军精神、淮海战役支前精神等一系列红色精神，不仅在中国共产党革命精神史上独树一帜，而且成为新时代高质量发展的宝贵精神资源。

不怕牺牲、血战到底的爱国精神　　抗战时期，宿迁军民的抗日斗争反映了宿迁人民坚强不屈的民族意识和强烈的爱国主义精神。这种意识和精神，在中国共产党的领导下，汇成一股战胜侵略者的强大力量。

武海峰组建的抗日联防队。武海峰，宿迁县南武家圩人。少年时代，他曾在宿迁钟吾高小参加过反帝爱国运动。土地革命时期，在我地下党宿迁县委书记马仑、县南乡地下党员刘颖生的影响下，积极倡导在武圩、大陆庄组织农民协会，并参与农民抗租抗税的斗争。他毅然和封建地主家庭决裂，主动资助地下党活动经费。抗战爆发后，他卖地买枪，组织群众抗日武装，汇合大陆庄、大华庄抗日武装，组建起抗日联防队。宿城沦陷前夕，武海峰被推任国民党闸塘乡乡长。一次，县长鲁桐轩常备队在马园、闸塘一带强收捐税，武海峰指令抗日联防队禁止常备队进驻，让群众拒绝缴纳捐税，鲁桐轩对他恨之入骨。1940年初，鲁桐轩带领武装，骗开圩门，将武海峰软禁起来，诬称武海峰勾结日伪，私通共党，威胁他交出枪支。武海峰机警地与其周旋，后在群众掩护下脱困。几天后，鲁的常备旅两次突袭武家圩，均被武海峰领

武圩村抗日纪念碑

导的抗日联防队击败。武海峰再次卖地买枪，武装群众自卫抗日，该部后被改编为苏皖纵队运河大队。

抗战老人蔡佩恩。蔡佩恩，原名崇惠，宿迁蔡乱庄开明士绅，素怀爱国激情，苦于报国无门，听说八路军苏皖纵队进驻赵庄，不胜欣喜，忙找亲戚朱沛（朱瑞将军长兄）介绍他会见江华司令员。通过交谈，蔡佩恩对党的统一战线政策有了深刻理解，表示竭力拥护。回家后，他根据江华司令员指示，多方联络，积极筹集枪支，组织地方抗日武装。由于他素有威望，短短几天就组织起 100 多人枪，并有轻机枪 3 挺，在苏皖纵队指导下，建成宿迁大队。苏皖纵队司令部委任蔡玉辉为大队长。这支武装力量经常突袭和截击敌人，神出鬼没，非常活跃。1940年 2 月，宿迁大队上升苏皖纵队二团。宿南之敌听说宿迁大队调走，遂纠集400 余人，直扑蔡乱庄，安图一举消灭蔡佩恩领导的抗日武装。当时圩内只有60 余人枪，蔡佩恩又年过六旬，战斗开始，他十分镇定，奋勇率队与敌拼搏。战斗由早上持续到中午，敌未得逞，乃施以催泪瓦斯，同时向圩内连续发射200 多发炮弹。蔡佩恩之子蔡承琳牺牲，蔡佩恩仍沉着应战，坚持至深夜始率众撤出。这次战斗，毙日军指挥官 1 名，伤日伪军 5 名，上级誉他为"抗日老人"。1942 年蔡佩恩先生逝世时，泗宿县人民政府献给他的挽联是"倾塌宿南半壁，减少淮北干城"给予很高评价。

坚持不懈、百折不挠的自强精神　　从新文化运动开始，在中国共产党的领导下，宿迁学校一直在宿城抗战中起到重要作用。不管是唤醒民众抗争宣传，还是在后方艰苦办学，一直是百折不挠，弦歌不辍。

沈新萍（1870—1942），宿城人，毕业于东京弘文学院师范科，加入同盟会，学成归国后在宿城办国民小学，师范讲习所，先后任宿迁劝学所所长，县公署学务课课长，钟吾高等小学校长等。1938 年宿迁县城陷落后，沈新萍转教于叶圩，伪军请其回城，他勃然大怒"七十老人，何惜一死，即死，遗尸亦不入城！"1938 年，郭影秋等中共党员领导流亡学生在宿迁组建移动剧团，演出《放下你的鞭子》等街头抗战剧，鼓舞民众抗日救亡。在移动剧团的影响下，宿迁青年团组建了群众抗日救国团，后成立"宿迁县青年抗日救国会"。

1942 年，淮海行署明令各县："加紧恢复各地小学，发动社会知识青年以及开明士绅协助办学，推进根据地文教工作的开展。"之后，宿迁县民主政府即在原有或新办的小学中委派校长和教师，同时将部分私塾改为学校。县长蔡贡庭非常关心根据地的教育事业，经常去泰山、关庙、刘河滩、桃园等小学作政治报告，宣传新民主主义教育方针，鼓励教师努力学习，提高政治、文化水平，努力为抗战服务。1943 年秋，宿迁抗日根据地已恢复创建小学 50 多所，达到区有完小、乡有初小，学生 2000 余人。教材由淮海行署教育处编写，发给各县样本，各县文教科再油印发行。那时边区学生都备有两套课本，一套是抗日民主政府编的，一套是汪伪政府编的。上课时，学生轮流站岗。敌人来了，就把伪教材放在桌上，蒙混敌人。等敌人走了，再重新学习抗战教材。尽管环境险恶，斗争尖锐，游击区学校却没有停过课。学校师生热情很高，他们积极宣传党的抗战方针，开展学习、生产竞赛，大唱抗日歌曲，受到人民政府和群众的好评。

解放战争时期，在江淮区党委的领导下，1948 年 6 月在泗南宋庄创办江淮公学,9 月在泗南蔡破圩（今龙河蔡圩）创办江淮公学分校。在办学的同时，注重组织发展，1948 年 9 月发展团员 350 余名。从 1948 年 6 月办校到 1949 年 3 月迁校到泗县县城，为支援解放战争培养了一大批革命干部。

万众一心，团结奋斗的支前精神　1948 年 11 月，淮海战役爆发。为了保证淮海战役的胜利，中央军委指示华东、华北、中原等地的党政领导"应用全力保证我军的供给"，以实现歼灭国民党刘峙集团于长江以北的战略计划。22 日，淮海战役华中支前司令部成立。23 日，成立六分区支前司令部，六地委书记吴觉，六分区专员章维仁分别任政委和司令员。接着，宿迁县、区、乡也相应成立支前总队、支前大队与支前中队。

宿迁接近前线，支前任务尤为繁重，既有前方运输和担架民工的任务，又有外县粮米的接收、囤存、支拨的任务。既要保证前方担架民工的粮米供应，又要保证行军、驻军、后方机关、医院等单位的粮草供应。为此，县委把支前作为压倒一切的中心工作来抓，群策群力，超额完成了各项支前任务。

全县共设粮秣供应站 16 处，其中官庄、卢圩陆集、卓圩、唐庄、张庄等 6 处，由县里直接掌握，余下 10 处由所在区掌握，确保担架和运输民工的粮食供应。战役期间，计供应米、面、糖 256 万斤。在丁庄、张大庄、卢集、顺河集设 4 个草站，作为过境民工的伙草补给计供应伙草 372 万斤。全县设 6 个接收转运站，共接收沭阳、涟水、泗沭、淮阴、潼阳、东海、灌云以及五分区运粮办事处的大米 717.9 万斤、麦面 115 万斤、玉米面 138.9 万斤，合计接收 971.8 万斤。转运支拨给宿北窑湾、睢宁、安徽黄桥等地 672.8 万斤。

江淮二分区提出："全力全面、全心全意，一切为了支援前线。"全区动员常备民工 10 余万人参加支前，组织担架 6739 副、小车 3 万余辆、大车 993 辆、挑子 1.8 万余副、牲口 7080 头，另有 17 万人参加短途转运，组织担架 3757 副、小车 3.3 万余辆、挑子 7 万余副、大车 3716 辆、牲口 3.8 万头、船 1873 艘。加上参加筑路修桥民工，总计动员 30 万余人参加支前，仅运送面粉就达 7230 吨。泗宿县常备民工 1.12 万人，短期出勤 2 万人，担架 2293 副，运粮 3500 吨。泗南县常备民工及短期出勤共计 4 万人，担架 1600 副，运粮 1130 吨。

"最后一碗米送去做军粮，最后一尺布送去做军装，最后一件老棉袄盖在担架上，最后一个亲骨肉送去上战场。"这首战争年代广为传唱的民谣，就是军民团结如一人的生动体现，是万众一心，团结奋斗的支前精神的体现，淮海战役的胜利是淮海人民支援是分不开的。

气壮山河的革命英雄

宿城红色文化既是宿城人民浴血奋斗的历史结晶，更是以中国共产党人为代表的民族脊梁追求真理、敢于斗争的精神体现。在他们当中，有新文化运动运动的开路先驱，有战斗在抗敌第一线的先锋斗士，有致力于中国革命的红色楷模，还有坚定信仰、至死不屈的革命战士。他们用满腔的激情与热血，谱写了宿城儿女敢为人先、为民请命的英雄赞歌。

中国的炮兵的缔造者—— 朱瑞　朱瑞（1905—1948），男，汉族，宿迁县龙河人，中共党员。1905 年出生于宿迁市宿城区龙河镇。历任中央特派员、中共中央长江局军委参谋长兼秘书长，红军总司令部科长、红军学校教员、红三军政治委员等职。1946 年 10 月起任东北民主联军和东北军区炮兵司令员，兼炮兵学校校长。1948 年 10 月 1 日，朱瑞在辽沈战役攻克义县战斗中牺牲，时年 43 岁，是中国解放战争中我军牺牲的最高将领。为纪念他，中央军委决定将东北炮兵学校命名为"朱瑞炮兵学校"。2009 年 9 月 10 日，朱瑞被评为 100 位为新中国成立做出突出贡献的英雄模范之一。

宿睢地区最早的女共产党员—— 苏同仁　苏同仁（1905—1943），女，字苏生，化名李慧。宿迁南蔡乡人。中共早期党员。出身于书香世家。1921 年春，考入江苏省立徐州第三女子师范学校。1924 年，由该校教师、中共地下党员吴亚鲁介绍加入中国社会主义青年团，并被选为徐州团地委委员。次年转为中共党员，是宿睢地区最早的女共产党员。

"五卅"惨案爆发后，苏同仁组织学生涌向街头演说，并开展募捐活动。是年 8 月，她女师毕业，出任睢宁女子小学教师。其间秘密宣传马列主义，发展党员，建立睢宁第一个党支部。次年初，去北平做地下工作。夏，到南京与吴亚鲁结婚，相携去广州参加省港大罢工。不久，随革命军北伐，在部队做宣传工作。1927 年参加南昌起义，后受中共中央委派，夫妇俩先后去福建、山东，在省委宣传部工作。1932 年初，她被派到上海参加"一·二八"抗战和组织赤色工会工作。她两次赴苏联学习，曾任第三国际联络员，并代表中国妇女出席在欧洲召开的国际三八妇女大会。1939 年，苏同仁奉命回国，受中共中央委派，与陈潭秋、毛泽民、林基路等人去新疆工作，后因叛徒告密，被国民党特务逮捕，受尽折磨，始终忠贞不屈。1943 年 9 月，在新疆与毛泽民等一起被军阀盛世才杀害，时年 38 岁。

山西三大妇女领袖之一 —— 纪毓秀　纪毓秀（1914—1939），女，宿迁人。1935 年，考入北平清华大学外语系，先后参加"一二·九"运动和"一二·一六"大示威，后与同学李昌、杨学诚、凌则之等组成中华民族解放先锋队，此间加入中国共产党。1936 年底，毅然奔赴绥远前线。后来，她又到山西太原，参加牺牲救国同盟会工作，被选为常委，负责组织工作。她的工作十分出色，当时被誉为"山西三大妇女领袖"之一。在晋北山区极端艰危的环境下，一直坚持不懈地工作。因积劳成疾，于 1939 年病逝于山西抗日前线，时年 25 岁。

战火纷飞中的红色记者—— 萧璞　萧璞（1920—1948），字朴石，又名罗夫、萧原，埠子镇人，左翼作家。萧璞参加革命工作时，依母姓改名罗夫。1937 年，加入中国共产党组织的中华民族解放先锋队。1938 年 8 月，去延安抗大学习，不久加入中国共产党。年末，随抗大二分校去晋察冀根据地。1939 年 6 月，任晋察冀通讯社科长。次年秋，晋察冀日报社与通讯社合并，他任特派记者，所写《1940 年五专区经济建设》一文在报上发表，对敌后根据地经济建设起到积极作用。抗日战争胜利后，华北联大迁张家口，增设新闻系，萧璞任新闻系副主任。他到职后，一面组织人力赶编教材，一面制订教学大纲和规划。解放战争爆发，他参加前线记者团，到战火纷飞的战场采访。次年，他调任中共涞源县委宣传部长，土改时，他带队在一区搞土改。依据《土地法大纲》精神，从当地实际情况出发，重点打击汉奸和投蒋的恶霸地主；对抗日反蒋的开明士绅，动员其退出多余土地；对守法的中立地主，通过说理，平分其土地；对富农则分其多余土地。孤立少数，团结大多数，这一做法被推广。1946 年春，任中共涞源县委副书记。1948 年 8 月，遭国民党残部袭击，中弹牺牲，时年 28 岁。

信仰坚定的革命烈士——杨新　杨新（1914—1947），原名杨素贞，宿迁王官集人，出生于清贫的中医家庭。1934 年考入海州师范。1937 年毕业后，在本乡方赵小学任教。1939 年加入中国共产党。1942 年 12 月中共睢宿工委建立，他任第二区区委书记。1945 年 8 月，日军投降，睢宁解放，杨新任中共睢城区区委书记。次年秋，国民党政府军占领睢宁，杨新撤往淮海区，在孙柳渡口登船时被捕。1947 年 10 月，杨新被押送至睢宁县城，睢宁县国民政府县长朱伯鸿利用师生关系亲自提审杨新。朱对杨说："你是我的学生，正年轻有为，只要在自首书上签个字，我不但担保你生命安全，还给你睢宁东关学校校长干。"杨新回答说："承老师夸奖，学生为抗日救国，投身革命，从未想过升官发财。别说给个校长，就是让我当县长，我也决不背叛革命放弃马列主义信仰！"朱伯鸿软硬兼施，均未能使他屈服。在一次越狱失败后，杨新被绑赴刑场，他一路高呼口号，至死不屈。

不怕牺牲的革命战士——陈斯举　陈斯举（1915—1946），宿迁龙河人。

1940 年末，他以做生意为名，瞒着家庭参加泗宿县潘山区便衣队。1941 年加入中国共产党，任区武工队队长。他带领的武工队神出鬼没，活跃在埠子集至归仁集大路沿线，侦察敌情，挖土路，砍电杆，割电线，破坏敌人的交通和通信设施。他们钻青纱帐，化装成赶集人，机动灵活地打击顽、伪分子，使敌人终日惶恐不安。1942 年，武工队与 200 多名日伪军在罗挑沟发生遭遇战，陈斯中弹负伤，但仍坚持战斗。1943 年后，历任杨圩乡乡长、杨圩区农救会主任、泗宿县宿迁市委组织部部长、杨圩区区委书记。1946 年 8 月以后，国民党政府军大举进攻解放区，泗宿地区环境恶化，陈斯举带队转移。11 月 26 日，在洪泽湖一带遭敌包围，陈斯举壮烈牺牲。

视死如归的红色楷模——陈少南　陈少南（1921—1940），原名传诏、召南，宿迁耿车人。1935 年考入私立宿迁新生中学。1938 年，经同乡中共党员陈筹介绍，赴鲁南垛庄干校学习，并加入中国共产党。1939 年 1 月，被苏皖特委分配到宿北开展工作。是年秋，随苏皖纵队南下，被任命为宿迁县第四区区委书记。陈少南在潘山、徐圩一带发展党员，建立党支部，并组建民众抗日自卫队（有二三十人枪）和青年救国会。为开辟皖东北至山东根据地的交通线，他常常只身往返敌占区开展对敌工作。在叶圩、徐圩、陈圩、耿车等 10 多处设立地下交通站，使皖东北经邳、睢、铜达鲁南根据地的交通线渐次打开。1940 年，他由皖东北北上活动，途经泗宿县戚圩时，被大地主戚问渠逮捕。审讯时，陈依然宣传中国共产党抗日主张，指出当汉奸的下场，终被杀害。就义时，陈少南大义凛然，高唱国际歌，视死如归。

丰富厚重的红色遗址

宿城古黄河区域作为著名的革命老区、重要的敌后抗战战场、解放战争战场，有着波澜壮阔的红色革命历史，宿城人民在中国共产党的领导下，在

宿北大战纪念塔

宿城这片热土上开展革命实践，留下了丰富厚重的红色文化遗址。

宿北大战纪念馆　1978 年建成，建筑面积 1920 平方米，位于马陵公园内。馆厅展览内容分为宿北大战资料陈列、宿迁地区革命斗争史料陈列及拥军支前资料陈列等，共有 12 个展厅，展出图片、画面、实物和革命文物计1235 件，是集瞻仰先烈、学习革命历史与旅游休憩为一体的旅游胜地。2016年 9 月被国务院批准为第六批国家级烈士纪念设施。2021 年获评全国爱国主义教育示范基地。

朱瑞故居　位于龙河镇将军里小区内。总面积建筑 1000 平方米，整体格

朱瑞故居

朱瑞将军纪念馆

局为苏北民居式的两进三排院落。前院以将军留下的遗物、图片等展示其成长历程、革命生涯及不朽功勋；后院主要内容为追溯将军少年时代的生活背景，展示其家庭出身以及读书、起居等相关情况。

朱瑞将军纪念馆　　位于宿城区印象黄河景区东段，规划用地7.2万平方米，主馆建筑面积8043平方米，建筑高度19.4米。馆内大厅朱瑞将军雕塑高达5米，纯铜铸造，由中央美术学院创作。整个展厅以朱瑞将军生平事迹展览为主，分为"救国寻路、红军将领、抗日烽火、战地炮魂、民族长城"五大板块，收录大量的图片、文献、实物等，全面而客观地展现了朱瑞将军波澜壮阔的一生以及对炮兵缔造所作的卓越贡献。现为江苏省爱国主义教育基地。

雪枫公园　　位于市区幸福北路与黄河北路之间，环城北路北侧，京杭大运河和古黄河两条城市景观廊道的围合区，占地21.33公顷，其中水面5公顷，是宿迁市规模最大的爱国主义教育基地。公园主轴线为"一馆、一塔、一湖、二桥、三座雕塑、四个广场"，并以彭雪枫将军的革命历程为主线，通

雪枫公园

宿城区乡贤馆

过长征路、长淮大道、将军大道等道路，将育德广场、红星眺望台、九月湖、飞骑桥、捷胜亭、卖马坡、彭雪枫纪念馆、拂晓广场等 10 余处主要景点有机串联，构成公园景观体系。

宿城区乡贤馆　　位于宿城区印象黄河景区九龙塔一层。总体布展面积 1050 平方米，分为序厅、古代篇"英雄家乡"、近现代篇"第一江山"、当代篇"西楚春好"以及尾厅五大板块。馆内共展示古代、近现代和当代等各个历史时期名人贤士代表近 240 名，特别是汇集了宿迁近代以来的红色历史人物事迹，是宿城区红色文化的集中展示区。

第八章

盛世寻芳

宿城古黄河的时代交响

　　司马迁曾感慨："甚哉，水之为利害也！"从有人类历史起，直至今日，人与水的关系经历了"趋利避害"式的原始和谐状态、"防水之害，取水之利"式的基本和谐状态、"征服"式的侵害状态。此后，面对资源紧缺、环境污染严重、生态系统退化的严峻形势，人类痛定思痛，开始自觉地调整天人关系，逐渐变征服自然、改造自然为尊重自然、顺应自然、保护自然。在中国，进入新世纪后，鲜明地提出了生态文明建设的奋斗目标，强调"既要金山银山，也要绿水青山。绿水青山就是金山银山"，以重构"天人和谐"的新境界。

　　随着人水关系的不断调和完善，随着"人水和谐"的思想理念不断升华，在古黄河两岸，宿迁人的治水理念和涉水行为发生了深刻的改变。从20世纪50年代到70年代，古黄河两岸广大人民群众沐浴着党的光辉，战天斗地，励精图治，描绘出一幅淮北江南"玻璃城，水稻县，苹果黄河、葡萄山"的美丽画卷。时序交替，梦想前行。改革开放和社会主义现代化建设时期的开启，给这片古老的土地带来无限生机和活力。人们向着改革的朝阳出发、再出发。1996年行政区划调整，揭开了中心城市繁荣发展崭新一页，古黄河成为大美宿迁生态宿城一条亮丽的"红腰带""绿腰带"和"金腰带"。党的十八大以来，在习近平新时代中国特色社会主义思想指引下，宿城儿女昂首阔步，高歌猛进，提升首位度，用快速蝶变和高质量发展奋力谱写"强富美高"新宿迁的宿城篇章。

第一节
"淮北江南"耀神州

1949 年 9 月 29 日，中国人民政治协商会议第一届全体会议通过《中国人民政治协商会议共同纲领》（以下简称《共同纲领》），这是新中国成立初期具有临时宪法性质的国家根本大法，是为新中国奠基的历史文件。把"兴修水利，防洪防旱、疏浚河流、水力发电"写入《共同纲领》，充分说明中央人民政府对水利工作的高度重视，把水利摆在极其重要的位置，作为全部生产建设的中心环节之一。正是在《共同纲领》的指引下，在中国共产党坚强有力的领导下，新生的中华人民共和国由此拉开了大力发展水利事业的宏大序幕，留下了值得纪念的不朽篇章。

"导沂整沭"开先河

宿迁位于黄淮之间，在水利建设上有着举足轻重的地位。1949 年 7、8 两个月，沂沭泗地区连续暴雨，沂蒙山洪水南下，造成特大洪涝。宿迁灾情尤为严重，全县中晚秋受灾 85 万亩，虽经排水抢救，仍有 54 万亩减产三成至七成，低洼地区颗粒无收，全年粮食总产仅 1.7 亿多斤，是 1936 年的 54%。1949 年 11 月，经华东局和政务院批准实施导沂整沭的治理计划，奏响了宿迁县治水工程的恢宏乐章。苏北区委和淮阴地委遵照中共中央紧急指示，在全面救灾的同时，迅速实施结合救灾、以工代赈的导沂整沭工程。

"导沂"方案主要是开挖新沂河，将沂河洪水直接泄入黄海，把南北六塘河等几条干河腾出来，让给内部排水，改变洪涝不分、遍地漫流的状况。

1949 年 11 月至 1950 年 3 月，实施新沂河第一阶段、第二阶段工程。为使骆马湖、黄墩湖成为临时水库，实施了全长 15.42 公里的运河左堤加高培厚工程，同时建设皂河水坝，用以约束下泄洪峰流量，确保中运河、六塘河安全。

1950 年 12 月，导沂二期工程开工，主要有新沂河和骆马湖大堤培修加固、中运河大堤修复、嶂山切岭续建等工程，把骆马湖建成了临时滞洪水库。

皂河输水坝工程

其间，修建了皂河节制闸和洋河滩闸，开挖大、中、小河391条，受益土地达125万亩。

新中国的大江大河流域性治理，治淮是第一场战役，而导沂工程则是第一场战役的第一仗。导沂的首战告捷，拉开了波澜壮阔的治淮序幕，也是宿迁县大规模治水的开端。

密织河网"旱改水"

1957年，宿迁县委立足本地工农业生产实际，在制定第二个五年规划时，大胆地绘制了建设"玻璃城，水稻县，苹果黄河、葡萄山"的宏伟蓝图。这一宏伟蓝图不仅在当时起到了指导和鼓舞全县人民发展生产改善生活的作用，而且对此后宿迁的长期发展也产生了深远的影响。

为实现"水稻县"目标，1957年秋，宿迁县委成立旱改水办公室。旱改水的主要问题是要有水源作充分的保障，还要有配套的河、沟、渠，做到能灌能排。县委讨论将骆马湖常年蓄水，运东地区率先实行大面积旱改水的方案。从1957年冬天起，宿迁县掀起了大规模兴修农田水利的高潮。在运河以东，以建设来龙灌区为重点，开挖从宿迁节制闸起，沿马陵山东麓，经侍岭向东的一干渠；从六塘河节制闸起，沿海郑公路向东至沭阳域内的二干渠；沿六塘河向南，经卓圩、陆集、大兴、仰化等公社的三干渠。在运河以西，以筑堤和开河为重点，新筑骆马湖、黄墩湖之间13公里防洪大堤，在耿车、古城、王官集等9个公社开挖8条截水河、排涝河。1958年1月，江苏省人民政府决定，并报国家水利部批准，将骆马湖改为常年蓄水库，汛后蓄水兴利。从此，骆马湖勃发生机，谱写新的篇章。它成了防御沂、泗洪水，确保下游数百万人民生命财产安全的主要屏障，也成了这个地方发展国民经济的主要资源宝地。

京杭运河宿迁闸

　　为把骆马湖建成常年水库，县委、县政府下达骆马湖内居住居民搬迁的命令，搬迁居民 13397 户 54727 人，拆迁房屋 42568 间。搬迁到运东来龙灌区一带，及运西黄墩、闫集等地区。划出定量土地安家，帮助兴建土墙草房。

　　1958 年 6 月，宿迁船闸、宿迁节制闸和六塘河节制闸等主体工程同时竣工，骆马湖建成了常年蓄水水库，成为沂沭泗流域重要的调蓄枢纽，基本消除了淮阴地区 1000 多万亩农田的洪水威胁，拦蓄的洪水可灌溉农田 180 多万亩，为宿迁以及周边地区改革耕作制度、实行旱改水创造了条件。

　　至 1959 年 5 月初，河网化方案基本完成，宿迁县和泗阳县、沭阳县部分社队 115 万亩农田用上了骆马湖水灌溉。

　　1958 年至 1960 年，宿迁建成了耕地面积为 52.7 万亩的来龙大型自流灌区，同时建成黄墩湖、洋北、仰化 3 个灌区。1966 至 1967 年，建成嶂山中型灌区。

　　1969 年以后，宿迁县水利建设重点转向运河以西地区。为进一步扩大"旱改水"范围，彻底改变水害造成的贫困面貌，1970 年建造了皂河电灌站，1971 年又在洋北建造船行电灌站，把骆马湖和中运河水翻上黄河滩，越过古黄河，灌溉运西农田。至此，建设"水稻县"的宏伟目标基本实现。1976 年，全县水稻面积扩大到 85 万亩，占耕地总面积的 71.95%，从根本上解决了农民的吃粮问题。

　　在加强农田水利建设的同时，宿迁县实施了大规模的河滩绿化造林工程。1958 年起，在古黄河滩地植树造林。在王官集境内的黄河漫滩上植树百万株，号称"万亩大林"。1963 年，时任共青团中央书记胡耀邦一行数十人，风尘仆仆从徐州来到宿迁检查植树造林工作。当时，县委、县政府负责同志向他作了情况汇报，讲到王集公社的蔡庄大队，组织青年、妇女、少先队员在古黄河沙滩地营造青年林、巾帼林、红领巾林。胡耀邦听了很高兴，立即驱车前往视察，当他下车看到古黄河滩一线植树造林忙碌景象时，兴致勃勃地对陪同的县、公社负责人说："古黄河两岸，可植百亩大林，千亩大林，万亩大林"。胡耀邦离开植树工地时，向王集公社赠送了锦旗，勉励他们做植树造林尖兵。后来县、公社负责人根据胡耀邦的要求，在蔡庄大队一带营造万亩大林，并把蔡庄大队改名为万林大队。为了实现苹果黄河目标，1958 年，县政府在古黄河东岸的申徐庄（今宿城区项里街道申徐居委会）划地 1800 亩，创建宿迁果园场。而后，西起王官集、皂河，东至南蔡、洋北，百里黄河故道上，成片的果园陆续出现。至 1960 年春，"苹果黄河"的美景基本形成。

　　运西"旱改水"战役结束后，紧接着又上马了第二轮古黄河的改造、治理工程。1975 年，平整改造河滩地近 5 万亩，建成 60 多个圩区。每个圩内，都按由低到高的顺序，依次建设养殖带、农作物带、林果带，把"冬春飞沙迷漫，夏秋洪水泛滥"的古黄河滩，建成了百里绿色走廊。

"淮北大寨"美名扬

〰〰〰〰〰〰〰〰

1964年2月10日,《人民日报》刊登新华社记者的通讯报道《大寨之路》,介绍了大寨大队同穷山恶水进行斗争、改变山区面貌,发展生产的事迹。由此,全国农业战线掀起学大寨运动。

宿迁人向来有"不怕困难,敢于争先"的精神,在县委、县政府的领导下,宿迁在60年代末70年代初,积极开展了"学大寨、赶昔阳"群众运动。

1969年3月,宿迁县革委会在水稻高产的大新公社纲要大队,召开"农业学大寨"誓师大会。会后,纲要大队党支部带领群众改造砂礓滩,在实践中摸索出一套适合砂礓滩特点的、迅速改变面貌、发展农业生产的路子。全大队大搞旱改水,大种绿肥苕子,粮食单产连续三年闯过千斤关。

县委抓住纲要大队典型,发出了"三年达纲要,五年过'长江'"的号

新站大队党支部书记宋怀金筛石取土

农业学大寨表彰大会合影

召。世世代代生活在古黄河两岸的人们积极投身到学大寨的群众运动中，响应县委提出的"群策群力学大寨，快马加鞭赶昔阳，苦干三年超'纲要'，力争'四五'过'长江'"的号召，大搞农田水利建设，加固加高骆马湖大堤，在兴建皂河电灌站的基础上，又自力更生建造了20个流量的船行电灌站，开挖了全长200公里的8条大沟，新建了920座桥、闸、涵洞，平整了43万亩土地，从1970年至1974年，五年迈了五大步，宿迁成了有名的"淮北大寨"。新华社、《人民日报》、《新华日报》都发表了长篇通讯，介绍宿迁学大寨经验和取得的成果。众多杂志、书籍收录了宿迁学大寨的经验。水利部授予宿迁县为全国水利先进县，并以《宿迁大地绘新图》为题，将宿迁县治水实绩制成模型，送广州中国商品交易会上展出。中央新闻电影制片厂还录制了《淮北变江南》纪录片，在全国公映。

1975 年 9 月 15 日，全国农业学大寨会议在北京召开，宿迁县成为全国受表彰的 26 个先进典型之一。时任宿迁县委书记郭玉珍代表全县人民在大会上第一个作经验交流发言。会议后，《人民日报》刊登新华社记者文章《"敢"字当头跨大步——江苏省宿迁县学大寨赶昔阳的事迹》，称赞宿迁是"淮北江南"。

第二节
古黄河畔春潮涌

1978 年 12 月，具有深远意义的党的十一届三中全会胜利召开，实现了全国范围内党的工作中心转移，从此开启了改革开放的伟大历史新征程。改革开放的大潮在全国各地蓬勃兴起，宿迁大地、古黄河两岸也迎来了以思想大解放促进经济社会大发展的春天。改革开放的浩荡春风，改革开放释放的强大活力，让古黄河流域这片热土焕发出前所未有的生命力。

"联产承包"焕发生机

1979 年，宿迁县委停止了"向高标准大寨县进军"的口号，积极探索和推进各项改革。1980 年，中共中央下发了《关于进一步加强和完善农业生产责任制的几个问题的通知》，全县干部群众如沐春风深受鼓舞，龙河、王官集等公社率先把田地分给农民，原有集体生产资料联户分配，实行土地"大包干"。经过一年实践，全县粮食增产 12%，人均增收 31.5%。至 1983 年，全县403 个村全部实行"大包干"。

在粮食生产迅猛增长的同时，打破了禁锢、开阔了眼界的广大农民积极发展商品生产，实行个体经营的专业户、联合体愈来愈多，"万元户""冒尖户"大量涌现。农户不仅从事种植业、养殖业，还搞运输、建筑、饮食、商业和其他服务业。在这样的经营格局和发展态势下，原来那种"政社合一"的人民公社体制显然已无法适应。继 1981 年公社革命委员会改为管理委员会之后，根据中共中央关于政社分开、建立乡政府的精神，全县各公社于 1983 年分两批建立乡政府作为基层政权机关；同时生产大队改为村级组织，成立村民委员会作为群众性自治组织。1985 年 3 月，公社管理委员会被撤销，组织生产、服务的职能由乡政府履行。至此，人民公社制度完全成为历史。农村管理体制的历史性变革，为农村改革提供了组织保证。

"耿车模式"书写传奇

耿车，最早结缘于水。据史料记载，秦汉时期，流经耿车一带的泗水、睢水是我国历史上最早开始漕运的河道。相水、睢水为同一条河流的上下游，古代的宿迁因处于相水下游，故名下相县。闻名遐迩的老"宿迁八景"之一的"白鹿渔歌"，其部分景观就在耿车境内。清雍正年间，因黄河决堤，西沙河、东沙河就像两个顽皮的孩子，从黄河母亲那里游进了耿车。一湖两河，水秀景明，耿车之美，古已有之。

悠悠大运河畔，萧萧古黄河边，历经沧桑岁月洗礼，耿车人血脉里奔涌着敢为人先、大胆探索的精神特质。20 世纪 80 年代初，从土地上解放出来的耿车农民，纷纷走出家门，从事废品收购和传统手工制作、营销等小生意。随着小生意越做越大，户办联户办企业也越办越多，初步形成了"一村一品"的发展格局。刘圩大队腊条编织、大众大队绿豆粉皮加工、三义大队粉丝加工小有名气；五星大队五小队在南京下放户杨蛮子的带动下，发展塑料加工业。乡党委、政府在积极支持农户办企业的同时，选准技术含量较高、投资规模较大、且与户办联户办企业有一定关联的项目，由乡里、村里来办，并对原有的企业进行技术改造，不断扩大规模。全乡8000多户农民办起户办联户办企业4500多个，乡办村办企业25个，形成了"四轮并进，大小结合，大的抓上水平，小的分散进家庭，大轮带着小轮飞，小轮推着大轮转"的群体化、系列化经营发展模式。1985年，耿车乡镇企业产值达到4700万元，占全乡社会总产值的75%；从事非农业生产经营的劳动力占劳动力总数的65%，农民人均纯收入412元，是全县平均水平的1.54倍。

1986年5月16日，《人民日报》刊发长篇通讯《耿车模式诞生记》，并配发短评《好一个"耿车模式"！》，耿车模式闻名全国，前来考察学习取经者络绎不绝。

1986年9月24日，国家经委经济管理中心、国家科委科技促进发展研究中心等十几个单位在北京联合举行"耿车发展战略研讨会"。中顾委委员、著名经济学家于光远出席，并作重要指示。

9月26日《人民日报》刊登了新华社发的题为《耿车模式有较大适应范围——首都专家学者肯定耿车发展乡镇企业经济》·的报道。报道指出："开放在苏北平原上一支乡镇企业的奇葩——宿迁县耿车的'耿车模式'，继苏南模式、温州模式之后，成为我国乡镇企业又一引人注目的新事物。"著名社会学家费孝通兴致盎然地邀请时任乡党委书记徐守存等同志到费老家中，讨论"耿车模式"的形成与发展。讨论后，费老欣然命笔，为耿车乡题词："大胆探索，因时制宜，为乡镇企业创造新的模式。"随后，费孝通、于光远还先后到耿车考察。

20世纪90年代中后期，耿车抓住国家扶持再生资源回收利用产业的政策机遇，推进废旧塑料回收加工产业迅速发展。先后成立了耿车工业园区、新华工业园区和湖稍工业园区，为华东地区再生资源回收加工集散地。1997年后，

费孝通为耿车模式题词

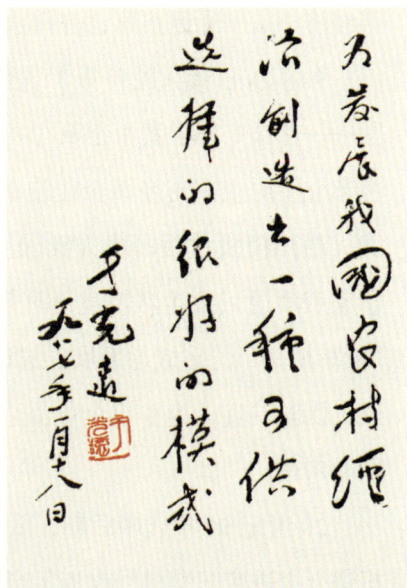

为发展我国农村经济创造出一种可供这样的纸样的模式

于光远
天七年二月十一日

于光远为耿车模式题词

以装饰板厂为龙头、以兴达胶合板厂为重点，发展板材加工和废旧塑料回收加工业，成为耿车的两大支柱产业。

在发展的同时，耿车也陷入了垃圾围集、水资源污染等困境。乡镇企业发展面临诸多困难，发展处于转型的十字路口。市、区领导多次到耿车调研，广泛听取干群意见，探索耿车镇转型路径。

2016年1月14日，宿城区在耿车镇召开废旧物资回收加工综合整治动员会议，打响一场"彻底禁、禁彻底"的绿色发展、转型发展攻坚战。在半年时间内，清理废旧物资回收加工经营户3471户，取缔交易货场9个，拆除61个地磅、2100户设施设备，清理外运废旧物资40余万吨，整治沟渠15条50千米、汪塘120个78万平方米、村庄95个，清运垃圾10余万吨，清理违法用地66.33公顷。从此，耿车告别"灰耿车""黄耿车""耿车味"的脏乱差历史，迎来"耿车蓝""耿车绿""耿车清"的生态型优美环境。

转型后的耿车把重心放在了家具制造、塑料精深加工、电子商务、花木园艺、现代物流等特色产业。建立专业园区，帮助85家优质家具企业搬迁入园、集聚发展。同时，耿车镇大力引导和推进发展生态农业，围绕"奇趣多肉、缤纷园艺"的发展定位，规划建设了1.4万亩生态农业示范园。2018年底获评国家级奇趣多肉星创天地和省级休闲农业与乡村旅游三星级园区。2019年1月耿车镇多肉植物创意园被江苏省农业农村厅授予"江苏省休闲农业精品村和主题创意农园"。

2016年7月，耿车镇党委被中共中央授予"全国先进基层党组织"。2016年12月，耿车镇被江苏省环境保护厅授予"省级生态乡镇"，被江苏省商务厅授予"2016—2017年度江苏省农村电子商务示范镇"。2018年10月，被江苏省农委授予"江苏一村一品一店示范村"。2019年6月，江苏省商务厅授予耿车电子商务产业园"江苏省电子商务示范基地"。2020年1月，被全国爱国卫生运动委员会授予"国家卫生镇"。2020年11月，被农业农村部授予"全

耿车镇白鹿湖公园

国一村一品示范村镇"。2021 年 9 月，被农业农村部认定为"第二批全国乡村治理示范村镇"。

小康之路越走越宽

　　宿城建区之后，就紧紧抓住民生福祉这个中心，对全区的小康目标进行规划。在 1996 年 11 月 5 日召开的宿城区第一次党代会上，宿城区委提出了在全市"率先达小康"的奋斗目标。1997 年 3 月 5 日，区委召开脱贫致富达小康动员大会，在区直机关和乡镇干部中开展挂钩扶贫活动。从 1997 年起，区委、区政府围绕宿城区脱贫致富达小康目标，在农、工、商等方面采取举措，奋力增强全区国民经济综合实力。

在 2001 年 1 月 16 日召开的宿城区第二次党代会上，区委提出：建设宽裕的小康社会。规划到"十五"末，宿城区城镇居民人均可支配收入 7100元，农民人均纯收入 4500 元，城乡人民生活达到宽裕型小康水平。

2003 年，江苏省制定实施全面建设小康社会主要指标，比 20 世纪 90 年代末提出的达小康标准项目多、要求条件高。为此，区委、区政府围绕全面建设小康社会各项指标，抓工业项目转型升级，加大各类扶贫资金投入力度，加速推进城市化进程，注重发展社会事业，把改善民生作为政府工作的出发点和落脚点。

近年来，全区紧扣高质量发展主题，以深化供给侧改革为主线，以满足人民日益增长的美好生活为根本目的，统筹推进"产业宿城、创新宿城、文明宿城、美丽宿城"建设，决战决胜全面小康，奋力书写"争当表率、争做示范、走在前列"的宿城答卷。小康综合实现程度稳步提高，自 2018 年全面小康开展指标监测以来，全区全面小康综合实现度实现连续增长。2020 年全面小康综合实现程度达到 98.35%，较 2018 年 90.58% 提升 7.77 个百分点，位列全市第一。全面小康短板弱项得到显著改善。在 41 项考核中，2020 年达到省定目标 36 项，另有 5 项达到市定目标，全面小康群众满意度持续提升。群众关心关切的环境、住房、医疗、教育、社会治安等领域满意度高。人们企盼多年的小康目标终于实现，但随着社会发展进步，小康的标准也在不断提升，宿城区委、区政府紧紧咬住群众关切的民生福祉关键指标，在环境、教育、医疗、养老等方面加大投入，在支柱产业培育上加大力度，使宿城社会事业均衡发展，逐渐步入良性轨道，为宿城步入更高标准的小康社会奠定了坚实的基础。

第三节
组织"黄河大合唱"

一条古黄河，滋润了一座城。在过去农耕时代，水是农业的生命，人们逐水而居；在现代化建设的征程中，水更是建设现代美丽城市和美丽新农村的不可或缺的元素。城市发展的最终方向是要为所有市民提供一个心灵栖息的家园。比起以往，宿城人更知道怎样去保护古黄河、开发古黄河、利用古黄河。宿城人既要"水利"，也要"利水"，从而形成良性循环，使水可持续地"利人"，进而达到"人水相应"，实现人水和谐。

农田水利谱新曲

围绕农田水利基础建设，宿城区先后争取并实施了中央财政小型农田水利重点县、灌区续建配套与节水改造、农村河道疏浚整治、中小河流治理重点县、中央财政土地出让金维修养护等5大类项目。从1998年宿城区被正式列入国家农业综合开发计划，到2015年，全区共组织实施农业综合开发项目59个，其中列入国家中低产田改造项目15个、高标准农田建设项目5个，列入省级古黄河综合开发项目 11 个、产业化经营项目 28 个。

　　自 2005 年起，宿城开始实施农业开发资金进行中低产田改造项目。至 2013 年，先后实施了龙河镇、仓集镇、埠子镇、屠中片区、罗龙片区、南罗片区、罗圩乡、中扬镇、龙河镇、屠园乡等中低产田治理改造和洋河镇省级规模开发项目。治理改造农田水利设施，配套沟渠路道，构建防护林网，改良土壤，推广新技术、新品种。累计投资 1.2 亿元，改造治理农田 1.13 万公顷。其中，船行灌区总控制面积 305.5 平方公里，由船行灌区和洋北洼地组成。灌区抽水站是老站，装置机泵效率低下。1998 年 5 月，实施船行抽水站改造工程，完成土方 1.34 万立方米、石方 540 立方米、混凝土和钢筋混凝土 255 立方米，更新 13 台套水泵，计 1000 千瓦。2006 至 2007 年进行了续建，建成防渗渠道 5.2 公里。2005 至 2010 年，船行灌区改造提升工程实施渠首站拆除，生态衬砌渠道 89.47 公里，配套改造建筑物 633 座，建成"一带六区"的灌溉风景区。2011 年 8 月，被省水利厅命名为"省级水利风景区"。

农业开发唱新歌

　　农业强不强，农村美不美，农民富不富？看看丰收的笑脸，那是最好的答案。为推进农业产业化经营，提高农业综合效益，促进农民增收，宿城区大力推进农业开发，古黄河两岸，一派欣欣向荣景象。

　　从 1998 年起，宿城区启动了黄河故道综合开发项目建设，项目总长 57.5 千米，其中滩地 130 平方千米。至今已建设项王故里、张老庙等古迹旅游景点，营造丰产林 33.33 公顷、高标准林网 2000 公顷，同时增建张庙桃园等 666.67 公顷。锲而不舍，久久为功，今天的黄河故道已成为黄淮平原上集农业、林业、水利、水产、园艺为一体的高效农业风光带。

　　2006 年，省、市农业资源开发局和财政部门首次批复宿城区黄河故道南

蔡片、洋北片、项里片 3 个农业综合开发项目，治理面积 1000 公顷。2006 年
至 2016 年，共实施蔡集镇、王官集镇、南蔡乡、洋北镇、双庄镇、仓集镇、
郑楼镇、洋河镇等 24 个黄河故道开发项目，治理面积 1.21 万公顷，总投资
10.69 亿元。

此后，逐年实施了罗圩乡 1 万吨米淀粉深加工新建项目、洋北镇张庄村
区 4 万吨稻米精加工扩建项目、陈集镇区 1 万吨鲜牛奶集中生产新建项目等
20 多个，形成了种植、养殖、加工、销售的农业综合开发生产链。

沿古黄河一线农业综合开发项目的实施，虽然国家投入的资金不是很大，
但起到的激励引导作用却不小，使沿河群众意识到国家对古黄河一带农业项
目的重视，其发展前景不可限量，从而调动了沿岸群众对古黄河滩涂开发利
用的积极性，为黄河故道沿线一大批高效农业项目上马、实施大开发打了一
剂强心针，注入了新活力。

生态公园流新韵

地级宿迁市成立后，市委、市政府把治理、美化古黄河作为城市建设的
重要工作，成立古黄河综合治理指挥部，动员社会各界力量参与建设。实施
古黄河疏浚、道路与护坡、亮化、绿化和水土保护、建闸筑坝、截污等六大
工程，实现了河清岸绿、花红水秀。先后建成古黄河水景公园、古黄河雄壮
河湾公园、印象黄河景区、鸣凤溇公园、将军公园等休闲健身场所。如今，
古黄河风光带成为宿城一道亮丽的风景线。

古黄河风光带西起通湖大道，沿古黄河南至洋河镇，长 49.3 公里，其中
通湖大道至开发区大道段为核心区。2014 年 10 月，水利部公布了第十四批国
家级水利风景区名单，宿迁宿城古黄河水利风景区名列其中，成为宿迁宿城
区首个国家级水利风景区。

黄河公园位于黄河二号桥北，占地 650 公顷，建有广场、子母岛、曲桥、双亭、壁泉、船坞等设施。园林植物配置有雪松、广玉兰、蜀桧乔灌木及地被植物 25 种。

河滨公园位于古黄河东首黄河一、二号桥之间，占地 730 公顷，是市区第一个开放式滨水公园。沿河分布 4 个主要景观节点，从南至北分别是南入口广场及餐厅、宿迁创业文化标志、健身广场、北入口广场。在与黄河一号、二号桥之间过设置滨水栈道连结，打通整个古黄河风光带的滨水观赏、游览线路。

市民公园位于宿城新区行政服务中心南侧，占地 0.86 公顷。湖面西侧分为三小区，南北为戏水池，块石点缀于浅水之中；中间则为跌落水瀑、溅玉飞花；东侧有数十米长的水瀑。

古黄河水景公园位于市区发展大道、环城西路、环城北路和骆马湖路的围合区，占地约 85 公顷，其中水域 34 公顷，是一座集滨水旅游、体育休闲、应急避难和商务接待等功能于一体的市民公园。园内景点环绕古黄河两岸进行布局，建有水景园广场、听涛桥、游客服务中心、杨树品种示范林、卧波桥、纪念林、凝瑞栈道、子胥桥、地震应急避难场所等。

古黄河雄壮河湾公园位于古黄河风光带核心区，占地约 67 公顷，分为黄河南岸、黄河北岸两个景区。有雄壮河湾城市广场、欢乐湾、古河风光台、一苇桥、黄河新天地、映月桥、威客桥、万卷山、静泊轩、雪松显圣坪、登高台、龙飞桥、栾树林、镇倭楼、卧虹桥、钓翁台、半月堤、望月台、神马石、疏林醉花坪、樱花苑、藏金湾等景点。

印象黄河景区位于宿城新区，东起环城西路，西至通湖大道，长约 4 千米，占地 262 公顷，其中水域 100 公顷，绿化景观约 162 公顷。有"一堤两带十景"："一堤"即古黄河北岸的龙堤，"两带"即古黄河两岸生态带，"十景"即双塔云影、楚苑风荷、芳轩揽翠、金沙戏水、连岛野韵、龙岗秋月、青萍早春、林间花海、将军丰碑、泗水渔歌。景区主要建筑有朱瑞将军纪念馆、奇石馆、永恒之恋广场、九龙七凤塔（俗称双塔）等。

鸣凤溥公园位于市区青年路和项王路交汇处黄河西岸，占地 2.5 公顷。从北向南依次为浪漫花径、水塬天地、水湾桥、城市绿芯 4 个分区，打造混凝土城市下的城市水泡和城市绿色氧吧。

将军公园位于古黄河北岸片区，环城西路以西，朱瑞将军纪念馆东侧，占地 7 公顷。园内设计以水元素为出发点，建设人工湖 2.2 万平方米，绿化种植面积 3.6 万平方米，主要包括缅怀广场、亲水平台、景观小品等。

第四节

万众一心绘新图

　　党的十八大把生态文明建设纳入中国特色社会主义事业"五位一体"总体布局，明确提出大力推进生态文明建设，努力建设美丽中国，实现中华民族永续发展。江苏省第十三次党代会对"生态优先、绿色发展"做出了明确部署。2017年省"两会"期间，省委对宿迁提出了建设"江苏生态大公园"的工作要求。在苏北发展座谈会上，省委明确把宿迁作为生态经济区试点，对宿迁提出了发展生态经济走新路、聚焦富民补短板、改革创新增优势的"三项任务"，要求探索生态与发展相统一的新路。市委五届四次全会对"江苏生态大公园"的内涵进行了明确，对生态经济示范区建设进行了专题部署，进一步明晰了宿迁未来的发展定位和发展思路。

　　生态是宿城最重要的城市特色、最重要的城市品质，也是最重要的城市资源。建区以来，特别是党的十八大以来，在习近平生态文明思想指引下，宿城始终保持加强生态文明建设的战略定力，牢固树立绿水青山就是金山银山理念，坚定不移走生态优先、绿色发展之路，加强生态保护治理，加快发展生态经济，有力地推动了环境保护与生态建设的互利共赢。

昔日"龙须沟"，今日"幸福河"

　　宿迁市水系发达，坐拥洪泽湖、骆马湖 2 大湖泊，中运河、淮河等 9 条流域性河道，古黄河、西民便河等 14 条区域性河道，六塘河、利民河等 39 条骨干排涝河道，水生态已融入宿迁市民的生活。马陵河是宿迁市老城区一条重要排涝河道，1974 年人工开挖而成，全长 5.2 公里，汇水面积 11.6 平方公里，居住人口 13.85 万人，河道水质长期处于黑臭状态，严重影响周边居民日常生活，被戏称为宿迁的"龙须沟"。虽经七次治理，但是效果甚微，"脏、乱、差"没有明显改观，成了城市发展之殇、居民"心中之痛"。2014 年 7 月，开始实施第八次整治工程，共三年多时间，累计投资 4.15 亿元，通过实施引

治理后的马陵河

水、清淤、活水、畅通、扩建排涝泵站及景观道路改造等工程，使得马陵河的面貌发生了翻天覆地的变化，成为城水相融、人水和谐的生态河、景观河、幸福河。

马陵河嬗变的背后，是宿城区委、区政府深入践行习近平总书记"两山"理论的不懈努力和一系列有重点、有力度、有成效的环境整治行动。根据市委、市政府部署要求和《马陵河及周边地区综合整治修建性详细规划》，在市有关部门的精心指导下，把截污纳管建设作为黑臭水体整治的基础性工作，全面推进污水管网配套，从源头上切断污水入河。针对马陵河片区雨污混流、下水管道"高低起伏"等基础设施问题，加强干支管网改造，持续开展错漏接改造、提升泵站建设等，不断完善马陵河排水管网收集系统。针对马陵河两岸老旧小区单元地块内部雨污混流等问题，全面实施管网改造，两岸小区全面实现雨污分流。

马陵河综合整治工程充分运用"海绵城市"理念，推进生态修复。对排水管网和排涝泵站提标改造，增设沿河雨水管网，收纳、调蓄初期雨水，扩建排涝泵站，实现换河水、收初雨水、排涝水的多重功能。同时，在马陵河全线规划设置3座初期雨水调蓄池，容量共计1.45万吨，增加调蓄空间。

马陵河治理把河道水体和河岸绿化同步实施，统筹考量水体与生态、水面与岸线、上游与下游规划，努力实现河道治理功能性和景观性的统一。结合城市发展，推进两岸棚户区改造，退地还河、退地还绿，实现雨污分流，累计完成小区改造28个、新建雨污水管网28公里以上，棚户区征迁3.66万平方米。河道两岸合理布置雨水溢流地、雨水花园等生态水泡，采用透

水铺装、下凹式绿地、石笼挡墙等，打造了良好水体生态环境。在河道内布设增氧设施、生物生态岛，栽植 40 余种水生植物，设置生物洄游通道，有效增强了河道生态功能。结合道路系统现状，对路网结构进行了优化调整，实现了马陵河西侧道路的全线贯通。沿河设置滨河道路，并沿马陵河设置慢行及步行系统，在优化交通的同时，提高了景观空间的通达性。整治工程新建桥涵 7 座，新建、拓宽沿河道路 6.2 公里，形成了绿色生态的亲水通道。历经三年多的综合整治，马陵河这条原先的"排污沟"蜕变成为了贯穿城区的一条生态河、景观带。漫步整治一新的马陵河畔，玉带织锦、碧水穿城的美丽图画呈现在市民面前，曾经的痛和愁已经变成了家门口的"绿色福利"。

创建国家农业公园，建设生态富民廊道

古黄河贯穿宿迁中部，流经"一县四区"，串联沿线五条河流，联通南北两湖，是宿迁打造"江苏生态大公园"不可或缺的重要一环。市委、市政府将黄河故道生态富民廊道作为"十四五"重大发展战略，按照"边谋划构想、边编制规划、边推进实施"开展工作。

根据古黄河生态富民廊道发展总体规划，宿迁古黄河生态富民廊道将围绕"绿色水美生态廊道、富民增收经济廊道、城乡一体示范廊道、文旅融合展示廊道"的总体定位，重点实施"水、生态、交通、产业、文旅"五类基础设施，致力实现"古黄河生态修复示范区、美丽江苏建设样板区、高水平城乡融合先行区"的总体目标。

2020 年以来，针对宿城作为农业大区和西片区古黄河流域农业产业化水平偏低的实际，围绕"四个宿城"建设目标，结合古黄河生态富民廊道建设和推进，国家农业公园规划建设工作正式拉开帷幕。以打造"现代农业样板区、美丽乡村示范区、乡村旅游引领区、生态富民先行区"为目标，

按照"一年出成效，二年大变样，三年全面创成"的序时要求稳步推进，努力把国家农业公园建设成为宿城乃至全市"四化"同步集成改革示范区重要载体平台。

农业公园即"农业＋公园"，是文旅结合、农旅结合的新型农业形态，是一二三产业融合发展的趋势和方向。中国农业公园的定义是利用农村广阔的田野，以绿色村庄为基础，融入低碳环保循环可持续的发展理念，将农作物种植与农耕文化相结合的一种生态休闲和乡土文化旅游模式，也是继"农业特色小镇""田园综合体"等乡村休闲、农业观光等农业形态后又一农业旅游高端形态。

宿城国家农业公园规划东起通湖大道，西至朱海村，北至京杭大运河，南至 S324 的连续以南约 2000 米处，规划面积 17.3 万亩。公园的项目建设以"房屋有人居住、田园有人打理、产业不断兴旺、文化悠久传承、和谐自然共生"为目标，在最大范围内尽可能保留乡土文化气息，充分展现乡村田园风光，不断绽放乡土气息的独特韵味，彰显自然生态之美、田间野趣之美、和谐共享之美。

规划实施以来，宿城区围绕服务中心城市，放大主城区的资源优势、技术优势、人才优势，大力发展果蔬农业、智慧农业、设施农业，既做城市的"菜篮子"，也做近郊的"大游园"。

全力夯实平台载体 坚持以"两园两片两线"建设为引领，南片区以宿城省级现代农业产业示范园创建国家级现代农业产业园和国家级现代农业科技园为引领，规划果蔬产业 13 万亩，其中示范区 6.6 万亩，建成新型设施温室 200 多万平方米，落户产业化龙头企业和科研院所 35 家，连续三年省考核第一等次。西片区聚焦宿郊路沿线全域规划建设国家农业公园，规划面积 17.3 万亩，目前已建成田洼智慧农业园、果之鲜四季采摘园等果蔬项目和月堤湖、牛角淹等文旅项目。

着力精塑产业特色 围绕果蔬等特色产业体系，探索融合发展多种模式，推进产业链延伸和价值链提升。聚焦国道 235 沿线示范带建设，加快农业结构调整，招引江苏绿港、润道、硕大等农业龙头项目落户，2020 年实现绿色果蔬种植面积（复种）25.3 万亩、产值 31 亿元，占农林牧渔业产值的 67.4%，其中在龙河片区建成上海蔬菜外延基地 5000 亩，以青茄和芹菜轮作为主，主要供应上海江桥批发市场等长三角地区。年产中扬莲藕、罗圩香茄等各类绿色蔬菜 73.25 万吨，阳光玫瑰葡萄、花园酥梨等鲜果 9.6 万吨。实现藕虾生态循环种养面积达 2.5 万亩，建成光明种养结合循环示范基地等 3 处、示范点 17 处。培育有效"两品一标"63 个，全区绿色优质农产品占比达 70%，"洋北西瓜""罗圩香茄""花园酥梨""陈集葡萄""埠子蚕茧"获批国家地理标志农产品。建立 29 项标准化绿色生产技术规范，农产品质量安全监测合格率达到 99% 以上。推动发展股份制、合作制等多种利益联结方式，推进资源变资产、资金变股金、农民变股东，通过联农带农为民增收人均 1.5 万元以上；2020 年，全区 145 个涉农村居平均收入 65.94 万元、全市第一，同比增长 18.9%。

聚力推进科技赋能 坚持以农业科技创新和人才引进为关键。先后与中国农科院、南京农业大学等 10 余家科研院校建立产学研协同创新联盟，建立省级以上研发平台 3 个、研究生工作站 5 个，培育江苏绿港、德利尔科技等 4 家国家高新技术企业，引进省"双创人才"、蔬菜产业技术体系岗位科学家等各类高层次人才 30 余名、技术人才 250 余名。近三年，累计投入科研经费 1400 余万元，先后承担国家和省重大科技创新项目、科技支撑计划等 10 余项，获得各类发明、实用新型专利 37 项，研发技术成果 20 余个，水肥一体化自动控制系统达到国际领先水平，产学研合作成效显著。2020 年顺利创成"全国第五批率先基本实现主要农作物生产全程机械化示范区"和"省级粮食生产全程机械化整体推进示范区"。构建农产品质量数字化追溯体系，1000 余

宿迁国家农业公园

家规模主体参与入网监管行动，建成农产品生产追溯基地 53 个。

宿城区充分利用好特色产业这张名片，通过宿郊路沿线风景的串联，一个又一个田园综合体迅速蓬勃发展起来。同时，发扬自身悠久的历史和文化，造就了一批独具特色的产业游目的地。

田洼智慧农业园作为宿城全域打造国家农业公园的重要产业项目支撑，彰显着"科技＋农业"的振兴乡村新未来。规划总面积 2000 亩，计划总投资 1.6 亿元，一期建有 33 万平方米各类温室棚体的园区，包括种植、采摘、打包、配送等环节。园内科普馆采用智能化玻璃温室，番茄、甜椒、水果黄瓜、茄子正在孕育。目前，农业园一期项目已基本建成，各类温室棚体 22 万平方米，其中智能化玻璃温室 4 万平方米。项目采用"5G＋农业"新技术，采取"镇企共建、企业管理、共同受益"的运作方式，亩产受益与投入成正比，辐射带动当地低收入农户 150 人就地就业，充分发挥了"农业＋旅游"发展模

牛角淹新型社区

式的示范带动作用。

　　牛角淹是西片区国家农业公园和黄河故道生态富民廊道重要节点项目。宿城区充分利用牛角淹丰富的自然资源风貌和浓厚的历史文化元素，围绕农耕文化、神牛文化，规划建设"两核三环六区"一体化的高品质乡村生活旅游体验区，致力打造宿迁市西片区旅游带的重要节点项目和蔡集镇强镇富民的重要产业项目，让市民在"都市田园会客厅"里享受"诗与远方"。牛角淹新型农村社区紧紧围绕"水韵牛乡·耕读人家"的整体定位，突出"原址改善住房条件"和"老村人居环境提升"两大重点任务，让这里的村民住了新房，暖了心房。结合房屋不同特点，把农村闲置住宅改造成特色民宿，利用改建、新建的农房发展特色餐饮、农家乐等乡村旅游项目，打造乡村经济增

月堤湖生态公园

长新亮点，多渠道增加农民收入。

　　月堤湖生态公园是黄河故道生态富民廊道和国家农业公园建设核心项目之一，作为国家农业公园的网红打卡地，公园是宿邳路沿线生态环境修复，生态游、乡村旅游的重要节点。公园占地总面积为 32.47 公顷，总投资 6100万元。项目从坚守生态安全底线的立足点出发，夯实水、林、田、路生态基础提升，退塘还湖，构建小型生态系统，将月堤湖湿地公园打造成一座以"月"文化为基础，以爱情为主题的湿地公园。主要设置综合服务、婚纱摄影、主题互动、生态休闲、七彩田园、湿地景观等六大区域。

　　文创小镇工程是王官集镇党委、政府近年来大力实施的一项富民强镇工程。王官集镇是古黄河流经宿迁的第一镇，历史悠久，人文荟萃，人杰地灵，

王官集镇文创产业园

不仅文化气息浓厚，同时还是远近闻名的建筑装潢之乡，酥梨之乡、银杏之乡，经济基础雄厚。近年来，镇党委、政府在文创小镇工程实施中，重点突出抓住四个环节：一是加强对王官集镇历史文化的挖掘，讲好历史故事，如朱家海、九城、苗圩、坝窝等地名的由来，还原历史真相，让人们了解王官集辉煌的过去。二是加强对王官集非物质文化的传承。历史悠久，必然有非遗手工艺的传承，如朱海集布坊、油坊、酱盐店的生产工艺，老虎枕、柳编等生活技艺等，让人们重拾乡村记忆，推进乡村旅游业发展。三是对王官集历史上的名人轶事进行挖掘整理，提高王官集知名度，让更多的人了解王官集。四是着力打造文创产业园，筑巢引凤，引进一些文字号的适合王官集镇情的项目，如目前已经进园的奇瓦丽电子商务、江苏崭新旅游用品、江苏万家翔工艺品等文化产业项目，吸引群众就地就业，增加群众收入。

朱海生态旅游工程位于王官集镇，东至 118 乡道，南至 S324 省道，西至

朱海人家

古黄河大坝，北邻坝窝。规划面积为 680.8 公顷（合 10212 亩，期中水域面积为 3688.94 亩）。建设内容主要包括朱海水库的退围还湖、水系连通、生态修复、周边建筑及景观打造等工程，工程建成后增加水面、促进水体交换、改善水环境质量、扩大水库蓄水补水能力、提高地区防洪除涝水平，将朱海建设成为引排得当、水清岸绿的生态景区。目前已完成朱海退渔还湖、围堤、水系沟通、5.5 公里环湖道路等工程。下一步将根据征迁清障情况，实施剩余 3 公里环湖道路建设，至 2021 年底完成项目建设。

支口街道古黄河现代农业观光示范园，东至宿城新区南海路，南至古黄河，西至皂河双庄交界处，北至运河二线大堤，总面积 6 平方公里，是集农业综合开发产业化经营及观光农业为一体的综合园。先期启动面积 2345 亩，总投资约 1 亿元，建设高效园艺生示范区、生态经济林区、观光休闲度假区。建成后，将成为宿迁旅游产业的重要互补景区，成为苏北乃至江苏有特

古黄河现代农业观光示范园

色的观光休闲农业典范。

在习近平生态文明思想指引下，宿城绿色发展按下快进键，生态文明建设进入快车道，良好生态环境成为全面建成小康社会和新时代新征程高质量发展的重要体现。到目前为止，宿城区建成省级美丽乡村、康居示范村17个，省级特色田园乡村4个，市级美丽宜居乡村44个，先后摘下国家卫生城市、国家园林城市、中国人居环境奖城市等桂冠，并于2021年12月份成功入围全国首批100个国家级农业现代化示范区创建名单。

上善若水，智者乐水，善心如水。人类文明的第一行脚印，是深深的刻在水边的。亲水是中华民族悠久的传统，不仅孔子"见大水必观之"，普通人面对形态各异的水景观时，也都往往本能地产生愉悦的感受，从而促进内心的净化和精神的提升。提升城市品位，水是必不可少的元素。君请看——秦淮河为南京古城增添了多少妩媚，重庆江岸的茶馆棋社曾让多少人流连忘返，长江边上的黄鹤楼又为武汉留下了多少诗情画意！古时的朱熹在未到泗水的情况下，吟出了"胜日寻芳泗水滨"的美好愿望。如今，从安澜到兴业，再到中华民族的伟大复兴，只要坚持守正创新，所有的梦想都会变成现实。宿城区抱河发展，以宏伟而诱人的蓝图引领着一座城市的梦想。这座古老而又年轻的城市，正因与古黄河的紧密相拥而更具灵性，正因与古黄河的紧密相拥而成为一座充满着魅力的城市。盛世寻芳，就在眼前！

参考文献

1. 汉·司马迁《史记》，上海古籍出版社 1986 年 12 月出版《二十五史》第一卷。

2. 汉·班固《汉书·地理志》，上海古籍出版社 1986 年 12 月出版《二十五史》第一卷。

3. 北魏·郦道元《水经注》，中国科学出版社 1957 年出版影印本。

4. 唐·李吉甫《元和郡县图志》，中华书局 1983 年 6 月第一版。

5.《宋史》，上海古籍出版社 1986 年 12 月出版《二十五史》。

6. 宋·徐梦莘《三朝北盟会编》，上海古籍出版社 1999 年 4 月第一版《宋史要籍汇编》。

7. 宋·王存主编《元丰九域志》，中华书局《中国古代地理总志丛书》。

8. 宋·乐史等著《太平寰宇记》，中华书局 2008 年出版。

9. 宋·苏轼主编《历代地理指掌图》，上海古籍出版社 1989 年 11 月出版。

10. 宋·欧阳忞编《舆地广记》，四川大学出版社 2003 年出版。

11.《元史·志》，上海古籍出版社 1986 年 12 月出版《二十五史》。

12. 明·王圻撰《续文献通考》，上海古籍出版社 1988 年出版。

13.《明史·河渠志》，上海古籍出版社 1986 年 12 月出版《二十五史》。

14. 明·万恭《治河筌蹄》，水利电力出版社 1985 年出版。

15. 明·潘季驯《河防一览》，水利水电出版社 2018 年 4 月出版。

16. 明·潘季驯《两河经略》，水利水电出版社 2018 年 4 月出版。

17. 明·杨宏、谢纯《漕运通志》，淮安市地方志办公室丛刻。

18. 明·王琼《漕河图志》，水利水电出版社 1990 年出版。

19. 明·李贤等撰《大明一统志》，三秦出版社出版。

20. 明《淮安府志》，上海书店《天一阁藏明代方志选刊续编》。

21.《徐州府志》，上海书店《天一阁藏明代方志选刊续编》。

22.《宿迁县志》，上海书店《天一阁藏明代方志选刊续编》及电子稿。

23. 喻文伟主修，明·万历《宿迁县志》影印本，广陵书社，2017 年。

24.《睢宁县志》，上海书店《天一阁藏明代方志选刊》。

25.《郯城县志》，上海书店《天一阁藏明代方志选刊》。

26. 清·靳辅《治河奏绩书》，《中国大运河历史文献集成》电子稿。

27. 清·陈潢《河防述言》，《中国大运河历史文献集成》电子稿。

28. 清·张鹏翮《治河全书》，《中国大运河历史文献集成》电子稿。

29. 清·康基田《河渠纪闻》，《中国大运河历史文献集成》电子稿。

30. 清·康熙《清会典》，中华书局 1991 年 4 月出版。

31. 清《圣祖五巡江南恭录》，道客巴巴《道客阅读》电子稿。

32. 清·高晋撰《钦定南巡盛典》，道客巴巴《道客阅读》电子稿。

33. 清·傅洪泽等纂《行水金鉴》《续行水金鉴》，商务印书馆、湖北人民出版社出版。

34. 清·河道总督府纂《南河成案》《续南河成案》，道客巴巴《道客阅读》电子稿。

35. 清·康熙、乾隆《大清一统志》，上海古籍出版社出版。

36.《清朝通志》，浙江古籍出版社 2000 年出版。

37.清·康熙、乾隆《江南通志》，于成龙、尹继善等编纂，江苏广陵书社刊印。

38.《清史稿》，上海古籍出版社 1986 年 12 月出版《二十五史》。

39.民国·缪荃孙纂《江苏省通志稿》，江苏古籍出版社 1993 年 6 月第一版。

40.严型总修，冯煦纂：《宿迁县志》中国地方志集成影印本，江苏古籍出版社，1991 年。

41.嘉庆《宿迁县志》(油印本)，中共宿迁县委县党史办公室翻印，1986 年。

42 李德溥总修，清·同治《宿迁县志》，台北宿迁县同乡会翻印，1965 年。

43.赵明奇主编《徐州府志》新千年整理全本，中华书局，2001 年。

44.张忭《学量堂逸稿》，翰墨林石印，1917 年。

45.陈卓抄写《星聚堂诗存》，宿城区图书馆藏，1942 年。

46.徐用锡《圭美堂集》四库全书存目丛书补编第七册影印本，齐鲁书社，2001 年。

47.张伯英编选，薛以伟点校《徐州续诗征》，广陵书社，2014 年。

48.《义门陈氏族谱》六修，1992 年。

49.《黄以霖先生捐赠清册》(黄建东提供)，上海图书馆，1955 年。

50.台北宿迁县同乡会编《宿迁文献》二辑，编印资料，1967 年。

51.台北宿迁县同乡会编《宿迁文献》五辑，编印资料，1976 年。

52.宿迁县县志编纂委员会编《宿迁志资料》，编印资料，1987 年。

53.《宿迁交通史》，江苏人民出版社 1994 年 5 月出版。

54.刘云鹤纂《宿迁市志》，江苏人民出版社 1996 年 12 月出版。

55.宿豫县党史工作委员会编《宿迁革命简史》，编印资料，1999 年。

56.宿豫县政协委员会编《宿豫文史》第十八辑，内部资料，1999 年。

57.李志宏等编著《宿迁风情》，中国文史出版社，2009 年。

58. 王建革著《传统社会末期华北的生态与社会》，生活·读书·新知三联书店，2009 年。

59.《宿城镇志》，编印资料，2011 年。

60. 赵敏俐主编《中国诗歌研究》第十辑，社会科学文献出版社，2014 年。

61. 蔡兆银主编《宿豫志》，中华书局，2014 年。

62. 靳怀堾主编《中华水文化通论》，中国水利水电出版社，2015 年。

63. 沈恩孚著，薛冰整理《沈信卿先生文集》，凤凰出版社，2015 年。

64. 胡梦飞著《中国运河水神》，山东大学出版社，2018 年。

65. 江庆柏主编《江苏艺文志·盐城卷宿迁卷》增订本，江苏人民出版社，2019 年。

66. 宿城区老区开发促进会编著《宿城区革命老区发展史》，江苏人民出版社，2019 年。

67. 李芳著《城市文脉与城市文化空间研究》，学苑出版社，2019 年。

68. 葛剑雄著《黄河与中华文明》，中华书局，2020 年。

69. 孙正龙等编著《红色丰碑》，江苏人民出版社 2020 年。

后　记

　　生态为先，文化为魂。为助力我区国家农业公园创建，新年伊始，区政协组织区历史文化研究会有关专家深入探讨研究，决定把古黄河作为今年重要的研究课题。同时决定继 2020 年出版《宿城老街巷》之后，集中学术力量，编纂出版《宿城古黄河》一书。

　　为做好本书的编纂工作，我们成立了一套班子，以孙个秦、李庚善、王晓风、张福贵等为专家组成员，对本书的学术架构进行精心策划。经过专家深入研讨、反复论证，领导顶层设计、严格把关，最终确定了本书的编纂提纲。

　　本书作者分工如下：第一章的第一节、第二节，第二章，第三章的第一节，第六章的第一节、第三节由李庚善撰稿；第一章的第三节、第四节，第三章的第二节、第三节，第四章，第五章，第六章的第二节由王晓风撰稿；第六章的第五节，第七章由宿迁学院张福贵撰稿；第六章的第四节由张用贵撰稿，第八章由张用贵和其他特邀人员联合撰稿。全书统稿工作由孙个秦负责。

　　本书于 5 月底确定编纂提纲；9 月上旬至中旬，专家组成员陆续完成各自负责的章节，初稿共计 40 余万字；9 月中旬至 11 月中旬是统稿的过程，中间四易其稿，包括行文风格的调整统一、详略的审定、插图的整理、章节之间和章节内部的衔接，以及文字校对等大量烦琐的工作，全书字数精简压缩近半。伴随着统稿的过程，区政协主要领导和分管领导对每一稿都提出了指导性的修改意见，并亲自动手完善、提升。

需要特别提出的是，参与本书编写工作的人员都有本职工作，为完成编纂工作，他们牺牲了几乎全部的节假日和业余时间，着实不易！

短时间内成书，得益于集体的力量和骨干担当。在区委、区政府高度重视和大力支持下，区政协主要领导挂帅领衔，专家学者分工协作，凭着强烈的文化自信，凭着延续宿城文脉、加快宿城发展的使命感，本书编委会迎难而上奋笔疾书，同心协力打赢了这一场硬仗。

本书在编纂过程中，得到了区委宣传部、区文联、区档案馆、区农业农村局、城乡统筹试验区、区统计局和王官集镇、蔡集镇、耿车镇、双庄街道、支口街道等单位的支持和配合，中国文史出版社与区政协多次磋商、交流，不遗余力地提供帮助和支持，使本书得以及时、顺利出版。在此，一并表示感谢！

编书的辛苦自不待言。由于众手成书，作者的学养、风格不尽相同，对一些问题的研究，也在客观上存在差距，加上资料浩繁，时间紧迫，书稿中不尽如人意的地方在所难免，敬请专家、读者批评指正。

编　者

2021 年 12 月

杜永昌 摄

图书在版编目（CIP）数据

宿城古黄河 / 宿迁市宿城区政协编 . -- 北京 : 中国文史出版社，
2021.10

ISBN 978-7-5205-3289-1

Ⅰ . ①宿… Ⅱ . ①宿… Ⅲ . ①黄河流域—文化史—宿迁
Ⅳ . ① K295.33

中国版本图书馆 CIP 数据核字 (2021) 第 209250 号

责任编辑：梁　洁
特约编辑：贾海礼
装帧设计：杨飞羊

出版发行：中国文史出版社
社　　址：北京市海淀区西八里庄路 69 号　邮编：100142
电　　话：010-81136606　81136602　81136603（发行部）
传　　真：010-81136655
印　　装：北京地大彩印有限公司
经　　销：全国新华书店
开　　本：787mm×1092mm　1/16
字　　数：280 千字
印　　张：24
版　　次：2022 年 1 月北京第 1 版
印　　次：2022 年 1 月第 1 次印刷
定　　价：99.00 元
